中國社會與經濟

韓格理(Gary G. Hamilton)著

張維安 ・ 陳介玄 ・ 翟本瑞 譯

獻給
從事中國研究的朋友

作者簡介

　　韓格理教授（Gary G. Hamilton），一九七五年美國
華盛頓大學（西雅圖）社會學博士。畢業後執教於加州大學
戴維斯校區，目前為正教授，一九八六至一九八九擔任系
主任。此外，一九八四至一九八五學年曾在台中東海大學
社會學研究所擔任傅爾布萊特教授。最近獲得一九九〇年
Guggenheim Fellowship,進行中國資本主義制度性基礎
的研究。

記一段友情　　　　　　高承恕先生序

　　在中國人的規矩裡，通常為別人寫序的多是德高望重之輩。論份量，我在中國研究的領域裡還只能算是個學生。作者與譯者要我為他們寫序，基本上是份很中國式的情誼。

　　認識韓格理教授已有六年。這實在也是一段難得的緣份。民國七十三年，格理從加大來東海客座。其實在他之前，來客座的教授也不計其數，通常是來去匆匆，船過水無痕。也許是所謂的「選擇性的親近」吧，相識之後，大家談得很投緣。從偶而聊一聊，到後來乾脆相約每個星期五下午，一起喝咖啡談韋伯、談中國、談世界。約莫過了兩個月，第十信用合作社蔡辰洲的案子爆發，一連串的事情，餘波盪漾不止，每天都有新聞。自然這也成了我們的話題。起先大家都只是好奇，但談了幾次之後，我倆都深覺這背後所透露的不僅只是十信的問題、國泰的問題、蔡家的問題，而是更根本的政治、社會、經濟結構問題。愈談愈認真，認真到一個地步，我自己也愈發現對自己社會瞭解的淺薄與無知。於是開始更嚴肅地去收集一些資料，思考一些問題。韓先生對中國的興趣在求學的時代就已開始，在當時的衝擊下，更是提出許多深刻的問題。說實在的，在

那時候大部份的問題我只能用常識來回答，而他卻總是耐心而認真地傾聽。有一天下午，我們不約而同地提出，既然大家有共同的興趣與關懷，何不作長期合作研究的計畫?!這樣的決定影響了這幾年來我們學術研究的取向。我們對未來都有許多的期待，計畫也在繼續進行中。今年合作研究進入第四年，格里已經有了很漂亮的成績單給他所關心的中國，所關心的台灣。這裡面有他長期努力的成果，更有他那份對中國文明的尊重與摯愛。

在我所認識的外國朋友當中，格里可算是最「中國的」一位。他對中國研究的興趣與努力固然是肯定的，他對中國朋友的那份誠意同樣難得。前年去加州，臨回來的前一天，格里特別趕早去星期天的市集，拎著他在台灣買的菜籃子去買大家喜歡吃的乾果，要我回來分贈親朋好友，彷彿間那熱鬧的小市集竟給我一種中國村子的親切。長久以來中國人所熟悉卻又逐漸淡忘的一個「情」字，在格里的身上是那樣真實而熱切。論學術，每個人有每個人的造詣。論性情，那卻是可遇不可求了。在知識圈裡愈久，愈覺得「認知」與「批判」固然不易，「同情的瞭解」更難。前者基本上是知識的問題，後者除了知識外，更需要一種胸懷。是在這種的胸懷之中，不同的文明可以平等的對待，不同的傳統可以相互的豐富。格里的這本書便是這樣的一個肯定。

自 序

I

當張維安告訴我，希望能將我有關中國社會研究的文章翻譯成中文集結出版時，我真是受寵若驚。我當然很高興張維安、翟本瑞和陳介玄認為我的作品，值得花這麼多時間與精力去編輯與翻譯。然而，對我而言，聽到這個建議的第一個反應與其說是只有高興不如說還有一點不願意和惶恐。為什麼呢？因為我不認為這些論文對中國讀者有什麼價值，也害怕因為論文中明顯的缺失而使其對中國研究領域的貢獻完全失色。事實上，我並不認為自己是研究中國歷史或中國社會的專家，而且，在研究時運用中國資料的能力也有所不足。如此，我自問，對於閱讀這些論文的中國讀者而言，他們能從中學到什麼東西？

然而這三位翻譯者，先是個別的，隨後則共同的說服了我，釐清了我的疑慮。讓我相信這些論文的價值不在於從局內者的觀點，提出對中國社會的權威性描繪，而是從一個歷史的及比較的觀點來處理中國社會。他們認為，這些論文從世界性的角度來掌握中國，可能對那些中國本土訓練的思想家們有類似的啟發助益。

我接受了他們的提議，因為我終於瞭解他們這番話的意涵。假如我希望對中國研究有所貢獻的話，那不是因為我對中國社會有深切的瞭解，而是因為我保持了一定的距離。所以我的貢獻是以一個具有一定學術訓練的外國人身分，用專業眼光表達自己對中國社會的看法。事實上，謙虛一點來說這才是我可以接受的角色。在這個集子裡的文章，我嘗試藉由細密的經驗研究來釐清中西社會的本質，並以歷史理論及適切的比較來分析這些主題。因此，在此表顯的社會學類型，嚴格而言，不是中國社會學研究本身，而是歷史的、比較的社會學探討。我底目的是：從事這些研究不僅僅是為了瞭解中國，更是要去瞭解中西兩個社會之間的差異。理論的嚴謹與分析之精確，必須立基於區辨不同社會之間及人們之間各種差異的能力上。我之所以研究中國，是因為中國幫助我更清楚瞭解自己以及我所生活的社會。

II

對於那些不熟悉歷史及比較社會學的讀者來說（特別是在這個領域內我個人有獨特的韋伯取向），略為說明貫穿本書各文的方法論觀點，應該會有一些幫助。雖然這些論題本質上大部分是方法論的，但其衍生的許多實質的理論意含，卻內蘊於本書各文之中。

在此，我所關懷的最重要的方法論點是，社會學概念與理論的本質問題：社會學概念與理論如何產生？又如何被應用於分析不同社會？事實上，在我看來，社會學理論及其藉以構成的概念本身是歷史的產物。它們並非先驗或具有普遍適用性的，而社會理論家也

不能扮演本體論的角色。反之，理論與概念是由生活在不同時空的思想家所創造出來的，而這些學術產品也正反映了特定時空條件下的社會、文化及知識環境。無論社會思想家們如何企圖將其理論的普遍性提高到一個能含蓋更多社會實相的層次，他們永遠無法爭脫時空的侷限。當社會思想家相信他研究的主題是「適切的」，而其讀者如也此相信時，其理論內涵必然植根於其時空環境之中，因此，我對社會研究第一個結論是，掌握社會科學家用以建立其概念與理論的脈絡情境。

在一個相對的價值文化世界裡，這個基本的出發點不難被接受，但是，隨之而來的卻是一個更棘手的問題。假如概念與論理是植根於時空之中，那麼利用這些分析工具，來對跨越不同時間、不同空間或是時空皆不同的社會加以分析，如何而可能？這個問題隱含在本書大部分的文章裡，但是在幾篇文章中我則提出來討論。更明確的說，我是在思考，利用研究西方社會所發展出來的概念和理論。更明確的說不管是歷史上或是當代的中國社會，是否可能？我問這個問題，關涉的不僅是像「資本主義」這種植根於西方脈絡的社會形態，還包括一般很清楚的存在於中國，卻以西方概念來表達的社會形式，如父權制、孝道（ filial piety；原文所指之社會文化內容與中國人一般定義的孝順有出入）、科層制、行會和國家結構等等。

簡言之，我的答案是這種概念和理論的轉換會導致有害的結果：通過分析的處理，這種概念的運用實際上是變換了分析的對象。這種概念和理論的轉換破壞了意義與行動之間的鏈結，破壞了日常意義歸屬與行動模式之間的鏈結，於是便將具有西方文化色彩，在西方社會中具有解釋上的重要性的概念和理論強加在分析的對象上。

由此而造成在研究對象與研究結果方面分析上的混淆與膠著。

因此，關於社會研究我的第二個結論是，一個有意義的社會分析，所使用的理論與概念必須是與其研究對象的社會脈絡相關的。當然，這個結論所蘊涵的意義是，祇有經由研究中國所得到的概念與理論才是認識與分析中國社會的最佳途徑。

乍看之下，第二個結論暗示了一種極端的相對主義，甚至是一種唯我論（solipsism），亦即，人們似乎祇能認識自己的時空環境。事實上，事情正好相反。在原則上，強調特定社會脈絡有其獨特的特質正是要藉此指出一個比較結構的必要性，以便在分析時能處理時空獨特性的問題。獨特性本身就是個比較性的說法，對獨特性的分析當然也需要一個比較的架構。在形塑用來分析特定脈絡的概念和理論時，這樣的一個比較架構是極為重要，甚至是基本的。因此，我的第三個結論是必須以有明確的比較作為發現各社會間差異性的手段，這有助於在其後的社會脈絡研究分析中，增進分析的精確性和理論與概念使用的適切性。

我的第四個結論又繞了回來。我主張西方理論和概念在尋找分析中國所需的對照項方面，有其特定的參考價值。當我們處理的知識對象是在特定的發展時空中具有重要性的歷史產物時，那麼西方理論和概念便能夠在分析上提供一個歐洲中心（Euro-centric）的對照點。透過對從西方衍生出的理論概念之普遍性的否定，這些西方理論概念便成為西方文化社會形貌的具體內容。這些理論和概念作為西方文明意義與行動的模式的精華，以及西方文明的外飾，提供了一個清晰的參考點，使得我們得以在分析上觀察與描繪中國文明的特色。

就現實而言，人們一般都會承認要認識自己，必須先能認識別人；要真正認識自己的語言，必須先能瞭解他人的語言；為了理解自己的社會，首先要能理解他人的社會。前述在貫串全書所採用的研究方法，即是為了系統化的完成此一目標的初步嘗試。

Ⅲ

本書中的各章節，大致上都是在過去十年中以不同的形式完成的。在形塑概念及寫作這些文章的過程中，我曾經獲得很多寶貴的協助。在每篇文章中，我將分別對他們致謝，在此不贅述。然而，其中有幾位朋友是特別要在這裡提出來的。

當然，我首先要向編者、合著者和本書各章的譯者表示感謝。而張維安、翟本瑞和陳介玄三位先生能在百忙之中參加本書的翻譯工作，是我特別要感激的。

我在西雅圖的華盛頓大學研究所期間，Pierre van den Berghe及Guenther Roth兩位先生引導我學習，他們不斷地給我靈感和建議，對於我的博士論文，他們容許我徘徊徜徉在中國歷史中，本書這些文章中的許多概念，也都是在寫作博士論文的時候形成的。Guenther Roth更透過不同的方式從韋伯的架構來幫助我形塑我的整體觀點。

在加州大學戴維斯校區的十四年期間，我尤其要感謝劉廣京、Nicole Biggart以及黎志剛。如果沒有劉教授的鼓勵、支持與在中國研究方面的洞見，我敢說我對中國研究的熱情可能會動搖，或者至少可能會走向不同的方向。Nicole 和我除了在本書的文章以外彼

此有許多合作的經驗，她的批評指正以及她在知識上的努力追求給了我無法估計的助益。此外，我要感謝黎志剛先生，他不僅負責翻譯我和他合著的文章，並且還擔任修訂及擴大的工作。

在台灣方面，我要感謝很多人。八四年到八五年在台灣的研究期間是我學術生涯的分水嶺。那一年我以傅爾布萊特（Fulbright）學者的身分在東海大學社會學研究所從事研究。我未來的學術命運就在那一年決定。從那一年起，我很少認真關注其他與中國研究無關的領域。同時，也是在那兒，我認識了本書的兩位編者，後來我們成為很要好的朋友。其中張維安對我的研究幫助很多，補足了我在中文能力方面的不足，而翟本瑞是我在東海社研所所開兩門討論課中的學生之一。其實維安與本瑞所教我的遠勝過我教給他們的。另外幾位朋友也是同樣的情況，尤其是陸先恆、彭懷真以及他的妻子許惠仙。另外我也要感謝在東海大學的王詠琪、洪秋月、尤惠貞、熊瑞梅，以及在學術交流基金會的Tony Wang、Amy Sun，和執行長吳靜吉先生，他們的幫助都使我在這一年留下彌足珍貴的回憶。

在東海大學的夥伴中，我特別要感謝高承恕先生，以及他的妻子鄭瑩，那一年，承恕擔任東海大學社會學系和研究所的主任，我們認識到彼此在社會學上共同的興趣，成為好朋友，後來我們合作進行有關東亞工業化的大型研究計畫。這個合作計畫的第一個成果已包含在這本書當中。

最後，我要感謝我的妻子Janet和女兒Justine，她們容許我經常不在家，並且在許多方面給我最大的支持。

Gary G. Hamilton
Department of Sociology
University of California, Davis

目　次

傳統中國與西歐的父權制：韋伯支配社會學的重估*

韓格理　著

翟本瑞　譯

本文企圖藉著對照傳統中國與西歐的父權制，以重振〔對於〕韋伯支配社會學的〔重視〕，並證明韋伯支配社會學對於歷史〔社會〕的研究，〔仍〕為一有用而犀利的研究取向。筆者乃是順著Roth & Schluchhter（1979），Schluchhter（1981），Turner（1981）等人的方式，對韋伯著作採取批判式的重估，以重建韋伯的觀點。我的批評著重於韋伯對傳統中國的解釋，尤其以下列兩點為主：(1)韋伯堅持傳統中國的父權制與古代地中海社會的父權制並無兩樣，(2)由於無法突破「親族的藩籬」（M. Weber, 1951：237），韋伯便推論傳統中國是一個靜態的社會。他將中國視為父權社會與世襲（patrimonial）

＊原刊於*Theory & Society* 13（1984）393-425 John Hall, Judith Stacey, Wolfgang Schluchter，以及John Walton諸君，曾對本文初稿提出有用的意見，筆者在此要特別感謝他們。對劉廣京及Guenther Roth二位的鼓勵與批評，筆者尤其要表示謝意。〔然而〕，筆者並未接受他們的建議，因此，行文中的一切偏失，仍將由筆者個人所獨自承擔。

社會的〔認知〕原型（archetype），並以此為評定西方〔社會〕變遷的標準。由於韋伯在理解西方在世界史中的獨特地位時，是經由他對中國的研究而達成的[1]，因此，這些批評絕非吹毛求疵〔之舉〕。韋伯誤解了中國父權支配的特性，而此一誤解〔令我們不得不〕質疑其支配類型，在分析非西方社會上的效度。然而，就正面意義言，瞭解韋伯對中國的誤解，正足以提供我們一個新的取向，來觀解並欣賞韋伯對西方文明發展趨勢，所作的穿透性分析。對於歷史及文化的比較分析〔而言〕，一種韋伯式的〔關於〕支配的觀念，是非常必要的。

〔在本文中〕，筆者首先指出支配對韋伯而言，是關聯到國家組織的〔一組〕概念。其次，筆者說明韋伯對中國的解釋，只能在他對西方文明發展趨勢的諸多著作的脈絡中，才能得到最佳認識。然後，筆者對照由中國及西方所找尋到的父權原則，並指出作為支配型態而言，這兩者無論是在邏輯形式，以及在制度上的施行，都有所不同。最後，筆者對韋伯在西方及非西方社會史，所作的〔關於〕支配社會學的分類，提出〔個人的〕結論以及簡短的評估。

---

① （W. Schluchter, 1983）對韋伯的中國研究具有批判性、但又給予正面的評價。〔相較而言〕施路赫特強調世界宗教的合理化面向，筆者則強調支配的合理化。

一、韋伯論支配及國家組織

　　韋伯對國家社會學的貢獻在於下述論旨：人們所藉以瞭解支配統轄〔關係〕的那些原則，提供了權力擁有者藉以在國家內，組織權力關係的正當（legitimate）手段。然而，針對此見解，詮釋者常強調其特殊面向而忽視了其他論點。舉例而言，那些〔研究〕社會秩序的理論家，諸如Parsons（1968），Habermas（1975），及Luhmann（1979）等人，在韋伯對正當性的觀念中找到了特殊的慧見，然而，卻似乎很少能注意到他在有關原則及組織上的見解。又如Mommsen（1974），Schluchter（1981），及Bendix（1977）等人，強調韋伯的支配類型分類，尤其是存在這三個理念類型間的概念與歷史上的關係，以及經由比較〔研究〕，將韋伯對正當性及組織的觀念具體應用。W. Mommsen（1974：84）甚至認為韋伯使用正當性〔概念〕僅如下述：「在韋伯的用法中，正當性只不過相等於政治體系的穩定性。」而〔研究〕國家理論的Skocpol（1979），和大部份〔研究〕組織理論的思想家（例如Etziono 1975, Perrow 1979, 和Scott 1981），以及諸如Beetham（1975）和Dronberger（1971）那些韋伯專家，均將韋伯關於組織的見解，視為比關於正當性或關於原則的見解來得更重要。Skocpol雖然言及她「受韋伯影響極深」，但她亦謹慎地意識到，她並未採用韋伯「依觀念的主導形式，而將主要政治結構的形式予以理論化的〔那種〕企圖」，以及韋伯關於正當性的〔見解〕（1979：31-2）。就從組織的觀點〔來理解〕國家此點而言，她與韋伯是一致的，此外，她亦承認**現**

實政治（Realpotik）的重要性。

這些學者依不同的目的而採用韋伯的論旨，因此常依一己偏見，強調某些不同的面向。僅管如此，韋伯支配社會學的核心所在，〔應〕是植基於原則、正當性、組織這三個中心概念的彼此關係上。而原則又為〔其中〕的關鍵概念。

在解釋國家結構的創生時，韋伯一向承認經濟力與社會力的重要性，此外，他尤其強調軍事征服的角色。然而，除此之外，他亦能不限囿於上述論點，而主張當統治者企圖擴大其〔統轄〕領域，或將之穩定化時，必須〔先〕將力量的規則轉換成權利（right）的規則。統治者為了達成對其〔統轄〕領域的正當〔支配權利〕，將會建立〔一套關於〕服從的規律基礎，以限囿其臣民及其官員於政治核心〔之下〕。為了建立〔此種〕規律，統治者常常依靠在組織其臣民及其官員時，〔大家〕對於權力及服從的**共通的理解（shared understandings）**。這些共通的理解也就是韋伯所謂的支配的原則。

韋伯在《作為志業的政治》（1946：78-9）一文中將這些原則稱為「內在證立」（inner Justifications），它們是獨立於特殊統治者與統轄領域〔而獨立存在的〕。統治者無從決定要選擇那種共通的理解，充其量只能決定如何利用這些既存的理解，以達成他們自己的目的。因此，韋伯所謂的支配原則，就相當於個人藉以規律地控制彼此行徑，而能形成規則與程序的規範條例。在韋伯看來，這些條例具有一致性而且是具有生產性的；〔換言之〕，它們是不依既存行動而作決斷（ad hoc）裁定的，此外，對統治者與受支配者雙方而言，這些條例均只是有限度地開放，以供幹旋與改變〔之用〕。相形之下，能夠充分幹旋與改變的，只是〔那些〕特殊規則與程序，

所將用以支持特殊人群、實際〔活動〕、利益的方式。

在韋伯看來，這種內在證立只有〔下述〕三種：傳統、法律、卡理士瑪。他指出：「任何持續施行的支配總有很強的、訴諸合法性（legitimation）的自我證立的必要。而這些最終原則只有三種（1968：954）。」〔至於〕韋伯如何決定只有這三種原則〔的理由〕則是含混不清的。這可能是基於韋伯對歷史記錄所下的判斷〔所致〕。暫時撇開對此數目的質疑，誠如筆者將在下文指出，我們很容易發現韋伯在這三種原則間，特別強調其中一項：傳統。傳統這一範疇包含父權制、世襲制、忠誠，以及韋伯認為傳統中國所強調的東西。

韋伯根本沒有深入探究這些原則以及它們的原則。Mommsen（1974：84）指出：當我們追問韋伯關於這些原則的一般特性，以及為何它們會被視為是合法的理由所在時，「我們好像對著空氣講話」。「〔韋伯〕告訴我們這種〔心理〕信仰有三種不同的類型，而這就是他所告訴我們的一切了。」就此點而言，Mommsen是對的。然而，當Mommsen進一步認為〔這是因為〕韋伯的興趣不在抽象的原則，而在於由日常規律行動所導引出的原則時，〔筆者相信〕他是錯的。關於此論題韋伯討論了不少，而他的才華亦在下述論旨中彰明：「證明〔為正當〕的方式……絕不只是理論的及哲理的思辨。」而「是在於經由支配的經驗結構，以建構那非常真實的差別的基礎（M. Weber 1968：953）。」的確，我們亦可在Geertz（1977；1980）及Foucault（1979）② 的近作中，見到類似韋伯對

②關於韋伯與傅柯間的類似性，可參見（Dreyfus, H. L. & P. Rabinow 1982：132-3,165-6）。

原則與實際支配活動間的相關性的〔研究〕取向。Geertz及Foucault
經由不同的方式，說明〔關於權力的理念〕是可以和實際〔活動〕
加以區別的；Geertz（1980：136）指出，「權力的表演法」
（dramaturgy of power）是內在於其本性的；「真實的被想像如同
虛幻的一般」。同樣的，當韋伯在論述合法性，以及說明實際的組
織性活動支持著支配原則時，在他心中亦有類似的關聯性，就好像
這些原則同時隱含而又證立（justify）了不同的組織性活動。在此
脈絡中，合法性原則在韋伯分析國家結構時〔所扮演的角色〕，就
好比「深度描述」（thick description）在Geertz分析文化時的地位
一般：只有經由前者我們才能說明後者。

韋伯並未對支配原則及其實際活動，加添各種形式上的區分，
同時他亦拒絕〔進一步〕發展出〔關於〕合法性的一般化理論。〔
在他看來〕這兩種方式都沒有太大的意義。雖則如此，韋伯仍寫了
大量的論文，討論關於〔各類〕支配的經驗結構間的差異所在。這
就是韋伯著作中〔討論〕組織的部分。正如同合法性一般，這個層
面的討論是不能與他對原則的見解分開〔論述〕的，而必須全然將
它置於原則如何型塑實際活動此一寓意中〔來理解〕。誠如韋伯
（1968：213）所言，「依據所宣稱的合法性類別〔的不同〕，服
從的類型、行政官員所發展出藉以保障其〔地位的正當性〕的種類、
以及施行權威的模式，都將有所不同」。

韋伯在下述兩個相關的領域中探討經驗界的差別：其一為潛在
於國家結構之下的支配原則，其二是作為社會合理化的一項重要來
源而隸屬變遷的原則。就理論上言，每一種支配的原則，〔能〕被
統治者、官員、以及〔社會〕大眾認真施行，就能夠具有獨特的組

織形式，以及變遷的動力所在（G. Roth 1971）。然而，韋伯並不企圖爭論國家是否〔真正能夠〕實際地以任何完整的方式，將這些支配原則予以複製。對韋伯而言，這些原則只是「純粹」類型。在他看來，歷史實體是〔非常〕複雜的，是無法不經〔某種〕曲解而掌握的；分析性的概念是無法抽象地掌握實體（事物的真正本質）的。相反的，概念必然是人為的以及片面的，只能用來發掘歷史複合體的有限面向，並且揭露歷史趨向中的某些重要原因③。於是乎，沒有任何〔關於〕支配的理念系統存在於歷史中。但是，韋伯（1968：954）指出，在「歷史實體」中，政治系統所真正出現〔的部分〕，「構成了這些『純粹類型』的〔各種〕連結、混合、調適、或修正」。韋伯經由將人為的分類與歷史資料相對比，以分析國家結構並追溯其發展序列。經由如此的對比，他企圖同時掌握組織〔原則〕上的混合與修正，以及歷史變遷的方向與結果。

經由此種程序，韋伯指出合法律的合理支配是西方的獨特〔歷史經驗〕，也只有在西方才達到充分發展。雖然這個趨向，在早期就已經很清楚地存在著，同時在許多場合都可見到，但〔至少在早

---

③許多爭議與誤解點，是環繞在韋伯的理念類型用於歷史的分析時。（G. Roth & W. Schluchter 1979）、（D. Zaret 1980）是對此問題極好的分析。然而，韋伯（1968:216），直接說明了此點：「畢竟，將社會學的類型〔分析〕與純然經驗性的歷史探究相較，有些優點是不能忽略的。它可以用在具體支配形式的特殊個例中，以決定與諸如『卡理士瑪』、『世襲的卡理士瑪』、『官員的卡理士瑪』、『父權制』、『科層制』、『身份團體的權威』等概念，是否為一致的或是近似的，而在〔分析〕時，相對而言，我們採用了較不易混淆的概念。然而，筆者絕不〔認為〕在概念架構之下，可以窮盡所有具體的歷史實體……。」

期〕這仍只是輔助性的；只有等到歐洲的絕對君權沒落之後④，法律才成為支配體系的主要與主導的正當性〔原則〕。相對而言，韋伯（1968：1111-57）指出：卡理士瑪式的支配是非常古老的，在不同時間、不同社會中，均能投合所有人〔的要求〕。然而，卡理士瑪式的支配亦是〔最〕不穩定的；由於需要對獨一的領袖強烈的情緒性依附，卡理士瑪必須不斷地證明他的異常特性，因此它無法長期持續下去，此外，想要建立長期的繼承〔制度〕而不破壞原初領袖的卡理士瑪力量，是一件非常困難的工作。韋伯指出，通常繼承者典型〔的作法〕是盡力將卡理式瑪化消成日常程序的一部分，而併入以往的神聖性之中。卡理式瑪〔也因而〕轉化成傳統型〔的支配〕⑤。

　　由於法律的合理支配是最近的事，而卡理式瑪的支配又不穩定，因此在韋伯的社會學中，傳統的支配就成為〔瞭解〕不同社會、數百年來的日常規則的基本模型。〔只要將之稍加〕修潤，即可同時適用於羅馬〔帝國〕、沙皇時代的俄羅斯、中國、和古代埃及；部落、封建、以及君權體制都是其典型代表；它可同時用以描述古代

―――――――

④近來有兩篇研究韋伯對現代國家的見解（R. Bendix 1978）、（G. Poggi 1978），可與此點相契。

⑤此段文句簡化了韋伯的卡理士瑪觀念，將之視為個人人格的功能而與韋伯真正的意念有所不同。誠如Roth（1968:xxxvi-xl, xc）所言，韋伯指出「戰鬥團體」決定性的歷史面向，而「將Rudolf Sohm對基督教會的卡理士瑪觀念世俗化」；對韋伯而言，卡理士瑪在歷史上乃是革命性而反父權的力量，嚴格說來，是不能將之與卡理士瑪支配連結在一起。在下文中，筆者將探討與卡理士瑪相關的面向。然而，對此段文句更深入的詮釋則要參考（R. Bendix 1971）、（T. E. Dow 1978）。

〔社會〕以及現代亞洲的規則（M. Weber 1968：1013）。當韋伯使用傳統支配〔此一概念〕時，在他心中有太多的〔寓意〕，即令他在此基本範疇中加添了諸如回教獨裁制（Sultanism）、封建制等亞類，此範疇仍包含太多的例子，以至於無法將現代之前的政治體制予以嚴格區分。然而，此處的重點無寧在於，韋伯並未用此概念，將許多前現代以及非西方社會間的差異，予以詳細區別。他用此概念來描繪〔存在於〕中國、埃及、俄羅斯之間的一些差別，除此之外，韋伯亦藉著其他分類之助，而勾勒出〔關於〕印度、古猶太、中國間的區辨特性。〔然而〕，相對於韋伯使用傳統支配這一概念的主要目的，這些只不過是次要的〔用法〕：韋伯所希望的是〔找到〕西歐發展中的獨特性。的確，對韋伯而言，傳統支配的重要性在於它提供了一個解釋西方文明發展趨勢的出發點。而這亦正是〔研究〕父權制與世襲制的重點所在，在韋伯看來，這亦正是傳統支配在歐洲逐漸減損（甚至消失），而在中國卻充分展現的部分。

二、韋伯論中國

1.「分析」脈絡

韋伯論述支配社會學的最重要〔文章〕，是在《經濟與社會》最早寫成部分的那些章節〔按：指第二部分〕；他曾在1914年刊出有關這些章節的詳細計畫。「大約在1913年」韋伯就已經完成論述中國的論文初稿了，但一直要到1915年才在《社會科學及社會政策文庫》中，將兩部分中的前一部分，以《世界諸宗教的經濟倫理：儒教》的名稱發表（Marianne Weber 1975：334）。當此文發表

時，韋伯提及他原希望將論述世界諸宗教的文章，「與《經濟與社會》一同發表，以解釋並補充其中關於宗教的那一章〔按：指第八章〕，同時亦能藉由此章而說明〔其中的一些問題〕（G. Roth & W. Schluchter 1979：63）」。由於第一次世界大戰爆發，使韋伯急著將其付梓；而在關於其他宗教的論文尚未完成之前，就將關於中國的文章先行發表。因此，如果我們考慮韋伯其他計畫的時間性，似乎韋伯是在同一時期寫成《經濟與社會》的〈第二部分〉，以及關於中國〔宗教〕最初的論文，這意味著這兩部分彼此輝映〔而相互影響〕[6]。

　　究竟這個相伴的工作，對韋伯的社會學發展，有著什麼樣的意義？回溯來看，這兩部作品似乎標示出韋伯著作的一次重大轉折。截至1910年他開始檢視〔西方〕音樂合理化之前，韋伯的著作完全集中在下列主題：(1)以西方文明的某些面向為〔討論〕核心，以及(2)能夠掌握第一手資料，或是能夠讓他原創性研究〔的領域〕[7]。然而，到了1910年以後，韋伯逐漸依賴第二手的資料，並將其研究領域擴大到西方文化之外的論題。

----

[6]（G. Roth & W. Schluchter 1979:59-64）對這些手稿加以綜合性研究。筆者的討論主要依賴（Marianne Weber 1975）。此外可參考（W. Schluchter 1983）。

[7]他的論文處理中古歐洲的貿易團體（1889）、羅馬農業史（1891），需要對第一手資料具有專業知識，其中包括了能讀多種語言資料的能力。他對德國農業條件（1892）、對德國股市（1895）、對重工業的工廠勞工（1908-9）的研究，採用了問卷、一手資料、訪談以及觀察〔等方法〕。即令其社會科學方法論的著作，亦立基於對實際文獻的具體分析與批評。同樣地，他在《新教倫理（1904-5）》與《古代農業條

並不包含比較研究。一直要到1909年的《古代農業條件》一文，韋伯才首次以比較類型學來作嚴格的歷史分析。本文發表時正好是韋伯開始思索宗教社會學，並企圖以系統化的方式來處理政治經濟學的階段，本文「簡直就是〔一篇關於〕美素不達米亞、埃及、以色列、希臘、希臘化世界，以及共和時期與帝國時期的羅馬之間的社會經濟比較研究（G. Roth 1968：xliv）」。在此文中，韋伯推衍出一套〔關於〕政治組織的非演化式分類，並主張不同的類型對應著不同的社會經濟條件。雖然這個關於支配的分類並不是後來《經濟與社會》中的那個，但根據Guenther Roth所言，這是韋伯第一次「將後來在《經濟與社會》的支配社會學中之〔組成〕，包括世襲制、封建制、在軍事陣營中的卡理士瑪、城市，以及教會統治等要素，〔全部〕聚集在一起（G. Roth 1968：xliv）。」

　　雖然就比較而言，《古代農業條件》一文的重心，主要仍沿襲著韋伯對歷史脈胳的強調，而非社會學式的概念〔分析〕。但在導

　　在1910年之前，韋伯當然已表現出他對將比較研究，與對社會變遷的廣泛性分析構想加以結合的興趣。在《新教倫理與資本主義精神》（1904-5）、《關於新教教派的研究》（1906），以及1908年以前關於方法論的論文中，我們都可以很明顯地見出韋伯此一興趣，這些著作雖然顯示出關於比較〔研究〕的理論基礎，但其本身

件（1909）》的研究中，亦對第一手資料相當熟稔。在這些著作中，只有《古代農業條件》例外，處理到近東地區，在其他所有的著作即使是討論方法論的，韋伯的興趣與使用的例子，也都是集中在西方，而很少論及非西方社會；〔韋伯在此基礎上〕謹慎地建立起其經驗研究。對於韋伯這些早期研究的討論，可參見（R. Bendix, 1977）。

論解說關於古代經濟的不同理論，並勾勒出古代社會的類型化特徵之後，韋伯便分別詳細論述各個不同的社會。後來在《新教倫理》中，所用的策略與這種組合研究的方式非常類似：在一關於各個部分的長篇導論之後，韋伯〔再〕進入〔關於〕制慾新教的四種原則的討論。在《古代農業條件》一文之後，韋伯不再採用此種方式來論述。自此之後，韋伯轉而強調類型學的分析，從分析性主題來組織他的學術著作，然後再比較其間的個例，不像以往般，在個別案例的研究中來比較主題。

因此，誠如Mommsen（1974）所言，在1910年之前韋伯是個歷史學家，〔儘管〕他研究世界史並檢視長期的變遷，他仍是一個史學家。直到完成最初論述中國的論文，並在1913到1914年間寫作《經濟與社會》第二部分的實質研究時，韋伯的立場已轉而更接近研究歷史的社會學家⑧。作為一個史學家，即令在歷史解釋中，

⑧一直要到由對古代的研究，轉換到下一個階段的嚴謹探討，韋伯才由史學家轉而成為社會學家。此處所指的即為《論音樂合理的與社會的基礎（1958b）》，在此著作中，韋伯對中國的討論，比起早期的其他著作加起來還要來得多。此文在韋伯有生之年並未發表，一直到了今日仍然不為人所熟知，這篇短文也僅止於綜論的樣式。其論述的主旨在於音樂類型學中的要素；此類型學是技術性的，而以下列形式的標題出現：諸如五音音階、調性、階名、複聲發音等。韋伯的討論目的在於彰顯西方音樂區辨特性，以及令西方音樂走上由可計算規則所支配的特殊經驗，這種〔只在西方存在，而〕在其他音樂系統中並不具有的合理化趨力所在。實則，這是一個比較研究，韋伯用上了他所能找到的詳細資料，以比較不同的音樂系統，其中包括了中國。與類型學及比較研究並存的是他對特殊個例的詳細討論。這種組織的形式——類型學、比較研究，以及枝節的個例——成為韋伯後來學術著作的標

關於中國的論文（以下稱為《中國的宗教》），是他首次結合目前
為人所熟知的韋伯社會學中的所有特性（不論是對的，抑或是錯的）
之研究。無論是類型學分類、比較分析、巨視歷史焦點、以及歷史
變遷的發展理論，我們都可在《中國的宗教》中見到；但也〔正因
偶爾會探索到〔具有〕比較性的寓意，韋伯仍將其研究限制在特定
時段的特定主題上。作為一研究歷史的社會學家，韋伯的心力集中
在下列兩個彼此關聯的工作，這兩個工作成為他的主要計畫，並提
供對西方文明發展的（社會學式）敘述。其一，在《經濟與社會》
中，韋伯發展出對研究西方文明的合理化過程〔而言〕，非常必要
的類型化架構⑨。其二，韋伯運用此架構，在《世界諸宗教的經濟
倫理》中，建構出〔關於〕西方文明中，經濟與宗教倫理間的發展
史，藉以比照出非西方與前西方文明的落後⑩。從1910年到1920
年韋伯辭世前，這兩個工作占據他大部分時間；於其間，韋伯放棄
歷史說明及歷史個案〔研究〕，而採取類型學的分析。

　　同時寫成，但比《經濟與社會》最先發表的章節還早發表的，

準，其中包括了《中國的宗教》一書。韋伯可能在1911年完成了此著
作，然後再從事其宗教社會學的研究。韋伯夫人（1975：331）回憶道：
「大約在1911年左右，他重新拾起宗教社會學的研究，比起猶太教、
回教而言，東方〔的宗教〕諸如中國、日本、印度要更吸引他。從此
之後，他希望能探討存在於五大世界宗教與經濟倫理之間的關係。」
⑨在此，筆者必須指出《經濟與社會》是以《經濟、規範的領域，以及
實際上的權力》為名，而寫成的手冊；而此書並未寫完，一直要到韋
伯死後才刊行〔問世〕，本書並不直接處理歷史解釋的問題。
⑩關於韋伯對世界諸宗教的繁複研究，可參見（G. Roth & W. Schluchter,
1979）、（W. Schluchter, 1983）、（W. Schluchter ed., 1981）。

為如此〕本文成為一篇雜亂的論文⑪。然而，〔這種〕導源於韋伯表現方式的混亂性本身是非常重要的，這是因為它顯示出韋伯並不企圖以一致性整體〔的方式〕來表現它；它無寧是伴隨《經濟與社會》第二部分的〔相關〕片斷〔而存在〕：它可用來作為韋伯對古代的研究的試金石，以驗證是否能夠經由中國，而一般化地推論到非西方社會中；它正足以試驗韋伯對西方文明〔所建立〕的發展理論是否妥當。

讓我說得清楚一些。為了纂寫《經濟與社會》，就邏輯上言，韋伯需要對那些與西方全然不同的主要社會加以分析；由於沒有其他地區比中國及印度來得更廣大、〔距離西方〕更遠，這兩個地區就成為當然選擇。在1909年他尚未允諾接掌政治經濟學〔綱要〕的編輯和寫作工作前，韋伯不曾研究過地中海盆以外的非西方社會，在他所有的著作中，很少徵引到關於這些地區〔的研究〕，同時，亦只討論那些他能掌握第一手資料的主題⑫。然而，當韋伯全力投入此系列的工作，而他所接洽的其他作者，不是放棄了就是作品不合規格時，眼看著本系列就將流產。韋伯〔只得〕自己負擔主要責任，然而，除非他自己多寫一些，否則無法完成任務。韋伯在給他

---

⑪關於此文的複雜性，可參見（S. Malloy, 1980）。

⑫參見（G. Roth, 1968：lvi-lx）韋伯對編輯此系列的論爭。此外，韋伯夫人寫道（1975：332）：「這些對亞洲世界的研究並不企圖在任何面向上達到明確的見解，這是因為韋伯在處理中國、印度、日本時，依賴著翻譯的資料，同時，他面對著幾乎無法處理的猶太教文獻。由於以往他所有的專業研究均立基於對資料的仔細研究，因此，他對這些著作採取相當謙虛的態度。」

的合作者的一封信中指出：「由於某些〔已計畫好的作者〕（添字為原文所有）不可能更變其計畫，在我看來如果要完成並保持作品的特殊品質，我〔自己〕必須針對經濟與社會的部分，完成廣泛性的社會學討論。如果不是在這樣的情形下，我是不可能以這種形式來寫作的，而此一工作使我必須犧牲那些對我而言更為重要的計畫（Marianne Weber, 1975：419）。」即令如此，韋伯並未犧牲掉對中國及其他非西方社會的研究，他仍花費了許多時間，來閱讀以及寫作那些與他先前學術領域完全隔陌的題材。這是因為韋伯需要利用中國和其他〔社會〕，以判斷他在《經濟與社會》中所發展出的類型學，以及發展理論是否有用，而這些類型學和理論正足以顯示出西方文明的獨特性。

在《中國的宗教》中，韋伯將他在研究古代文明時，首次學到而應用在《經濟與社會》中的課題，重行研究。當然，隨著《經濟與社會》的需求，此課題愈趨複雜，然而，〔相關的〕模型卻愈趨一般化、愈為「理念類型的」、愈立基於邏輯一致性而非事實的精確性、愈能面對中國歷史的興衰榮枯〔的解釋〕。經由從《經濟與社會》所提供的類型學的篩選，韋伯擬出中國文明的特徵性的梗概。在美索不達米亞與埃及之外，中國成為所有非西方社會的潛在可能性的彙總。於是乎，中國不再是一個負面的例子，而成為所有非西方社會所能獲致的規律〔之代表；即令事實上並非如此〕，至少也是此規律的變化〔形態〕。而此規律乃是基於父權制，以及在國家結構的層次上的父權制之變形——此即韋伯所稱的世襲制。

2.分析

　　韋伯將中國、美索不達米亞、埃及、羅馬以及許多其他〔地區〕，都置於傳統支配此一範疇之下，因為，在他看來大部分的傳統領域都從「凌駕於家計之上的領主權威」（也就是從父權制中），導引出他們〔關於〕正當性以及組織形式〔的見解〕（M. Weber, 1968：1004）。在《古代農業條件》一書中，韋伯首次使用父權制〔此一概念〕，用以與古希臘名為oikos〔的制度〕，（意指大的家庭〔及地產〕）相聯結，以描述凌駕在一地區之上的家長權威統治〔的現象〕（M. Weber, 1976：42-46）⑬。然而，在《經濟與社會》及《中國宗教》中，韋伯將此父權制的意義擴大，並予以系統化。

　　韋伯在《經濟與社會》中為了處理宗教、法律以及支配等項，而寫下了關於父權制的核心章節；上述這些章節都是本書最先撰述的部分，在時間上與論述中國的文章同期。在宗教社會學中，〈祖宗崇拜與族長司祭〉一節非常重要，在本節中，韋伯將父權制的宗教（巫術）層面與權威層面併在一起討論。他指出，「在家庭中高度發展的祖宗崇拜，通常與家計中的父權結構，有著平行的進展（M. Weber, 1968：411）」。藉著中國與羅馬兩個例子，韋伯進一步指出：「無論何處，〔只要〕此種受宗教束縛的家計與親族團體存在，就只可能產生兩種內聚性的（inclusive）組織形態，這尤其表現在政治的體制上。其一為實際的或想像的親屬團體之宗教奉獻同盟。另一則是以稀釋的父權制形態出現的那種，皇室高於臣屬的〔一般〕家庭的世襲統治（M. Weber, 1968：412）。」

----

⑬韋伯對oikos一詞的使用乃是出自Rodbertus的著作，參見（G. Roth, 1968：xlvii）。

　　父權制雖然是以神聖性的方式取得合法性，但它同時亦提供了
世俗判斷的基礎。在法律社會學中，韋伯描述在父權制之下的法律
如下：

> 「行政管理」的原始形態表現在父權式的權力（即家計的管理）
> 上。就其原始形態而言，家計主宰的權威是毫無限制的。臣屬
> 在他的權力之下的那些人沒有反抗他的權利，用來規約他對其
> 他人的行為規範，充其量只類似他律性宗教般，具有間接查核
> 其行徑的效果……。父權權力……表現出管理的最原始形式（**M.
> Weber, 1968：645**）。

　　韋伯將古代羅馬當作仍然大量保持原始法律原狀的例子，其中
「法律的執行遇到家計的勢力範圍即告終止」。於是韋伯便主張此
家內權威的邏輯「擴大超過其原初領域，並轉入某些政治權力的形
式（即世襲政體）之中（**M. Weber, 1968：645**）」。此觀念開啟
韋伯對現代法律系統的世襲基礎之廣泛討論，而此基礎又部分是由
羅馬法所提供的（**M. Weber, 1968：839-864**）。

　　韋伯關於中國法律的簡短分析，乃是將其視為自「政治組織的
父權特性（**M. Weber, 1968：818**）」所產生的。韋伯將中國視為
父權司法系統的極端例子，並指出「中國的法律執行構成了一種父
權式地將法律與行政間的界限予以抹消的類型（**M. Weber, 1968：
844**）」。

　　在《經濟與社會》中，同時對中國與父權制都作廣泛性討論的
部分是在支配社會學中。其中，父權制是韋伯在分析傳統支配時的

主要焦點所在。筆者將在下一節討論其分析〔內容〕，雖然韋伯並未將父權制視作是「依賴傳統約束的唯一權威（M. Weber, 1968：1009）」，然而，針對此點，強調韋伯認為父權制確實是「截至目前為止最重要的〔傳統支配的類型〕（M. Weber, 1968：1006）」，〔對分析而言〕是很有用的。職是之故，他將父權制當作中心主題，以及在討論封建制度、卡理士瑪、政教合權制、教會統治時的對照點。當然，中國是一個較不重要的主題，但卻是一個常被引述到，〔關於〕父權支配以及世襲國家結構的例子。即令如此，在一精簡扼要的章節中，韋伯寫出了相當於他那諸多論述中國的論文的縮節版。這也是韋伯所有詮釋中國政治結構的著作中，最清楚的了。

在此陳述中，韋伯很明顯地將中國視為父權支配的極端形式。關於此點，韋伯是指在宗教、法律、及政府之中，父權（**指具體的人**）以家庭之長及統治者的形態出現，具有凌駕宗教儀式、法律裁奪、以及家計與國家管理之上的絕對權力。〔雖然〕韋伯承認儒家文士身分團體，要比僧侶層來得更具勢力以及持續影響力，但是韋伯覺得在權力爭鬥中，親族長老及領袖不斷地凌駕在官員及文士之上⑭。官員僭越的情形非常有限，固定的扈從關係很少形成，官員很少企圖全面取代地方賢達〔的影響力〕（M. Weber, 1968：1048）。尤有甚者，文士與儒家的意識型態本身就表現出系統的父權原則，尤其是在儒家「採取對祖先及父母盡孝的義務一點上（M. Weber,

---

⑭這個結論在韋伯對世界諸宗教的經濟倫理的系列加以修正時，所增添的章節中，可以更清楚地見出。這尤其在（M. Weber, 1964：3-104）可見到。

1968：1050）」。於是，韋伯進而指出其核心所在：「正如同世襲制源起於家中孩童對父權權威的孝順般，儒家將官員對統治者的順從、低階官員對高階官員的服從、以及特別是一般人對官員和統治者的依順，都奠基於孝順的基本道德之中……〔比起歐洲一般的情況而言〕，儒家將此觀念的複合體修潤得更具一致性（M. Weber, 1968：1050）。」

在《經濟與社會》中，韋伯將中國與羅馬帝國配對，視為是父權制與世襲支配的原型。於是，利用此分類架構，韋伯不斷企圖將那些在中國不存在，而又足以令西方突破傳統「藩籬」的要素予以孤立。韋伯在《中國的宗教》中，不憚其煩地論述上述情形。在本論文先行寫作的章節中，韋伯的主要重點在於論述古代及傳統中國的信仰主流中，宗教及倫理的要素，而其骨子裡的中心關懷則在於探究歐洲所以能突破父權制的要素。韋伯指出，在中國，「基於對靈魂信仰的家庭孝順，對於人們的行為舉止有絕對的影響力（M. Weber, 1964：236）」。其影響力凌駕在任何制度之上，而沒有任何異端信仰可取而代之（M. Weber, 1964：142-47, 171-225）。在將從《經濟與社會》得出的類型應用到中國時，韋伯很謹慎地指出在西方足以縮減世襲支配，但卻在中國依舊存留的那些經濟、社會、及政治因素。家庭、對官員的限制、儒家文士的文化取向、以及特別是政治結構，凡此種種皆在中國強化了父權制的原則。在關鍵性的最後一章中，韋伯具體地說出了其意念（針對歐洲而非中國）：「倫理宗教的偉大成就在於粉碎親族的束縛，這尤其是指新教的倫理與制慾教派（M. Weber, 1964：237）。」韋伯指出，如加以對比，在中國的制度安排中，「我們發現非常類似古代地中海世界的

條件……但是，從某些觀點看來，這些條件甚至比古代地中海要更遠離現代資本主義的『精神』及其制度（M. Weber, 1964：243）。」

韋伯在1920年將《中國的宗教》納入《世界諸宗教的經濟倫理》系列時，增加了廣泛討論政治結構的章節，於其中，他甚至用更強烈的字眼來表達相同的見解：「西方有著強大而獨立的力量。這些卓越的力量能自行結合以突破傳統的束縛……我們可追問：中國難道沒有可相提並論的力量嗎？（M. Weber, 1964：62）」韋伯的回答是一連串的否定：宗教、社會結構、經濟、尤其是政治，〔均沒有此種〕力量。韋伯察覺到在東方的其他地區（尤其是在中國）「所呈顯的現象本身，常為我們〔西方人〕視之為『僵化』（M. Weber, 1964：61）」。正如同黑格爾、馬克思、以及許多思想家一般，韋伯認為（至少在政治的支配上）傳統中國是靜態而固著於時間的，她不具有真正持續發展的歷史。

三、中國父權支配的邏輯

韋伯對中國的研究乃是基於他對古代地中海文明的瞭解。他將在古代研究中首次發展出的概念，應用到對中國的分析中。藉著將這些概念視為是中國社會的特徵，韋伯企圖標識出西方社會的獨特面向，以及指出中國為何仍然為傳統的理由所在。在韋伯對中國的分析背後，存在著一種對西方歷史的社會學處理方式———種將宗教、經濟及社會所引起，由父權制到法制，由傳統世襲文明到現代科層社會的變動，予以高度概念化的綜合〔分析〕。

但是，韋伯的研究對中國而言，具有什麼意義呢？從韋伯處，

我們所學習到的主要並不在於中國的部分。然而，經由此反面〔的探究〕，我們是否認識到〔中國的〕實際情形？我們是否知道造成中國文明的要素為何？如果傳統中國並未像西方一般地變遷，這是否意味著正如韋伯所暗示的，中國是僵化而不具有發展的歷史？

　　在本節中，筆者〔將〕指出韋伯從西方歷史所創造出的概念，對韋伯式的中國史研究而言並不貼切；說得更強一點，筆者在此指出韋伯對中國文明的分析，不但是不夠充分，〔而且〕根本就是錯了。此批評的核心議題在於，韋伯錯誤地將西方與中國的傳統支配原則予以等同。在本節中，筆者將對照**父權**（patria potesta；在羅馬法中所編列的西方父權制原則）與**孝**。由對比羅馬的父權觀念以及中國孝的觀念，並將之用以檢視父權支配，筆者指出韋伯乃是基於種族史的偏見，而來建構其支配社會學的其中一端（並用以歸結出為何西方能凌駕在其餘的文明之上的理由）。在結論中，筆者建議如果韋伯〔區分〕傳統的、卡理士瑪的、及合法律的支配類型，是要用來幫助瞭解（而非妨礙）對非西方社會的政治發展的話，則此分類必須重加修訂。

　　對父權與孝加以比較可對韋伯的中國研究，提供相當關鍵的見解，其理由如下：首先，韋伯由羅馬法中的父權概念（文意指父親的權力），抽提出父權制及傳統權威等更一般化的概念。其次，韋伯假定父權與孝（這兩者在中文中均被翻譯為孝順）表現出相同的支配原則，當他在檢視西方的變遷時，在他〔心中〕亦假定其間的類似性。設若這兩者並不一致，則實際上它們代表著不同的原則而產生不同的支配活動；因而韋伯的支配類型〔的妥當性〕值得爭議，而其對中國的分析也需要重新修正。

在《經濟與社會》中，韋伯所發展出的地中海文明父權權力的
邏輯，可在羅馬法的父權觀念中見出。在《古代的農業條件》（1909）
中，韋伯已指出父權權力是古代地中海社會的共通現象，他同時亦
進一步指出羅馬法中保存了最完整的父權權力法條，而這些條文亦
最接近其原始型態；在希臘，城市法緩和了父權權威在其家中〔的
支配力量〕，而這正如同摩西律法在以色列所作的一般（M. Weber,
1976：274-292）。在論述父權是傳統家計權威的縮影時，韋伯不
過是同意大多數研究古代文明的學者的意見[15] 他不過是藉著揭露其
潛在邏輯，以及父權制與世襲制的組織性展現〔方式〕，而將他人
的論點加以擴充。其重點在於韋伯開始用一般化的父權〔觀念〕，
以及由古代法所抽提出而存在所有前現代社會的支配原則，以勾勒
出〔他所謂的〕傳統支配。

在《經濟與社會》最早完成的部分，名為〈父權制與世襲制〉
的那一章中，韋伯首次企圖將父權的觀念一般化（M. Weber,1968：
1006-1069）。本章中到處可見到拉丁文的法律名詞（例如liberi,
mancipium, peculium, leges），雖然韋伯在界定父權制的那一節中，
並未明顯地徵引到父權，然其受羅馬法〔影響〕則是無庸置疑。正
如羅馬法中的父權一般，對韋伯而言，父權制「脫胎自領主對其家
計的權威」，同時，正如父權一般，父權制亦限圍了在理論上對領
主權力沒有節制的特殊領域：關於繼承、財產、以及女人與小孩[16]。

---

[15] 例如H. Maine（1861：81）指出：「羅馬人的『父權』必然是我們最
　　原初的父系權威的類型。」F. de Coulanges（1901）與G. Jellinek均發
　　展出類似的題旨，而後者更提供了韋伯發展其支配社會學的基礎柱石。
　　關於G. Jellinek的影響，可參見（R. Bendix & G. Roth, 1971：260-265）。

由於在某些社會中，父權權力被一些「紛雜的」情況而稀釋，韋伯指出「在羅馬與中國，原則上〔父權權力〕毫無任何節制（M. Weber, 1968：1008）。」從他對羅馬家計權威的討論，以及從他認識到此一類型在中國與其他社會中均廣泛地存在，韋伯區分出了父權制的基本原則。父權制「並非基於官員對某一非人際目的的實踐，亦非基於對抽象規範的順從，而全然是基於對個人的忠誠（M. Weber, 1968：1006）」。在韋伯看來，基於對個人的忠誠之父權權威概念是由「**對傳統虔誠與對領主忠誠這兩個基本要素（M. Weber,1968：1008）**」所構成。當韋伯界定父權制（M. Weber,1968：216，227，231，943，1006-1113，1117，1118；1946：296），以及他在《經濟與社會》（這是韋伯最後的著作，完成於1918至1920年間）的概念介紹中，韋伯不斷提及此兩要素，將之當作傳統支配的「純粹類型」的核心要素。在此，他強調父權權威的「雙重領域」。一方面，領主的地位是由習俗及神聖不可侵犯的規範所界定並賦予其神聖性的。在此領域中，行動「是局限於特定的傳統的（M. Weber, 1968：227）」。另一方面，領主個人任意施展權力並要求其子民基於個人的忠誠而順從他。在此領域中，行動「是不受特殊規則限囿的[17]」。

對韋伯而言，父權等於父權制，而父權制又等於傳統支配。在他企圖考察西方文明的發展，而將中國與西方置於同等地位，以作系統性對比時，就邏輯而言他唯一需要做的，不過是將父權與孝予

---

[16]M. I. Finley（1973：18-19）以相同的方式區分在羅馬法中的父權權威的不同面向。

以等同。此點在他先前論述中國討論到「孝」的文章中只是隱含著的意念（M. Weber, 1964：157-159），但在後來《經濟與社會》章節中則很明顯地表現出來：

> 父權（古羅馬一家之長終其有生之年均保有）有其經濟、社會、政治、以及宗教上的根源：貴族家族的保存、基於親族或家庭間的軍事聯合、以及父親的地位類似家庭祭司等。〔然而〕在帝國之下，父權被減弱了（即令是針對孩童而言）。**在中國，相同的情形被孝順原則延續著**，其中孝順被國家、儒家的官僚階層倫理、以及義務法規推到了極致，而這部分是由於政治上教化的理由（M. Weber, 1968：377）。〔強調之處係筆者所加〕

〔因而〕在韋伯看來，在中國與西方古代之間存在著重要的類似性，藉由與中國（一個仍保存父權基礎的社會）的比較，可考察型塑西方政治的〔獨特〕歧異發展的歷史解釋。

在筆者有限的閱讀中，除了韋伯之外，曾對父權與孝加以比較

---

⑰（M. Weber, 1968：227）雖然韋伯並未明顯地承認此點，然而由其著作中，我們很清楚地見出，在父權支配行動的兩個領域中，是存在著彼此間的緊張的。就其純粹的型式而言，韋伯關於父權支配的概念，連結了義務的兩個相互衝突的來源：由位置所要求者，以及由領主個人所要求者。這種在位置以及毫無限制的個人意志之間的傳統緊張〔關係〕，在父權支配〔的關係〕上，設下了一種基本的背反（antinomy）關係，而令領主與臣屬者在歷史的過程中，依著不同的方式加以消解；在韋伯的研究中，這是以卡理士瑪式的支配以及階層統治的觀念〔來處理的〕，但是此點並沒有被系統化地探討。

研究過的只有詹密笙（George Jamieson）一人。他是一個與韋伯同時代而深受Maine的《古代法》影響的漢學家。雖然在各自的文明中，這兩者都成為構成法條的核心部分，但詹密笙仍找出兩者間的不同點。詹密笙從《大清律例》中將家族法的部分翻譯出來。在他註解這些法條時，他將清律與羅馬法相比較，發現「雖然其間非常類似，但仍不能將之完全類比（G. Jamieson, 1921：4）」。就家庭在法律上是指父系血親這點而言，兩者是相同的，然而在羅馬法中，個人可經由收養程序而成為團體的一員，但在中國的法律中則「不接納陌生人（G. Jamieson, 1921：4）」。關於頭銜與財產的繼承法規「在只考慮直系血緣時是一致的」，但在羅馬法中，經過收養程序的外人可享有父系血親的充分權利，而這在中國法律上是不可能的（G. Jamieson, 1921：5）。

如果詹密笙曾經讀過韋伯的著作，他將會認識到在中國法律中禁止非親屬成為家族一員〔的情形〕，會對古代地中海社會的父權制特徵，產生多大的妨礙：擴大的經濟家計〔單位〕（大地產制oikos）乃是歐洲莊園經濟的基礎所在。然而由於未能認識到此點，詹密笙忽視了此差別點，並不認為這有多重要。〔然而〕，他指出一項重要的差異。他注意到在中文中沒有與patria potestas相對等的辭彙。在中文中重要的辭彙是「孝」。他頗有見地地指出，孝「通常被翻譯成……filial piety，〔但〕piety並不是適當的辭」。孝是「孝順，或是指順從父親的意志，〔一般而言〕，這被視為是由親情中所自然流露出來的（G. Jamieson, 1921：5）」。patria potestas意味著權力，而孝意味著順從。「**在羅馬法中強調父親的主權，這隱含著在兒子一方的義務與順從。而在中國的法律中，則是從相反的方向**

來看待：它強調兒子的義務與順從，於其間則隱含著在父親一方可施行的權力（G. Jamieson, 1921：5）。」〔強調之處係筆者所加〕

雖然詹密笙認為在父權與孝之間的區分是很重要的，〔然而〕他卻將此區別予以消解，認為只是補充性的，而視羅馬與中國為同一銅幣的兩個不同面。就分析上而言，詹密笙是正確的；羅馬與中國的確是針對父權制這一核心觀念而強調不同的面向。然而，這在分析上的些微差異，卻對中國與西方，就支配的制度化〔過程而言〕，畫下了迥異的差別。一方面，西方的制度是植基於權力的制度化〔過程〕中；此處所指的權力，誠如韋伯所言，是「一個行動者在某種社會關係中，能夠無視他人的抗拒而推行他的意旨的可能性（M. Weber, 1968：53）」。另一方面，中國的制度是植基於〔關於〕順從的制度化〔過程〕。此處所言的順從，不應如同韋伯般地理解，而視之為某人的權力或個人意旨的施行結果。順從應如同中國人所理解的一般，意味著某人對其生活中的分位所應克盡的責任之忠誠，筆者將在下文中說明此點。在西方，支配集中於司法裁奪權的制度化〔過程〕，而在中國則是集中於角色的制度化〔過程〕。

1.父權

父權是一套學說，使得家庭與國家在司法程序上分開，同時也使得家計之長，成為在此一領域中唯一的權威[18]。原則上在父權制

---

[18]筆者從下列資料立論：（H. Maine, 1861：67-100）、（F. de Coulanges, 1901）、（Buckland, 1931）、（M. I. Finley, 1973）。至於對古代地中海文明的父權制的充分討論，可參見筆者另一篇文章的處理（G. Hamilton, MS）。

之下的權威〔存在的〕目的是為了維護此血族系譜的存續。所有古代地中海社會的法律中，都明白地條列出此目的以及其在特殊領域的特殊應用。例如，在早期的羅馬法中potestas指涉父權權威冊立繼承者；這賦予他莫大的權力，以支配兒子和兒子的兒子，以及在氏族中未婚的婦女。他可認定父子關係或否定之，可收養義子或斷絕父子關係，甚至可因故而將他們處死。Manus指涉父權權威延續世族〔的繁盛〕，這賦予他相當的權力，以支配其妻子及其媳婦。他可為自己或其兒子選取媳婦或〔命令他們〕離異，也可因其行為之缺失而懲罰這些婦女，甚至因通姦而將之處死。父權權威具有主權（Dominium）是為了確保氏族的維持，這賦予他支配整個領域的權力。所有的產業都是氏族的產業。父親擁有所有一切，而兒子與妻子則一無所有；即令勞動力亦是屬於他的。只有父親具有公民的權利，只有他能於公眾之前尋求正義〔的裁判〕，同時，也只有他能在其領地上免除審判。雖然這些常常是由習俗所導引並調和，但父權權威在維護氏族的同時，也強化了其私人的權威。實際上，所有的決定都成為父親私人判斷的事項。家計事項隸屬父親個人，而不只是其位置。

　　誠如韋伯所清楚認識到的，這種個人順服的特性，乃是西方父權制的本質所在，西方的父權制是產生自臣服者對其主人實際上的依賴性。當從倫理的角度來檢視時，這種臣屬與依賴的條件，有利於把領主與臣屬者之間，用個人的忠誠作為規範性的道德來連結起來。韋伯將拉丁文中的piety視為個人忠誠的同義字，以進一步界定此種道德連結。他不但將piety視為是父權制的『基本道德』，同時也將其視為是世襲制的基本道德（M. Weber, 1964：157）。在此

脈絡中，piety意味著如同愛與尊敬自己的父親一般，愛而且尊敬自己鄉邑的父親；同時，在愛與尊敬之外，人們規範性地願意將自己臣屬於父親及統治者的意願之下。Piety 暗示著可用以支持人們臣屬於優勢者的道德誡令；正如同愛對於現代婚姻而言是一種規定性的（prescribed）情緒一般，它也是一種規定性的情緒。

韋伯將父權原則當作傳統支配〔型態〕的核心原則。進而，他把傳統支配的觀念當作普遍存在古代政治結構中的歷史描述，並當作他解釋現代國家興起的出發點。在他的支配社會學中，他習慣用傳統支配的制度化與變遷，來描述現代社會的發展。這是一種非常好的處理方式，它開拓了對變遷探討的層面，而這層面一直未被充分地研究。

綜上所述，韋伯認為古代的父權制轉變成為權力與特權的一般性原則，成為可以同時用在父子之間、君臣之間、教士與會眾之間，共同享有的認識。實際上，韋伯認為西方的父權制受到一神教（尤其是基督教）的影響，將內在於父權制中，原為個人與職位間的緊張，從個人與人際統治的角度予以消解。父親、丈夫、教士以及統治者，在其各自領域中，有其獨自而排他的管道以與神（原先為多數的，後來成為一神）交往，並在其統轄裁奪的領域中，以此一被認定的方式，將個人意志加諸他人身上〔的行為〕合理化。統轄裁奪權常常彼此重疊而且互相消長；當國家逐漸強大時，家庭與教區特權就〔相對地〕消滅。即令如此，在每一各別領域中，權力仍是與超驗的證立〔按：指合法性〕連結在一起。在國家的層面上，韋伯以政教合權制與教權政體作為在類型學上的連結〔形式〕（M. Weber, 1968：1159-1163）。尤其在國家的層面中，這種個人意志

的合法化，可令卡理士瑪〔得以〕世俗化，而實際上這是將權力制度化為地位擁有者的個人特權（ M. Weber, 1968：1121-1148 ）。諸如神權以及中世紀「身軀政體」觀念等學說，在歐洲均為世俗化的卡理士瑪統治，〔提供〕其連續性的〔理論基礎〕⑲。〔然而〕，即令如此，此一緊張的消解亦在臣屬者部分，提供〔支持〕純正的卡理士瑪形象的一種親和性；人們乃是基於「純正的」超驗宣稱，而棄絕制度化的卡理士瑪以及個人的支配，人們亦基於此而要求著「純正的」卡理士瑪式地個人支配⑳。

這種存在於位置擁有者與非位置擁有者之間、國王與臣民之間的個人權力的緊張，有利於發展出界定統轄支配的系統化手段。合法而理性的支配強調依法律而統治，以及非人際性地服從法律，這是在西方〔歷史〕發展中的獨特〔現象〕。但在韋伯看來，形式法律並不排除個人，而僅只是形式上節制自由人民的架構（ M. Weber, 1968：666-731 ）。形式法強調個人權利、個人自由，而對個人的限制則維護了他人的權利。長期而言，形式法總是消減了地位的神聖性以及身分團體的特權。韋伯獨具慧眼，見出西方的文化與法律，主要是以卡理士瑪的世俗化（ 在教皇、國王、法官以及其他常常言及上帝恩寵和知曉神意者 ），和尋求自我解放的那些具有解除限制潛力的個人，這兩者間的緊張〔的形式〕而存在（ M. Weber 1968：

---

⑲分析「身軀政體」如何能由國王的身體，轉化而成「擬人化」的權力施行，〔就筆者所知〕最好的研究是（ E. H. Kantorowicz, 1957 ）。
⑳ N. Cohn（ 1970 ）很清楚地將存在於中古歐洲，而又彼此衝突的那些依據先驗原則的理論加以描繪出來。

1192）。形式法乃是由國王、教皇、法官所制定的法律，可作為在世俗化與非世俗化的卡理士瑪之間的妥協，同時為這兩個領域保留了個人權力的空間（M. Weber, 1968：839-859）。此一妥協減低了地位在證立權力時的效力，取而代之的是「卡理士瑪的一般化」。〔於是乎〕，在西方，每個人都尋求〔如何能〕發掘並解放出自己潛能（他的「天職」與個人神性）；每個人都在世俗與宗教的意義上，尋求自己的救贖（M. Weber, 1946：129-156）。法律讓國王與人們都能用來作為獲取更高的個人目標的形式手段。在西方，經由制度化及一般化，為個人領域保留了個人的卡理士瑪潛能。

簡言之，這就是韋伯對現代西方興起的解釋，而韋伯的類型學工作乃是在歷史中，孤立出此趨勢；即令如此，他在有生之年也沒能完成原先在《經濟與社會》中，對現代國家章節的撰述。

2.孝

在中國，父權制的制度化與發展序列是和西方的發展大相逕庭的。在韋伯的社會學中，世襲的、卡理士瑪的、法律的，這三種支配類型的概念化〔架構〕所具有的緊張，以及緊張的消解，在中國的支配體系中並不存在。

韋伯正確地見出，孝是父親權威在倫理與法條中被肯定的基礎所在。在徵引中國法律中，有關父親權威的法條時，瞿同祖在其大著《中國法律與中國社會》（1961：29）中指出，「這皆是孝順的問題」。孝的重要性不只局限於法律之中。馮友蘭（1949：26）順著宋明儒的傳統，認為「百善孝為先」。侯思孟（Donald Holzman, 1980）指出，《孝經》這一教導孝道的著作，「由於兩千年來，成

為童蒙課程的基本教材」，因而成為中國極為通俗而廣泛的讀物。在明、清二代，孝在中國就如同愛在西方社會中一般，可說是最為重要的道德。孝是通俗文學的主題。民間故事集中，詳細記述了關於英雄與宗教賢達的孝行；地方誌中有大量關於孝行的紀錄；《三字經》這一童蒙朗朗上口之作，視孝高於其他的德行。同樣地，《孝經》成為關於孝道的意義的經典記述。即令是白丁亦對孝有所認識，這是由於在近世法律中，孝〔的原則〕充斥在各種特殊行為的形式之中，絞刑是對最不孝的情況的懲罰。

在考慮到兒子對父親的服從時，存在於父權與孝之間的差別可用下列方式來說明：在父權原則下，人們服從其父親；在孝的原則下，人們言行舉止像個兒子。父權界定了統轄裁奪的〔範圍〕，在此範圍中，個人能施行其裁決，父權並決定了在人與人之間的權威關係。孝則決定角色，行為與價值乃伴隨角色而定，由此而界定了個人對此角色的職責。這兩個概念隱含著，在家庭之中以及家庭之外，父權支配的本質具有不同的觀念。

要瞭解孝的第一步是從檢視《孝經》作起，《孝經》提供了一個對於孝在角色間所具有的意義的清楚說明。《孝經》是以格言的形式寫成，只有短短的十八章，總共不到兩千字的文章。「孝」字意味著侍親；但在《孝經》一書中，通篇所言，皆指涉著服從。在開宗明義第一章中，作者就告訴我們經由孝道的普遍施行，世界將會更有秩序而人際關係將會更為和諧，「夫孝德之本也，教之所由生也」。「夫孝始於事親，中於事君」，孝乃由侍親而發，進而應用到為其他的角色而服務，而「終於立身」。以下各章則是依〔此原則〕而擴充至各人際關係的角色之上；「天子章第二」、「諸侯

章第三」、「卿大夫章第四」、「士章第五」、以及「庶人章第六」。
《孝經》對每個角色都羅列其行為及應盡的義務；例如，諸侯應在
上不驕、制節謹度、滿而不溢。在每章的結尾，都以「…之孝也」
作為結束，而在第六章結尾處，解釋了遵行其角色的重要性：「故
自天子至於庶人，孝無終始而患不及者，未之有也」。

其餘的十二章將前六章所發展出的兩個主題予以擴充。其中，
第一個主題是關於角色的。從這個角度來檢視這些章節時，我們至
少可以發現六個關於角色的不同面向隱含在此討論之中。⑴角色成
對地出現，例如父子、君臣；⑵每一角色組都表現出一種居下者對
居上者的關係，其中，父與子之間的關係是孝；⑶在角色組的關係
中，居上者統轄居下者的方式是自己也採行居下者的行為〔模式〕，
因而提供了一個可供依循的模式：父親對祖父而言本身仍克盡為人
子的職責，天子自身是以「孝子」的方式統理天下；⑷角色組與角
色組之間依其關係而彼此相應：君臣關係是由父子關係而導引出來
的，而朋友間的長幼關係是由兄弟關係導引出來的；⑸對人類社會
而言，角色與角色間的關係是自然存在的，「父子之道天性也」；
⑹每一角色必須充分扮演其角色，才能令得全體適切地運作，「要
君者無上、非聖人者無法、非孝者無親，此大亂之道也」。這六項
特性彼此相互關聯，而同時出現，它們構成了一套〔關於〕角色的
複雜理論。

第二個主題則是孝的觀念。於此，至少有五個關於孝的面向要
加以討論。㈠是在事物的秩序中服從角色（孝）的，「夫孝，天之
經也、地之義也、民之行也」；㈡關連到人事時，孝並非服從居上
者的命令，而是服從居上者的角色，「敢問子從父之令可謂孝乎？

子曰：……故當不義，則子不可以不爭於父，臣不可以不爭於君。故當不義則爭之從父之命，又焉得為孝乎？」㈢孝是由順從角色的要求而構成的；例如，君子的角色〔要求〕為「言思可道，行思可樂，德義可尊，作事可法，容止可觀，進退可度」；㈣人類是經由為人子或為人女而學習孝，進而學習角色的順從。只有經由家庭之教，此種自我要求才能轉換成對其他角色的服務，「父母之生續莫大焉，君子之事親孝，故忠可移於君……，居家理，故治可移於官」；㈤將自己安置在適當的角色中，對社會與個人均為有利，「敬其父則子悅，敬其兄則弟悅，敬其君則臣悅，敬一人而千萬人悅，所敬者寡而悅者眾，此之謂要道也」。上述所論，孝的各個面向，更導出生活中的角色是永恆的〔之見解〕，這些角色乃是人性之本，而不能奉行這些角色者，即是喪失人性者。

《孝經》不是哲學性的小冊子，而是通俗的小冊子，與大部分新儒家技術性、抽象性的著作相較，它類似《詩篇》第二十三篇〔的風格〕。然而，其普遍性及經學上的地位，是基於其為大眾所接受。在實際的運作中，人子盡孝與孝在生活的其他領域中，皆是強制性的義務，也是在傳統中國社會中，支配原則的核心所在。〔相對而言〕，孝在抽象的層面中，亦傳遞出相當清晰的訊息，而迴應出一個在中國哲學上處處可見的主題：人性是駐留在角色之中。生命中最珍貴的特質只能從對角色的細心培育而得出，只能由人在其角色〔參與〕中尋得[21]。人性植基於對個人慾望以及個人獨特的自

㉑　關於此觀念的詳細探討以及其意含所在，可參見（Tu Wei-ming, 1979）、
　　（W.T.de Bary ed.,1970；1975）。

我之棄絕，說得更一般化些，是對個人魅力的拒斥，換言之，是否定了韋伯所說的卡理士瑪。在中國，人性本質上是社會性的、關係性的；而在西方則為心理性及個人性的，東西方在此點上，實大相逕庭。

西方的政治理論，在具有權力與順從者之間安置了直接的因果關係；父親的命令、國王的旨意、教士的裁奪，形塑出兒子、臣民、信從者的決定。有權的強勢者的意志，「造成」那些在其行政裁奪領域中的順從。由是，政治結構的穩定性乃是建立在意志不間斷地展現之上。家庭之長去世時，兒子成為一家之首；老王駕崩時，新王萬歲。這種合法支配的原則不只是在父權原則中，可以清楚地見到，誠如韋伯所言，在全面充分瞭解西方的行動以及秩序時，這亦是其中緊密的一環。

然而，孝並不指涉強者與弱者間具有因果的連結，而只說明了其間存有差別。作為一種支配原則，孝是一種告誡：〔讓人們〕遵從生命中的角色之責任而行動。諸如兒子服從父親、妻子順從丈夫等，服從他人可以在不發命令的情況下產生；甚至，連下達命令的人也可以不存在。即令父親或丈夫不存，兒子還是兒子、妻子還是妻子，這正好比天子依舊是「上天之子」一般。順從只不過是一個角色的一部分，而角色造就了一切。在人們順從及孝順之際，呈現出諸意志的和諧。因此，原則上，命令他人的舉止並非發自個人意志之行為，而是義務之舉。權力乃從角色上的順從而導引出來，並非來自行政裁奪上的特權。皇帝具有牧民教化之責任；父母具有教育子女的責任；兄長具有糾舉弟弟的責任。如果災禍不曾發生，這意味著所有人都必定盡了其責任。

　　簡言之，孝表達出一種基於職位上先行給定的位置，而得出的支配原則。負責乃是孝的本質，成為證立屈從他人〔的理由〕。〔這種〕權力的證立，否定了領袖個人的合法性，不論他是卡理士瑪，抑或是〔合法律的〕官員。在中國天子乃是上天之子，一般人也期待他能〔充分〕扮演兒子的角色。

　　此種支配原則的制度化，以及本身的變化發展，顯示出與歐洲由父權原則而發展出來的模式極為不同。韋伯正確地指出，西方父權制的沒落，伴隨著公眾權威的崛起。然而，韋伯對中國的父權制一直持續到清末的見解，則有偏失之處。事實上父權制是沒落了，韋伯所賴以證明父權制存在的證據，乃轉而支持對角色及社會責任的見解。在中國所持續的並不是能對兒女妻子為所欲為的父親權力，而是〔關於〕孝的系統化。當角色與責任更加特定時，居上者的自由裁奪權被削減了不少，父權制亦因而減弱。

　　筆者在他處（G. G. Hamilton, MS），曾對傳統中國的父權制的某些變遷層面詳加討論。例如，對古代地中海世界而言，家族之長對家族成員操持著生殺大權（ius vitae necisque），但在競爭對手（例如：教士、城市政府、政治領袖等）逐漸增加權威，並宣稱對其信從者及臣屬者握有統理裁奪權時，權力就逐漸地受到削減，甚至完全消失。然而，中國在帝國逐漸強大之際，家族之首並未喪失其對家庭成員的支配力。事實上，相反的情況才是〔歷史〕真相。在傳統中國的大部分時段裡，對於家族之長的生殺大權是加以禁止的，這尤其在從漢代到宋代（206BC-1278 AD）時，最為明顯。然而，在明、清兩代（1368-1911 AD），這種禁制多少有所疏解，因而父親與丈夫可以對於不孝或不順從的兒女或妻子嚴加處罰，有

時甚至致死[22]。如果只從表面看，這似乎正如同韋伯所言，父權制依舊存在，甚至有增無減。然而，所增加的並非可對妻小濫用的權力，而只是對於角色與角色關係上的法條。在明清之際，父親與丈夫可以用強勢力量脅迫妻小遵從的理由所在，是因為在這兩代中，關於兒子的角色以及父親對不孝懲治的責任，有了比起以往時段更為清楚的界定。

在對家庭成員具有支配力之際，父親與家族之首在明清兩代，失去了韋伯將之與父權制連結在一起的其他特權。下列例子說明了此情況[23]。直到宋代末年（1278 AD），莊園式的地產在中國仍是屢見不鮮，伴隨這種類型與情況的，乃是奴隸、家奴、農奴、半農奴、勞役以及禁止奢侈的法令。然而，自宋代起一直延續到明、清兩代，大地產制以及領主／依賴者之間的關係開始消失；取而代之的是基於租金、受薪勞工、以及契約性義務的農業與商業體系。農奴成為自由農；領主轉變成地主。誠如詹密笙所言，父權制並未超過家族的〔範圍〕，只有真正的血親成員才構成此團體。即令在家族中，當角色更加特定化時，父權的恣意性就受到了限定，而對違犯角色扮演的懲罰也就更加嚴厲了。

傳統中國的父權權威並未超過家族的範圍，甚至還〔因家族的

---

[22]將前後兩代加以對照的，可參見瞿同祖（1961），即令如此，瞿同祖也並未將重點加在變遷層面。對近代中國的家族法有較佳的研究者為（D.C.Buxbaum,1931），對清代社會的父權制〔較好的研究的〕則是（J.Stacey,1983）。

[23]本小節中的結論是從許多的研究中所推導出來的：諸如（G.Hamilton, MS）、（M.Elvin,1973）、（E.Rawski,1972）、（Mi Chü Wiens,1976）。

緣故而〕有所削減，其理由可由檢視孝的制度化而部分地加以解釋。
孝在中國歷史上，並不是都像晚期般地突出，也並非一套充分界定
的行為〔標準〕。依據侯孟思的說法，在古代中國，大部分的銘文
「言及孝時，〔似乎〕都是指對死去雙親的孝順」，只有少數例外
是涉及仍存在的父母（D. Holzman, 1980：5）。在古籍中，孝是
諸多德行中的一項，很少將之當作最重要的一項，即令在《論語》
中亦是如此。尤有甚者，在儒家的經典中，孝主要指涉對父母、統
治者及丈夫的忠誠，只是很鬆散地與人際關係上的秩序關連在一起，
而並不意味著無條件地順從。侯孟思研究孝在歷史上的轉變，認為
漢代是轉折的時期，這時亦是《孝經》纂述與廣為流傳的時期。徐
道鄰認為三綱的觀念是由陰陽家（而非儒家）所產生，到後來與孝
結合在一起。班固（30-92 AD）在《白虎通》中論及三綱之後，
它才成為「漢代正統思想家的基本觀念中的一項」（Hsu Dau-lin,
1970-1：31）。雖然孝自漢代以來仍然是很重要的觀念，但與其關
連的觀念，諸如三綱、五倫、五常等，尚未系統化而整合在孝的觀
念之中，似乎「在漢代以降的前四個世紀，即中國佛教與道教的世
紀中，並未普遍流行起來」（Hsu Dau-lin, 1970-1：32）。

　　〔將這些觀念〕法條化始於宋代，而這離帝國形成已有一千年
的進展了。依徐道鄰的說法，新儒家將三綱標準化，而構成了在君
臣、父子、夫妻之間的連結（1970-1：32-36）。他們亦將五倫標
準化：朱熹（1130-1200）認為君臣、父子、兄弟、夫妻、朋友的
關係，乃是內蘊在人心之中（Hsu Dau-lin，1970-1：33）。他們
亦發展出五常的觀念，使仁、義、禮、智、信成為儒家的基本道德。
漢初由陰陽家所發展出的觀念，到了晚宋，成為重振儒學的核心要

素。服從三綱、遵奉五倫、施行五常，則是直接將孝的觀念加以應用。隨著《三字經》的普遍化，這些觀念幾乎成為日常用語。徐道鄰指出（1970-1：34）：「自此之後，中國的小孩在學習四時、四方、六畜、六穀時，亦同時背誦這些原則。」這些原則成為不假思索、視為當然的，而不再是哲學上爭議的課題；它們只是生活世界的一部分。正如同位置是固定的一般，這些位置的道德義務亦是固定的，同樣地，對於違犯〔這些原則時〕的懲罰亦是固定的。

職是之故，明清兩代，家族之長失去了許多任意性的權力。即令是父親亦沒有權利決定兒子應如何行誼才是恰當的，這是獨立在他們的意志之外〔的事〕。不孝的判定標準是由習慣與法律來訂定的[24]。即令父親不在時，兒子亦應扮演好他的角色；而隱藏父歿的消息或是在父喪期間中止哀傷思念，更是不孝之舉。父親的確可以在兒子不像兒子時將之處罰致死，但只有在與〔社會中〕對不孝的既定看法一致時才有可能[25]。此外，不只是父親才能處置不孝之子，舉凡其男性的長輩，以及縣太爺都可予以處罰，他們乃是判斷角色

---

[24] 在後世所依循以建立律令格式的唐律之中，將違反孝親〔的行為〕畫分為幾個領域。「惡逆」包括毆及謀殺祖父母、父母，或殺害其他至親，最為嚴重。惡逆的懲罰是凌遲至死或是斬首。另一領域為「不孝」，其中包括「告言、詛詈祖父母父母；及祖父母在，別籍、異財；若供養有闕；居父母喪，身自嫁娶，若作樂，釋服從吉；聞祖父母父母喪，匿不舉哀及詐稱祖父母父母死。」在不孝行為中，只有告言、詛詈祖父母父母可處罰至死。惡逆、不孝與謀反、謀大逆、謀叛、內亂等項，並列「十惡」。十惡之中，惡逆與不孝分列第四與第七。「虧損名教，毀裂冠冕」，十惡尤切。對父母及其他男性尊長較小的過犯，均歸類在不順從之列。不順從乃是違抗父令而聚賭或通姦，而應受笞刑或杖刑。

扮演合宜與否的合法專門人員㉖。罪大惡極的不孝行為，包括父親在內都要受罰。事實上徐道鄰所舉的例子更可作為三綱權威性的證據，可說明對中國人而言，違犯其角色扮演的人以及家族之長，無法避免全然腐化時的嚴重處罰。

1865年10月，陳漢成（按：音譯）的妻子無禮地毆打其婆婆。如此罪大惡極的行徑招致下述的懲罰：陳與其妻子在其母親面前被凌遲而死，其皮膚分掛在不同城門之上示眾，而其骨頭則燒成灰。陳的大伯被斬首；他的叔叔及兩個兄弟以及族長則被吊死。陳妻的母親臉上刺著「養女不教」的字樣，於數省遊街示眾。其父親打八十大板流放三千里。陳氏左右兩房之家長各打八十大板發放黑龍江。城中掌理教化的官員打六十大板流放一千里。陳的九個月大的兒子重新命名，並交由縣官照顧。陳氏土地任其『永久』荒蕪。這所有一切都刻在石碑之上，而其拓文則發送至於全國（ **Hsu Dau-lin** ，1970-1：36-37 ）。

在這個例子中，父權制存在何處？相較之下，誠如韋伯所言，

㉕習慣法主要是依著角色的義務而制定，其中「報」的觀念相當重要。參見（Yang Lien-sheng,1979 ）、（Fu-mei Chang Chen & R.H.Myers, 1976；1978 ）。

㉖在學術文獻中，官員的標準形象乃是一介通儒，並不需要對政府運作過程具備專業知識。然而，中國社會特別強調角色扮演，官員可被視為是在角色扮演及人際關係上的專家。官員可以和美國社會中的經理相比擬，都是習得管理的原則，而將技術層面的問題留給他人〔處理〕。

在羅馬社會中，「司法的統轄在家計肇始之處即告終止」。

　　在傳統中國的晚期，父親權力主要是由對家族成員角色的法條化而逐漸得出。即令在父親自由裁奪的權力減弱之際，由於兒子、妻子及其他成員的角色，逐漸成為在法律與實際上的集合項，父親處罰違背這些〔角色的行為〕的權威依舊增加。兒子的義務固然更清楚地被界定，但其他角色也一樣，甚至這些過犯的行為亦被清楚地界定。這不僅對百姓而言是真實的，對官員尤其產生壓力。誠如墨子刻（T. Metzger，1973：236-417）所言，處分法與獎勵系統，乃是基於官員所應扮演的角色此一理念而發。就如同對父親的忠誠一般，忠君的觀念成為居下者在角色扮演時的依循。墨子刻指出，官員的角色被高度地形式化，而違犯此角色的情形，日益增列在法條之中（T. Metzger，1973：347-357）。皇帝並不需要牽涉到處罰〔的過程之中〕，他甚至不需要知悉此過犯。忠於父親或忠君並非個人性的忠誠，而是一個人〔所應扮演〕的角色的一部分；這是非個人的，類似對於象徵物以及哲學原則的忠誠。

　　由個人的忠心而轉換成〔對角色的〕忠誠，是發生在傳統中國的後期，這對團體型構的方式具有直接的影響。由於角色成為特定化的，而孝的原則又成為順從的基本型態，晚近中國社會逐漸發展出獨特性格。團體並非環繞個別領導人物的周圍而形成，而是表現出一系列的角色。對於各種結合團體以及層級決定的類型而言，親屬可說是一個〔很好的〕隱喻。〔與〕第三人〔間的關係〕乃建基於兄弟的觀念之上；商人與學徒彼此的關係則類似父子。角色依舊，而逐漸固定下來；但個人是自由地參與或離開這些虛擬的親屬角色。個別的利益是優先的考慮事項，而聯結關係則成為人們過往的居留

所。父權制的名詞逐漸用來建立角色關係，但父權制的實質內容則反倒退卻了。領導者的權力撤退到居下者的義務的範圍中，超過此範圍，領導者充其量只具有有限的發言權。最好、最受稱道的領袖，是那些足以作為其追隨者的楷模者，而他們自身就是順從的〔最好〕模範㉗。

誠如法律並不造就一個法治的社會一般，道德〔自身〕並不創造一個道德的秩序。然而，此處的要點在於：中國並不如韋伯所認為的一般僵化，相反地，中國表現出一個特殊的發展軌跡，此發展直至今日依舊是非西方式的。誠如李約瑟（Joseph Needham）在其鉅著《中國的科學與文明》（1956,2:290）中所言：「社會與世界的秩序並不基於〔關於〕權威的理想，而是基於循環的責任……，因而機械論式的及量化的、被迫的與外在強加的，〔在中國人的觀念中〕都不存在。秩序的觀念排除了法則的觀念。」這種對秩序的觀念，以及對秩序的合理化，〔恰〕與法律（法則）合理化相對立，而這是在韋伯的支配社會學中所不曾論及的。

四、結語

在上述的分析中，筆者指出韋伯對歐洲史的支配類型所作的區分（父權制、卡理士瑪、法律），並不適合中國史的〔情況〕。此一類型學的區分對歐洲而言特別適用，這是因為韋伯在發展支配的類型時，有意讓它們能反應出〔屬於〕西方歷史經驗的本質要素：其中包括了存在於國王與貴族間、教皇與教士間、以及所有形式的

㉗A.F.Wright（1962）乃是對此論點最佳的討論。

領導者與追隨者間的爭鬥。愈益深入掌握到西方歷史的形態時,韋伯就愈益瞭解到,他為分析所建構出〔的抽象〕概念,並不只是理念或抽象的信仰;而是從行動形態,以及從支持或取消這種形態的理由中所萃取出來的(G. Roth, 1968:xxx)。雖然韋伯是從他對西方歷史的認識,來建構這些理念類型,但他卻希望這些類型是真正「超越時空、超越文化的」;〔唯其如此〕他才能透過「比較的心理實驗以及想像性的類推法」,來對西方歷史的〔發展〕過程,提出因果的解釋(G. Roth, 1968:xxx)。在不同時段的西方社會中的研究人員,不斷地從韋伯的觀念及對歷史所提出的理論,學習到〔西方社會的內容〕並提出與韋伯不同的看法;而這些正足以見出韋伯的研究是相當地成功的。

然而,韋伯的類型學在用到非西方的社會時,是否還能像在對歐洲分析時一般地有效?筆者只處理中國社會的研究,但從筆者的研究中,我們可以得到否定的答案。父權制、卡理士瑪、法律〔等觀念〕在中國的應用,並不像韋伯對西方所界定的一般。這些〔用在中國的〕觀念,並不能表現出中國歷史的綜合〔特性〕,也不是兩千年來的爭論與奮鬥的萃取,他們並未觸及型塑中國行動模態的共通理解。同時,由於他們並未同等地對待中國與西方的歷史,因而,當用在分析或解釋中國歷史發展時,這些分類就顯得不那麼有用,甚至還會產生誤導的現象。假如這些分類在中國並不具有相同的實在性,那麼,由這些分類所導出的結論,又具有什麼樣的邏輯地位呢?誠如筆者在前文所企圖顯示的一般,他們足以經由比較而指出中國所欠缺的〔文化面向〕。但是,這對於真正瞭解中國歷史而言,是鮮具功效的。因此,當要瞭解中國以及大部分非西方社會

時，韋伯對支配所提出的類型學，尤其是他對傳統支配的分析，都不應直接用作對潛存的實在的總結。韋伯認為，如果當馬克斯式的概念與理論「被認為是經驗上有效或真實的『有效動力』」時，這將是非常有害的。這種見解也應該在當用於非西方社會時，用到韋伯自己的概念與理論之上（M. Weber, 1949：103）。

然而，如果我們用同樣的方式，假定韋伯對非西方社會的支配類型的認識，在某些地方有偏失之處，則我們仍需針對各個社會國家結構的歷史發展而加以分析。由於韋伯相信不經由比較法的研究，我們不可能對歷史發展的真實過程。以及歷史變遷的發展理論加以檢視，因而他極力主張比較研究。韋伯正確地見出，只有透過一般化的歷史概念，我們才可能〔進行〕比較。然而，對韋伯而言，歷史研究並不導致更好、更一般化的社會學理論。相反地，誠如韋伯對一著名的史家所言，社會學「能執行」對妥適的歷史研究言，「最為適當的準備性工作（M. Weber, 1968：lvii）」。概念必須導引歷史解釋的方式，反之不然。同樣地，韋伯對西方的研究，提供了我們瞭解非西方社會的一個較佳的預備性工作。在此意義下，韋伯〔所採用〕的概念，對分析非西方社會而言，是不可或缺的；這並不是因為他們是結論，而是因為伴隨著其他西方社會學的產物，它們乃是最初之言，是經由繼續的研究才具有其意義的出發點[28]。

---

[28]這亦正是W.Schluchter（1981：17）的結論：「韋伯並不將其〔所使用的〕辭彙視為是最終的〔固定用法〕。但這並不意味它們是缺乏系統的或是只能用在特殊的問題上；而只是這些名詞的序列並未以清楚明晰的方式顯示出來，因此，通常總需要〔第二度的〕揭露及詮釋。要對韋伯著作〔提出〕具有正面意義的批判性評估，就必須包括對這些名詞的釐清，以及對其歷史內容加以探究〔才行〕。」

參考書目

Hsiao-ching（孝經）,tr. Makra, M. L. N. Y.: St. John's University
　　　　Press, 1970

The Tang Code（唐律）, Princeton: Princeton University Press.

Bary, W. T. de(ed.)

　　1970　*Self and Society in Ming Thought,* N. Y. : Columbia
　　　　　University Press.

　　1975　*The Unfolding of Neo-Confucianism,* N. Y. : Columbia
　　　　　University Press.

Beetham, D.

　　1975　*Max Weber and the Theory of Modern Politics,* London:
　　　　　Allen and Unwin.

Bendix, R.

　　1971　"Charismatic Leadership", in Reinhard Bendix & Guenther
　　　　　Roth, *Scholarship and Partisanship: Essays on Max Weber,*
　　　　　Berkeley: California University Press.

　　1977　*Max Weber: An Intellectual Portrait,* Berkeley: California
　　　　　University Press.

　　1978　Kings or People, Berkeley: California University Press.

Reinhard Bendix & Guenther Roth,

　　1971　*Scholarship and Partisanship: Essays on Max Weber,*
　　　　　Berkeley: California University Press.

Buckland,

  1931　*The Main Instutions of Roman Private Laws,* Cambridge: Cambridge University Press.

Buxbaum, D. C. (ed.)

  1978　*Chinese Family and Social Change,* Seattle: Stanford University Press.

Ch'ü Tung-tsu

  1961　*Law and Society in Traditional China,* Paris: Mouton.

Cohn, N.

  1970　*The Pursuit of the Millennium,* N. Y. : Oxford University Press.

Coulanges, F. de

  1901　*The Ancient City,* Boston: Lee and Shepard.

Dreyfus, H. L. & P. Rabinow

  1982　*Michel Foucault: Beyond Structuralism and Hermeneutics,* Chicago: Chicago University Press.

Dow, Jr. E.

  1978　"An Analysis of Weber's Work on Charisma". *B. J. S.* 29: 83-93.

Dronberger, I.

  1971　*The Political Thought of Max Weber, N. Y. : Appleton, Century, Crofts.*

Elvin, M.

  1973　*The Pattern of Chinese Past,* Stanford: Stanford University Press.

Etzioni, A.

1975　*A Comparative Analysis of Complex Organizations,* N. Y. : Free Press.

Finley, M. I.

1973　*The Ancient Economy,* Berkeley: California University Press.

Foucault, M.

1979　*Discipline and Punish,* N. Y. : Vintage Books.

Fu-mei Chang Chen & Ramon H. Myers

1976　"Customary Law and the Economic Growth of China during the Ch'ing Period" . *Ch'ing-shih wen-ti* 3:1-32.

1978　"Customary Law and the Economic Growth of China during the Ch'ing Period," *Ch'ing-shin wen-ti* 3:4-27.

Fung Yu-lan

1949　"The Philosophy at the Basis of Traditional Chinese Society", in *Ideological Differences and World Order,* ed. F. S. C. Northrop, New Haven: Yale University Press.

Geertz, C.

1977　"Centers, kings and Charisma: Reflections on the Symbolics of Power", in *Culture and Its Creators,* ed. Joseph Ben-David and Terry Nichols Clark, Chicago: Chicago University Press.

1980　*Negara: The Theatre State in Nineteenth-Century Bali,* Princeton: Princeton University Press.

Hamilton, G. G

MS　　"Patriarchy, Patrimonialism and Filial Piety", in Kwang-Ching Liu ed. *Orthodoxy in Late Imperial China.*

Harbermas, J.

1975　*Legitimation Crisis,* Boston: Beacon Press.

Holzman, D.

1980　"Filial Piety in Ancient and Early Medieval China：Its Perennity and Its Importance in the Cult of the Emperor", （unpublished manuscript）

Hsu Dau-lin

1970-1　"The Myth of the 'Five Human Relations' of Confucius," *Monumenta Senica 29.*

Jamieson, G.

1921　*Chinese Family and Commercial Law,* Shanghai：Kelly and Walsh.

Kantorowicz, E. H.

1957　*The King's Two Bodies：A Study of Mediaeval Political Theology,* Princeton：Princeton University Press.

Luhmann, N.

1979　*Trust and Power,* N. Y.：Wiley.

Maine, H.

1861　*Ancient Law,* London：Dent.

Malloy, S.

1980　"Max Weber and the Religions of China：Any Way Out of the Maze？" *B. J. S.* 31：377-400

Metzger, Thomas A.

1973　*The Internal Organization of Ch'ing Bureaucracy,* Cambridge：Harvard University Press.

Mi Chü Wiens

1976　"The Origins of Modern Chinese Landlordism, "in

Festschrift in Honor of the Eightieth Birthday of Professor Shen Kang-po, Taipei.

Mommsen, W. J.

1974   *The Age of Bureaucracy,* N. Y. ： Harper Torchbooks

Needham, Joseph

1956   *Science and Civilization in China,* Cambridge: Cambridge University Press.

Parsons, T.

1968   *The Structure of Social Action,* N. Y. : Free Press.

Perrow, C.

1979   Complex Organizations : A Critical Essay, Glenview, Ill ： Scott Foresman.

Poggi, G.

1978   *The Development of Modern State,* Stanford : Stanford University Press.

Rawski,E.

1972   *Agricultural Change and the Peasant Economy of South China,* Cambridge : Harvard University Press.

Roth, G.

1968   "Introduction," to *Economy and Society,* N. Y. : Bedminster Press.

1971   "Sociological Typology and Historical Explanation," in Reinhard Bendix & Guenther Roth, *Scholarship and Partisanship : Essays on Max Weber,* Berkeley : California University Press.

Roth, G & W. Schluchter

1979 *Max Weber's Vision of History,* Berkeley: California University Press.

Schluchter, W.

1981 *The Rise of Western Rationalism,* Berkeley: California University Press.

1983 "Introduction," in *Max Webers Studie über Konfuzianismus und Taoismus : Interpetation und Kritik,* Frankfurt : Suhrkamp.

Schluchter, W. （ed.）

1981 *Max Webers Studie über das antike Judentum : Interpretation und Kritik,* Frankfurt : Suhrkamp.

Scott, W. R.

1981 *Organizations : Rational, Natural, and Open System,* Englewood Cliffs, N. J.: Prentice-Hall.

Skocpol, T.

1979 *States and Social Revolutions,* Cambridge: Cambridge University Press.

Stacey, J.

1983 *Patriarchy and Socialist Revolution in China,* Berkeley: California Press.

Tu Wei-ming

1979 *Humanity and Self-cultivation,* Berkeley: Asian Humanities Press.

Turner, B. S.

1981 *Weber and Islam: A Critical Study,* London: Routledge and Kegan Paul.

Weber, Marianne

1975　*Max Weber: A Biography,* N. Y. : Wiley

Weber, Max

1946　*From Max Weber,* N. Y. : Oxford University Press.

1949　*The Methodology of the Social Sciences,*（eds. & trs.）
Shils, E. A. & H. A. Finch, N. Y. : Free Press.

1951　*The Religion of China,* New York: Free Press.

1958a　*The Protestant Ethic and the Sprit of Capitalism.* N. Y. :
Free Press.

1958b　*The Rational and Social Foundations of Music,* Carbond-
ale. Ill. : Southern Illinois University Press.

1964　*The Religion of China: Confucianism and Taoism,* Macmillan
Co.

1968　*Economy and Society,* N. Y. : Bedminster Press.

1976　*The Agrarian Sociology of Ancient Civilization,* London:
New Left Books.

Wright, Arthur F.

1962　"Values, Roles and Personalities," in *Confucian Personalities,*
eds. Arthur F. Wright & Denis Twitchett, Stanford: Stanford
University Press, pp. 3-23.

Yang Lien-sheng

1979　"Government Control of Urban Merchants in Traditional
China", *Tsing Hua Journal of Chinese Studies* 8 ：186-206.

Zaret,

1980　"From Max Weber to Parsons and Schutz: The Eclips of
History in Medern Social Theory," *A. J. S.* 85 ：1180-1201.

父權制、世襲制與孝道：中國與西歐的比較①

韓格理　著

陳介玄　譯

一　前言

　　父權制，世襲制，孝道，三個概念對於後期帝制中國的分析是不可或缺的。首先，這些概念指引著我們對家族體系及其滲透力，和體系內男人的權威有個了解；其次，它們導引我們去注意政治核心：即統治著帝國的皇帝、天子，他就像統治著家庭的父親。父權制及世襲制二個概念使我們能注意到後期帝制中國的重要制度——一方面是具凝聚力的父系社會；另一方面是長期綿延具有生命力的

①我必須感謝許多人，他們對我這篇討論會草稿，費心閱讀，並提供許多寶貴意見。討論會成員，很多人仔細的閱讀了這分初步的草稿，並提出其鞭辟入裏的評論，極為感謝。對Richard Modsen和Victor Nee這二位討論朋友給我的幫忙，亦深致謝意。Nicole Biggart, Wolfgay Schluchter, Judith Stacey, John Sutton和John Walton諸位對草稿的閱讀和建議，雖然僅有一部分能在這篇文章中採用，但盛情感人。最後，我要特別謝謝劉廣京先生對我的幫助，沒有他的鼓勵、耐心，及對中國研究的社會學慧視，這篇文章是不可能寫成的。對於本文詮釋及材料上的漏失，應由我自己負全責。

帝制政府，而且能統合這二個制度為合法性權威一般邏輯的最好例
證。因為，孝道展現的是一種真誠順從的信條，這個信條賦予了父
親角色的優越性，以及附著於此一角色上，他人必須有的服從態度。
中國思想家在說明此一角色時，常包括帝王與丈夫二種身分[2]。他
們認為父子、君臣、夫妻關係乃是道德秩序的基礎，是後期帝制中
國的特色。新儒家學者稱之為「三綱」，由此三個連帶使世界得以
秩序井然，也集體表顯出其做為自然運作不變的一部分，以及必須
統攝於整體和諧的生活事實[3]。有人曾說：「君臣父子天下之定理，
無所逃於天地之間。」[4] 父權制，世襲制及孝道在分析上揭露了我
們不可忽略的社會特質，因為這些特質對於瞭解後期帝制中國時代

---

[2]嚴格講，孝做為忠誠的一種類型，僅適用於「父母——子女」之間的
關係上。忠定義為忠誠，是表現在「君——臣」的關係上。參考馮友
蘭〈哲學的傳統中國社會基礎〉一文，在F. S. C Northrop所編《意志
形態的差異及世界秩序》（ *Ideological Differences and World Order*, New
Haven: Yale University Press, 1949），pp. 27-30。馮結論道：「在傳
統中國社會，忠……可看成是孝的擴大……，但是孝卻不能看成是忠
的擴大。」Donald Holzman在〈古代及中古早期中國的孝道：對帝王
崇拜的永續及其重要性〉一文（未出版手稿，1980），有關於孝起源
的討論，也得到了同樣的結論。

[3]徐道鄰，在他的重要文章〈孔子「五倫關係」的神話〉 *Monumenta Serica*
29（1970-71）：27-37，注意到三綱的思想是產生於漢朝。但僅到了宋
代，經由新儒家，各中國古代相關聯的信條加以系統化整理，才成為
儒家思想標準化的特色。

[4]程顥（1032—1085），《二程全集》（四部備要本）卷70，頁5上半頁。
為徐道鄰〈神話〉一文引用p.35。

是很重要的。

但是，儘管這三個概念很重要，我們卻不能忘記，它們並非來自於中國研究。這三個概念辭彙有拉丁及希臘字根，也參雜了地中海文化的特質，而首先在西方社會的分析上變成學術性的概念⑤。漢學家借用這些概念來辨認中國社會之特色，指出它與西方或中東文化的類似性。這些概念轉用上如此成功，以至於至少就父權制及孝道等概念之純粹形式而言，現在被視為源自中國本土。在西方，這種牽強附會的曲解較少見。漢學家也借用其他字眼，例如十九世紀時，他們欲標定中國為一純粹「民主」國家的例子，最近更嘗試挖掘中國古代之「封建」及「布爾喬亞」特質。但是，「民主」、

---

⑤父系血族團體（Patrilineage）和父制（*Patriarchy*），有拉丁文及希臘文的字根，Patr和Pater同樣都是父親的意思。希臘文和後期拉丁文，二者都有家父長（Patriarch）這個字，（在拉丁文是Patriarcha；在希臘文則是Patriarches），同樣都解釋為一個家族的創始者。在拉丁文和羅馬法典裡，Paterfamilias意味著（家戶）首領。Filial和Piety二個字都是來自拉丁文，Filius意指孩子與父母親的關係，Piatas（Pius）意指著恭順。就字眼而言，家父長（Patriarch），說明的常是一個「位置」，特別是像希伯來系譜首腦，如Abraham，再往後，指的是在地中海區域，各種宗教裡的高職位者。在學者對聖經的批判性研究中，尤其是古代的研究，開始琢磨精鍊「家父長制」（Patriarchy）和恭順（Piety），這兩個概念。家產制（Patrimonialism），在十九世紀，因德國歷史主義的發展，變成意味著一種政治政體的類型。請參考Guenther Roth's在韋伯《經濟與社會》的「序言」（*Economy and Society*,"Introduction", New York: Bedminster Press，1968），pp. LXXXVIII-LXXXIX，裡頭簡單的討論了家產制做為一個概念的起源。

「封建」、「布爾喬亞」都沒有像上述三個概念那樣獲得一致性的認定,或是像上述三個概念具有清楚的確定性。事實上,它們與語言及社會已有明顯的關係。總之,在他們看來,假如不是孝道(Filial Piety),什麼是孝(hsiao)?假如不是父權制,那麼宗族是什麼?迄今,由於這些辭彙可以很輕易地應用到中國,致使他們對這些概念的意涵掉以輕心。若這些辭彙根本不適用,也就不會發生此種狀況了。沒有人真正認為中國的封建與歐洲的封建是可以等同的。所有持嚴肅態度研究古代中國的學者,皆強調這兩種封建制度的不同,並借以區辨出中國特質所在。然而,除了少數的例外,漢學家對父權制,世襲制及孝道未曾做過有啟發性的比較研究⑥。

---

⑥一般而言,漢學家不願意花精力去比較中國和其他社會。類似Marc Bloch 對封建歐洲的比較歷史研究,在中國研究上並沒有發現。在中國與西方這些面向上,最出色的比較研究之一(它也鼓舞了本文的寫作),是日本宗教專家及社會學家Robert Bellah的〈在基督教與儒家的父子〉(Father and Son in Christianity and Confucianism)一文,收於他《信仰的超越》(*Beyond Belief*),(New York: Harper and Row, 1970):pp. 76-99。其他有關這些問題出色的比較研究是,中東專家 Ira Lapidus的〈階層與網絡:中國與回教社會的比較〉(Hierarchies and Networks: A Comparison of Chinese and Islamic Societies),收在Frederic Wakeman, Jr.和Curolyn Grant所編的《後期帝制中國的衝突與控制》(*Conflict and Control in Late Imperial China*, Berkeley: University of California Press, 1975),pp. 26-42。較少嚴謹的比較,但更富漢學研究味道的著作,有Donald J. Munro的《在當代中國人的概念》(*The Concept of Man in Contemporary China*, Ann Arbor: The University of Michigan Press, 1977),和Richard H. Solomon的《毛的革命和中國政治文化》(*Mao's Revolution and the Chinese Political Culture*, Berkeley: University of California Press, 1971)。

　　對父權制，世襲制及孝道加以比較探究是本文的目的。我的企圖並不僅止於用實際的資料來檢視這些概念，以判定它們的適用性。而是，把這些概念做為方法論上的工具，以達成對中國社會特性之探討，特別是那些對中國歷史發展有顯著意義之特性的探討⑦。

二、地中海文明的父權制權威

　　質問後期帝制中國是否為一父權制社會，其答案是自明的。這個乏味的問題，就如同我們問道：教宗是否為一天主教徒？但是，我質問中國父權制權威的本質，重點不在於誰是主其事者，而是企求瞭解父權制權威如何運作。男性真正支配了後期帝制中國；他們占據了家族及帝國之內權威的主要位置。假若我們採用字典上對父權制的定義——家戶裡最高的男性首領，妻子和孩子的依靠，以及

────────────

⑦方法論取向上，我遵循著韋伯所發展的方向。這個取向強調，理念類型與特殊個例之間，和個例自己之間不同的分析。這個取向並不尋求底層的普遍性，甚或一致性，而是探究發展背後的差異性。差異性一旦分離出來，就能作為歷史研究的適當對象。這樣的取向，須設計建構類型學，以在誇大及邏輯的方式上，來瞭解人類生活面向。如此，「比較」是呈顯了類型學，和在各個社會實際發展中，諸生活面向型態之間的不同。對韋伯方法論精彩的討論，請參考M. H. Bruun《韋伯方法論中的科學、價值及政治》（ *Science, Values, and Politics in Max Weber's Methodology*, Copenhagen: Munksgaard, 1972 ），和Guenther Roth的文章，收在Reinhard Bendix和Guenther Roth二人合著的《學術與黨派》（ *Scholarship and Partisanship*,Berkeley: University of California Press, 1971 ）。

男系繼承的決定——則後期帝制中國是明確父權制社會的一個範例，殆無疑議。然而，不清楚的是，中國父權制表顯出來的權威本質為何？欲釐清這樣的問題，比較觀點的論證是最有效的。

對西方文明的研究，父權制被視為是古代所普遍採行的權威類型。Henry Maine在他1861年出版的經典作品《古代法》（Ancient Law），第一次從學術的角度來使用父權制此名詞⑧。Maine觀察到，社會，不是以個人而是由家族形成。然而，不像今日意義下的家族，原始社會及早期文明的家族可以接納陌生者，也可能拒斥在今日社會上關係密切的人。如此特性下的家族，是「借由順從尚存的最高祖先：父親、祖父、或曾祖父而整合在一起」⑨。對Maine來說，父權制是指家父長的權威凌越於家族圈內所有的成員，「族長的家父長權威，對家族團體這一概念之所以必須，就像它是從他的肚子生出來之事實一般」⑩。Maine論證到，經由不斷的再形塑父權制權威這個觀念，此概念為現代人所熟悉，就如同熟悉西方文明一般。

雖然Maine在學術上發展出父權制的概念，他所依賴的還是這名詞在英語世界中長久以來不變的意義。但是「家父長」在十二世紀已首先為人使用，它是來自Septuaginta，這部早期希臘翻譯的聖經，家父長此字被用來指涉古代以色列部落的領導者及其權威的使用⑪。亞伯拉罕（Abraham），以撒（Isaac），雅各（Jacob），

---

⑧Sir Herry Maine《古代法》（Ancient Law, London: J. M. Dent and Sons, 1861）。

⑨同註⑧，p. 78。

⑩同註⑧，p. 78-79。

約瑟（Joseph），「創世紀的家父長」，位於龐大父系系譜之首[12]。一幕幕父生子的過程，舊約聖經詳述了其繼承，記錄了偉大信仰及英雄行為事跡。透過聖經的傳述，這些家父長與上帝關係親近且遵守其戒命，Abraham願意犧牲Isaac是在信仰上完全服從神之許多明顯的例子之一。因服從上帝，家父長轉而要求其妻兒及整個家族完全服從他。當家父長服從於上帝，並遵守其戒命，上帝則替他們解決困難，維繫著系譜並使其越加昌隆。

大致而言，這段敘述表顯了古代希臘和羅馬家族的權威。Maine強調這個概括的結論，Fustel de Coulanges也是如此。在他1864年出版的權威研究《古代城市》（The Ancient City）裡，Fustel de Coulanges注意到，「家父長」這個字慢慢流傳演化成「父親」的意思[13]。同樣的字「父親」（Pater），在希臘文、拉丁文及梵文裡都可發現，但在這些語文中的「父親」（Pater），起先並不是父親的意思。在宗教著作中，這個辭彙是「用來指稱上帝」。在法律的著作中，這個字指的是「每個參與祭祀而且有塊地的人」[14]。

---

[11] *The Compact Edition of the Oxford English Dictionary*（London: Oxford University Press, 1971），p. 2099。

[12] 一般而言，在古代以色列是家父長制，希伯來家族系統是（父系系譜）。請參考John Marshall Holt《以色列家父長》（*The Patriarchs of Israel*, Nashville, Vanderbilt, 1964），和David Bakon, 《*And They Took Themselves Wives: The Emergence of Patriarchy in West Civilization*》（New York: Harper and Row, 1979）。

[13] Numa Denis Fustel de Coulanges,《古代城市》（*The Ancient City*, Garden City, New York: Doubleday Anchor）。

[14] 同註[13]，p. 90。

Fustel de Coulanges結論道：「『父親』（Pater）沒有包含父性的意思，而是權力、權威，堂皇的尊嚴。」[15] 這個字眼成為家族領袖的封號，他們逐漸僅以此封號而為人所稱，因為家族領袖乃做為與家族神溝通的中介。「父親在聖火之前是位居首位。他點燃它，維繫它，他是它的祭司。在所有宗教行動中，他的職責最為崇高，家族及祭祀經由他而永續，他自己一個人代表著列祖列宗，從他，也傳下了整個宗代後裔……，他幾乎能夠說：『我就是上帝。』」[16]

遍及地中海，家父長承受著與神聯結的克力斯瑪能力，由此人神聯結，Fustel de Coulanges認為家父長權力方能超越他人。研究古代地中海文明的專家韋伯（Max Weber），也注意到「氏族儀式」（Clan Cults）與父權制權威的關係[17]。韋伯觀察到，強固的父系系譜存在於以色列、希臘和羅馬。每一個社會之父系系譜主要以富有的地主為核心。社會中的貧窮人，沒有土地者，雖然自由，卻無法建立父系系譜，而經常變成富有貴族之「客」（clients）其身分地位受嚴格行為法規所約束[18]。父系系譜的族長支配者，在羅馬的Familia，在希臘的大莊宅（Oikos）；這些都是「大家族」（households），通常帶有土地，擴大家庭（extended families）、僕人、

---

[15] 同註[13]，p. 90。

[16] 同註[13]，p. 86。

[17] 韋伯，《古代文明之農業社會學》（*The Agrarian Sociology of Ancient Civilizations,* London: NLB, 1976），pp. 272-275，和《經濟與社會》（Economy and Society），pp. 411-412。

[18] 韋伯，《農業社會學》，pp. 143-144, 149-154, 272-292。

奴隸和各類財產[19]。父系系譜族長，或**Pater Familias**，做為家族祭拜儀式首腦，形成「家族長祭司」[20]。祭祀者祭拜祖先，無論是實在的或想像的祖先，也祭拜爐神和爐火。韋伯認為，家父長因同時執行神聖儀式和行使世俗權，使父權制具有特殊的性格。此外，韋伯堅信在「前現代」（Pre-Modern）的世界，父權制極為普遍，所以他立基在這個邏輯上，構思出傳統支配的理念[21]。

韋伯借助其地中海文明的知識，建構了父權制的支配理念類型，由此，他在目前有關「父權制」的討論裡，提供一最為嚴謹的分析定義。父權制權威持有雙重行動範圍。一方面，支配者的位置（position），由習慣界定及聖化，在這個範圍，「行動受特定傳統的約束」[22]。另一方面，支配者個人（person）行使自由裁量的權力及要求屬下對他的服從，是立基於屬下對他的忠誠上。在這個範圍，行動「不受特定規則的約束」[23]。這兩個行動範圍之間處於緊張狀態，父權制權威之服從，要借助於「對傳統及支配者的忠誠」[24]。當然，支配者亦須受傳統限制，但是，他也能改變行動的日常模式，他會堅持這樣的改變是不違背傳統的，或是其自由裁量權之正當擴展。如此，在純粹形式上，父權制結合二種互相衝突的責任來源：一方面是支配者「位置」（Position）的界定，一方面是支

---

[19]韋伯，《農業社會學》，pp. 42-46，《經濟與社會》，PP. 381-383。

[20]韋伯，《經濟與社會》，p. 411-412。

[21]同註[20]，p. 411-412。

[22]同註[20]，p. 227。

[23]同註[20]，p. 227。

[24]同註[20]，p. 1008。

配者「個人」（Person）的界定。

在他對父權制及世襲制的分析裡，世襲制是父權制的另一種形式，韋伯極為強調這個權威類型的個人範域。家父長權力中的個人特質，部分得自於他的祭司角色以及他與神獨有的關係[25]。他當自己是宗族（或邦國）的化身，由此能夠行使其權力於嚴格上只作為「個體」的他人身上。聖經上的家父長是這個自由裁量權的好例子：傳統並沒有預示希伯來人上帝要摩西去實行的戒命。以更嚴格的意義而言，在整個地中海文明，家父長要求別人承認他有自由裁量權，依此，而要求下屬對其個人忠誠。韋伯認為，父權制是「個人」與「位置」之間的平衡，但是「服從是基於首腦這個人，因其占有傳統認可的權威位置且身受傳統之束縛。但是，此種服從的責任，乃是一種帶有習慣性責任的個人忠誠」[26]。藉著傳統位置來表現個人權威是西方父權制的特質，並且，我相信這個因素才是西方父權制所承襲之遺產。

希臘法、希伯來法，特別是羅馬法，把握了這個個人化權威的精神，與極大範域的實踐方式。這三個法律體系全部保障了家父長的位置，以至於大部分家戶能保持私有，亦即，在政府官員的權限之外，甚至在政府組織壯大之後仍如此[27]。可說**Pater Familias**統治著家戶。羅馬法對父權制權威的規定最為嚴謹，希臘還賦予城市法改變的權力，希伯來則賦予摩西的律法。羅馬人界定家父長權限

---

[25]同註[20]，pp. 411-412。

[26]同註[20]，p. 216。

[27]Maine，《古代法》，pp. 67-100；Fustel de Coulanges，《古代城市》，pp. 40-116；韋伯，《農業社會學》，p. 274。

的三個範圍：「父權」（potestas），「夫權」（manus）和「所有權」（dominium）[28]。每一個權限都和家父長某一主要職責有關，也就是提供血統之持續。「父權」確保家父長對其子女和孫子女之權力，其權威在於保有建立繼承順序之權利；「夫權」確保家父長對其妻子及媳婦的權力，其權威在於保有使血統永續之權力；「所有權」確保家父長對家族財產，包括土地及奴隸之權力，其權威在於保有提供血統生計之權利。

所有這些權限，家父長有絕對的權威[29]。他能夠收養子女和離棄妻子。他能夠承受或否決做為父親的職責。全部財產都是家族的財產，他能夠完全代表這個家族，他能夠擁有任何東西，而其妻子及子女卻一無所有。法律上，他不能移轉財產給他兒子，因為那就像他把某些東西給他自己一樣。全部家族成員的勞動力皆屬於他。在他轄域內他能執行所有的審判。僅有他擁有市民權，也僅有他在公共法庭前能贏得公正。當家族成員有不法行為，僅有他能予以處罰。假如這個處罰是應得的，他甚至有權力殺死自己孩子和奴隸。借由法律與習慣，家父長能夠命令家族成員；也因法律及習慣，家

[28] W, W. Buckland，《羅馬私法之主要制度》（ *The Main Institutions of Roman Private Law*, Cambridge: Cambridge University Press，1931）；和M. I. Finley《古代經濟》（ *The Ancient Economy*, Berkeley: University of California Press，1973），pp. 18-19。

[29] Maine，《古代法》，pp. 67-100；Fustel de Coulanges, pp. 85-94；Buckland，《羅馬私法》（ *Roman Private Law* ）；J. Walter Jones，《希臘之法律及法律理論》（ *The Law and Legal Theory of the Greeks*, Oxford: Oxford University Press，1956）。

族成員必須服從家父長的命令。

　　對於像西方父權制如此繁複多變的課題，如果予以扼要勾描，我想應該強調的是家父長及其個人特質。上位者是首要人物，下屬則是其次。就宗教意義而言，古代家父長與神之聯結，其表諸為一個行使其他男人及所有女人所沒有的權力之領導者。他直接地，並依照他自己的判斷行使權力。可確定的是，其權力總是由能左右命運之傳統處事方式所範圍，但在其手中的權力是個人化的。他有權利發命令，也有權利期待完全的服從，重點在於命令（Command）。在希臘和羅馬已變成複雜的政治體——權力上可與父系系譜抗衡的時候，法律上及習慣上仍保存家族首腦的個人權威，然而卻也同時摧毀了此權威的宗教基礎。羅馬法把家父長個人權力法典化，詳細載明家父長本身可以行使審判權的範圍。當西方羅馬帝國沒落，基督教興起，家族逐漸失去其父系系譜特性。到了中世紀更加的萎縮，直到今天已是小規模的核心家庭。但是，個人能夠行使自由裁量權限的範圍仍然保留著，在此範域內，父權制這一觀念至今，事實上已成為男人壓制女人的同義詞㉚。

三、在中國及西方的父權制權威

　　儘管還不完全，這幅西方父權制的圖像已能提供與中國情況比較的基礎。表面上，並沒有什麼顯著的不同，實際上，瞿同祖在《

㉚家父長制再度變成一個學術討論的課題，尤其是在女性主義理論裡。而且，目前關心的是男人對女人生活的壓制，而非原初的定義。

中國法律與中國社會》（ *Law and Society in Traditional China* ）
這本權威且完備的書中，已在其中一節指出了整個中國的情況，就
瞿氏評斷所指出的意見，中西父權制也並沒有什麼顯著不同。

> 中國的家族是家父長家長制的，父祖是統治的首腦，一切權力
> 都集中在他的手中，家族中所有人口——包括他的妻妾，子孫
> 和他們的妻妾，未婚的女兒、孫女，同居的旁系親屬，以及家
> 族中的奴婢，都在他的權力下，經濟權〔法律權宗教權〕都在
> 他手裡。經濟權的掌握對家長權的支持力量，極為重大。中國
> 的家族是著重祖先崇拜的，家族的綿延，團結一切家族的倫理，
> 都以祖先崇拜為中心。在這種情形之下，無疑的，家長權因家
> 族祭司（主祭人）的身分而更加神聖化，更加強大堅韌。同時，
> 由於法律對其統治權的承認和支持，他的權力更不可搖撼了[31]。

以權威的方式控制所有家族成員和財產，以家族祖先做為象徵
性的聯結，擁有家族祭司的角色和受政府法律保證的家父長權力，
等等這些特性，都是中西方父權制所共有的。他們也共享一些關於
宗教儀式的一些特殊律法，對財產及人的支配，以及對家庭成員罪
行的懲罰[32]。瞿同祖並未比較傳統中國家族權威及其他社會的情形。

---

[31] 瞿同祖，《中國法律與中國社會》（ *Law and Society in Traditional China,*
Paris: Monton，1961 ），p. 20。
[32] 參看George Jamieson在他的《中國家族與商法》（ *Chinese Family and
Commercial Law* ）

但有些人比較過，並且得到這樣的看法：不僅中國和西方古代社會有類似的父權制，而且，中國可說是更具有父權制的色彩，甚至在西方已拋下家父長制的時候，它仍繼續保留著。

韋伯證明了這一點[33]。他認為中國的父權制與羅馬及中東，特別是古代埃及，乃相同的類型。在這些地方及前現代世界的大部分區域，家族中的父權制之政治面向，提供了正當性及其藍圖，使統治者能賴以組織並合法化自己的權力。然而，在中國的統治者，尤其是官員，所構作的家父長制運作準則比其他地方的更為繁細，俾使這些準則能為政府服務。針對此觀點，韋伯有極簡潔的陳述：

就像世襲制，其起源乃在於家中孩子對家父權威的忠誠。所以儒教對於官員對統治者的臣服，低職位者對高職位官員的服從，尤其是對官員及統治者的服從之教導，乃立基於孝道這個基本的美德上。此和中歐東歐世襲制「鄉村之父」（Father of the Country）典型的觀念是類似的，就像在嚴謹路德教會信條裡，

---

[33]韋伯對中國的分析，出現於從1913年《儒教與道教》（*Confucianism and Taoism*）以來，直到他1920年去世為止的著作。在《經濟與社會》（*Economy and Society*）一書裡，他提出一些有力的論點，但是，這些論述太過於細瑣，以致於其分析主線常常不清楚。在《中國宗教》（New York: Free Press，1964）亦即《儒教與道教》其文書名，韋伯也加以處理。但是，這本書同樣的不清楚，因為韋伯放進太多觀照點，致使主要論點隱晦不顯。對於這本書，Stephen Malloy在*The British Journal of Sociology*, 31（3，Sept. ），1980，pp. 377-400，一篇文章的副題〈韋伯及其中國宗教：如何走出迷宮？〉是適切的評論。

（孝道）扮演著所有政治美德之基礎的角色一般，只是儒教構作這個理念的複合體（complex）更一致而已[34]。

同樣地，父權制與世襲制，在中國及其他前現代的社會裡，大都是相同的。只是在中國，它們能夠在行動上、思考上執行得更為徹底週全而已。結果，韋伯注意到，政府權威與家族權威在中國有走向純粹形式的取向[35]，而「忠誠」的概念，作為所有實行世襲制地域所共有的倫理，也在中國達到了其最高層次[36]。

George Jamieson，與韋伯同時代的漢學家，也提出這樣的論點。他翻譯了清朝法典（大清律例）中有關家族法的部分。在對這些法典的詮釋裡，他比較了清朝法律和羅馬法，發現「雖然兩者類似之處極為明顯，卻也不是完全相同」[37]。他將不同之處作成目錄。就家族法律概念而言，以父系血族團體為例，雖二者大致相同，但羅馬法允許被認養的個人進入團體中，中國法律卻「不容許外人進入」[38]。關於繼承權及財產權「惟有直系子孫是相同的」，而同樣的，羅馬法給予被收養的外人與血親完全相同的權利，反之，中國法律不允許外人有此權利[39]。

以上是較小的不同。Tamieson也指出了二個大的不同點。首

<hr />

[34]同註[20]，p. 1050。

[35]韋伯，《中國宗教》（*Religion of China*），pp. 61, 242-3。

[36]同註[35]，pp. 157-159。

[37]Jamieson，《中國家族》（*Chinese Family*），p. 4。

[38]同註[37]，p. 4。

[39]同註[37]，p. 5。

先，他注意到在中國沒有等同於「家父長」（Patria Potestas）的概念。在中國，重要的辭彙是孝（Hsiao）。他深具洞察力的指出：孝「常被翻譯成Filial Piety，但是Piety不是適當的字」，孝是「孝順（Filial Duty）或順從（Submission）……，謙恭的服從父親的旨意，它是從子女與父親的關係中自然產生的」[40]。孝（Hsiao）意味著順從，「家父長」（Patria Potestas）意味著權力。對Jamieson而言，這就像銅幣之不同兩面而已。「羅馬法強調父親的『所有權』（Dominium），隱含著在兒子一方的義務與順從。中國法卻從相反的觀點來看待它，強調兒子的義務與順從，隱含的卻是權力操之於能施行它的父親手上」[41]。實際上來說，依照Jamieson看法，這兩者之不同，僅限於父親處罰不孝兒子所能擴延的權利。在中國，這權利「並不僅止於父親，而是延伸到同族團體中所有的長輩——父叔伯、伯叔祖，甚至年長的兄弟，每個人依其親疏遠近的關係變化，而擁有較次要的懲戒權」[42]。然而，「孝」與「家父長」（Patria Potestas）之間的不同，不是像Jamieson所說的微不足道或無顯著之意義。如同我底下要論述的，就權威的邏輯及父權制制度的設定而言，其不同是相當鉅大且有歷史上之重要性的。

Jamieson在中國法與羅馬法之間，所發現的第二個顯著不同點，且其重要性遠勝於前者，是「父權制這個原始法律類型在這兩個法律體系裡不同的發展方向」。羅馬法修訂、更新，而逐漸擺脫父權

---

[40]同註[37]，p. 5。

[41]同註[37]，p. 5。

[42]同註[37]，p. 5。

制法律；然而，中國卻「從未曾走出舊的常軌之外」[43]。Jamieson在二十世紀二十年代的著作，得到了與韋伯相同的結論：中國「在今日呈現給我們的活生生法律類型，是西方二千多年前流行的東西」[44]。他引用另外一個同樣為韋伯參引的漢學家E. H. Parker的話：「藉著中國法律，我們可以回到一個過去的點上，從這個點，我們能夠研究一個所謂的活生生的過去，並且能夠和已成為化石的人談話。」[45]

今天很多學者，看法可能不會如此極端，但與韋伯和Jamieson的結論卻無太大不同。大部分人類學家較有興趣的是父系血族團體而非家父制，因為前者的意義較為明確。但是，多半仍然同意Robin Fox的看法，在非原始的社會中「三個代表著父系血族的範例是：羅馬、中國及回教世界……，但是，大概只有中國產生出最精心構作和壯觀的宗族（lineage）」[46]。其他學者如馮友蘭，也簡要的表示了同樣的看法，如「孝道是立基於家族體系社會的組織原則」，和「傳統中國家族體系，無疑的，是世界上最複雜和最完善的組織」[47]。以上各種說法，都意謂著：父權制在後期帝制中國是中國社會的基本特質，與其他地方類型上是相同的，只不過在中國父權制更是歷久不衰。

---

[43]同註[37]，p. 6。

[44]同註[37]，p. 6。

[45]同註[37]，p. 6。

[46]Robin Fox，《親屬與婚姻》（ *Kinship and Marriage*, Middlesex, England: Penguin, 1967）。

[47]Fung Yu-lan，〈傳統中國社會〉，p. 25。

1.時間的比較

我發現以上對中國家族體系的詮釋是煩瑣的，而且，我相信，究極而言，也是不正確的。首先這個詮釋之所以煩瑣，乃是因為在上述學者之比較研究上已有所偏差：時間面向給忽略了。Maine、Tamieson和韋伯推論，父權制是權威的基本形式，本質上是原始的，實際上是古老的。他們從古老的源頭來解釋，進而從古代揭露了政府權力與家族權力是不和的。西方的故事是父權制的沒落。依照Maine的用詞，它是從「身分」（Status）到「契約」的替代，另一種說法是從家族自主控制權到個人法的變遷。照韋伯的解釋，它是從傳統支配到法律及理性支配的轉換，這和Maine的說法是非常一致的。但是問題在於，如此的詮釋應用到中國，會發覺中國的父權制並非如此的古老。

假如一個人評斷父權制是依其宗族首腦及族人二者的關係而定，則西方父權制是相當古老的，相形之下，中國的父權制反而是十分現代的。在此，時間系列及發展的順序被倒反了。以「父的生殺權」（ius vitae necisgue）而言（指父親對家族成員的生殺大權），在早期希臘，父親經由揭發，有權利殺死其子女。但是，當城邦權力增強之後，這個生殺權利和其他家父長都被削減了。在Solon時代，此權利被去除，從此就不在希臘法律中出現[48]。古代羅馬法，族長有權經由舉發殺死小孩，若其願意，亦可立基於家族會議上而殺死其成年的子女或其孫子孫女。但是，在共和時期，法律及政令縮減

---

[48]Jones，《希臘之法律及法律理論》，pp. 287-288。

了這些權利，而在共和末期及帝制初期，如此做便被定罪了。君士坦丁（Constantine）大概認為殺害自己的子女「如同弑父，比一般謀殺更可憎」[49]。在帝國後期，「僅法庭有權力判決死刑，『家父』（Pater familiasl）的權利只剩下有限度的懲戒權」[50]。

然而，中國只有在後面朝代，法律才允許父親因故殺死其子女得免於受罰。依照瞿同祖看法，「父的生殺權」在古代中國和帝制之前時期，是很微弱的。雖然如此，他覺得一個大家族或「大宗」的領袖可能有此權利[51]。此證諸於帝制時期就更為清楚。在兩漢時代（202B.C-220A.D），僅皇帝有生殺大權。父親殺死其子女是犯法的，有實際的判例可以為證。瞿氏引用《白虎通》的話來說明漢朝這個理論基礎：「父煞其死，當誅何？以為天地之性人為貴，人皆天所生也，託父母氣而生耳。王者以養長而教之，故父不得專也。」[52] 在唐（618-906）及宋（960-1279）期間，法令規定，「不管理由為何」（Irrespective of the Reason），殺死兒子須處徒罪[53]。但是，假如子孫違反教令，處罰便減輕[54]。但是，在明（1368-1644）

---

[49] A. M. Prichard，《Lege的羅馬私法》（*Leage's Roman Private Law*, London: Macmillan, 1961），p. 123。

[50] 同註[49]，p. 123。

[51] 同註[49]，pp. 21-22。

[52] 同註[49]，p. 22。

[53] 同註[49]，p. 23。

[54] 在此，決定子孫是否違犯教令的權力，在於政府官員，而非父親。瞿同祖（《中國法律與中國社會》，p. 23）說道：「在正命之不可從而故違，子孫才受違反教令的處治（如死刑），否則子孫不成立違犯教令罪，而祖父母父母擅加殺害便不能委為違犯教令，須負故殺的責任。」

和清時期，若父親因子不孝而殺之，是可以免罪的，即使「非理」（Inhumanely）殺死也得無罪[55]。

　　雖然明清法典承襲唐律已建立之藍圖，後來的法典一致地強化父親對於家庭成員的權威，增加其對違犯者懲罰的程度，事實上，也允許父親有權力執行這個懲罰[56]。進而，父母親能在地方官前告其子女，依照瞿同祖說法，在明清時期，大部分地方官都會接受父母的申訴，甚至父母親要求處死其子女也不會拒絕。瞿氏結論道：「事實指出父母親對其子女有絕對的權力。政府僅是做為執行的機構，負責編制規則，注意法規執行情形。但是父母親的意志是決定

---

[55]同註[31]，pp. 23-24。

[56]唐律規定了各種侵害孝道的罪刑。「惡逆」是最嚴重的一種，毆打及謀殺祖父母、父母，謀殺伯叔父母、姑、兄姊、外祖父母、夫、夫之祖父母、父母。對於「惡逆」的處罰是凌遲處死或斬首。其他的罪行是「不孝」，包括「告言詛罵祖父母父母，祖父母父母在別籍異財，供養有缺，居父母喪自身嫁娶，作樂釋服從吉，聞喪匿不舉哀及詐稱祖父母父母死等項」（瞿同祖：《中國法律與中國社會》p. 26）。這些不孝舉止，僅告言詛罵祖父母、父母，即被處以死刑。「惡逆」及「不孝」二者同列於特殊律條「十惡」（The Ten Abominations）之內。依照「謀反」、「大逆」、「謀判」順序，「惡逆」排名第四，「不孝」排名第七。這些都是最嚴重的罪行，因為它們「虧損名教，毀裂冠冕」《唐律》，（*The Táng Code*, Princeton: Princeton University Press, 1979, p. 62）。較輕微的罪行，如違反父母親及族內其他長者的教誨，這個廣大的範圍，通稱為「有違教令」。發配邊疆遠戍及杖責，是「有違教令的可能懲罰方式，其中也包括了，無視於父親對於禁止賭博和不貞的告示（瞿同祖《中國法律與中國社會》pp. 24-28）。

性的。一般而言，子女自由與否，端賴此意志。」[57] 如同父親對子女的權力，丈夫對妻子的權力，在法律的嚴苛上也有同樣趨勢，當這個權力在西方逐漸沒落，在中國卻逐漸增強[58]。

就法律衡量，父權制在清朝比在漢朝更為強大。不同於西方情形，當中國越趨近代化，道德上及法律上有關子女對父親、妻子對丈夫的義務之規定，卻愈發明確及嚴格。中國法典所立基的儒家哲學也改變了；在宋明理學家的影響下，新儒家思想所提倡之三從四德比諸以前是更為嚴厲。就此狀況，徐道鄰認為，新儒家思想在帝制中國晚期「引發的高度權威精神，那是完全與孔子思想的主張相反的」[59]。

中國父權制權威，在帝制時期變得愈發明確及廣延，這和我們所想像的權威類型在西方的運作方式是不同的。理論上，父權制是一個權威的原始形式，它是一個法律未發達的社會表記。因為那時父權尚未受邦國削減，也未受經濟的困境所影響[60]。父權制是原始的，發生在種族、政府及法律體系肇始之前。Maine認為，「家父長的聚合體」和「族長之父權制權威」，讓我們觸及到初民法理學的門檻。父權制大致是比政府、種族及家庭更為古老，在親族不再與政府組成有所關聯之後，父權制仍然存留於私法的軌跡中[61]。韋

---

　　[57]同註[31]，p. 27。

　　[58]同註[31]，pp. 102-123。

　　[59]徐道鄰，〈「五倫關係」的神話〉（Myth of the"Five Human Relation-ships"）p. 37。

　　[60]例如：韋伯認為，任何經濟行動，必須和家父長制統治相調適。參考《經濟與社會》，pp. 370-384。

伯，據我所知，從不曾引用過Maine的著作，卻得到同樣看法：「父權制權力表顯了『行政』（administration）的原始形式，亦即家父的統治。在其原始形式中，家屬共同體（household）的家長權威是無限的。」[62]

相較於父權制權力，政府權力是更晚近的事。對Maine、韋伯及其他學者而言，政府權力壯大之後，便將父親對家戶的權力法典化，並且將其納入政府的法律系統內。一旦父權制法典化，統治者的大權，菁英分子的特權，及富豪對他人勞動力的需求，都會剝蝕了家父長的權限。每一個人都為自己而從家父長身上掠奪一些權力，然後壓抑他的其它權力。最後，父權制在西方消失了，成為社會發展的犧牲者。

然而，在帝制中國，父權制明顯地不是如此運作。其對社會具有最強大影響力的時期，不是發生在遙遠的過去，而是在最接近現在的朝代。父權制似乎並非人類原始階段的殘餘，而是一股塑造晚期帝國，以及今日中國的動力[63]。同樣地，帝制統治者，特權的菁英分子，甚至那些需求其他勞動力的富豪並未能縮減了父親的權限，反而保留它，給它下更明確的定義，並且賦予他更多的權力。他們以父權制作為社會組織的原則。

---

[61] Maine，《古代法》，p. 79。

[62] 同註⑳，p.645

[63] 例如，參考Judith Stacy的重要著作《在中國的家父長制和社會主義的革命》（ *Patriarchy and Socialist Revolution in China*, Berkeley：University of California Press, 1983 ）。

這樣的歷史趨勢，對中國父權制的本質說明了什麼呢？讓我們以更具條理的方式重述這個問題。就東西雙方發展的方向而言，在概念上是否已指出，中國父權制是與西方不同的？由此，是否能指出，在歷史上中國和西方表現了二種不同的發展路線？或者，是否能認為，父權制的意義在雙方是相同的，只是後來西方從父權制蛻變了，而中國則無？

韋伯在探討西方獨特性時，提出強有力的論點來支持上述最後的問題。他在不同的著作中，以其深刻洞視力及複雜的論證來強調，中國家族體系「發展到與其他地方不同的地步」[64]。政府無法有效地引導它走向另一個方向。在中國也沒有像基督教的形上宗教，「足以打破親屬關係所形成的索鍊」[65]。祖先崇拜，和巫術及神靈的信仰，一起完整地存留下來。韋伯認為「這些深入各處的觀念對社會所造成的影響，可以由父權制權力獲得強大支持，以及氏族凝聚力增強等現象得到證實。在中國，家族影響力被保存下來，並且擴大到相當於封建統治者的勢力」[66]。在羅馬，甚至在古代相當後期，「政府權威止於家庭門口」[67]。但是在帝國及基督教影響下，父權制給打破了。然而，在中國，父權制存續著。就韋伯而言，帝制中國晚期的條件，「非常類似於古代地中海……，然而在某些方面，這些條件比諸於古代，甚至更遠離資本主義精神及其制度」[68]。

---

[64] 同註[35]，p.86。

[65] 同註[35]，p.237。

[66] 同註[35]，p.88。

[67] 同註[18]，p.274；同註[20]，p.645。

[68] 同註[35]，p.243。

2.形構體的比較

就個人看法，韋伯的結論表達出一種強而有力的論證，而且毫無疑問，今天許多漢學家的著作中也暗示著同樣的結論。然而，我發覺這些討論有點瑣碎，似乎使得中國感覺上變得更父權制，更傳統。這其中，也許可以用來支持這個結論的形構體比較方法卻被忽略了。父權制在西方意涵的不只是父親對其兒子的權利，它也意味著控制家屬共同體，即大莊宅（Oikos）的權威。對韋伯而言，大莊宅「不僅是某種大的家屬共同體，或只是作為各種農業及工業產品的生產地。它還是一個君主，莊園領主或貴族的權威式家屬共同體」[69]。韋伯認為，大莊宅支撐了古代經濟。在大莊宅內，家父長的邏輯不僅適用於血親，也包括了奴隸和其他僕役。父權制提供了一個理論基礎，整合一個複雜的經濟體，以滿足支配者之需求為惟一目的。希臘奴隸工匠的家屬共同體，供給農業勞動力的羅馬奴隸群體之大私有地的經濟（latitfundia），以及所有古埃及法老家屬共同體的領地——這些歷史範例都用來說明「一種受傳統緊密約束的統治結構；莊園制度，領主與莊園隨從是藉著一種無法片面解約的連帶把雙方結合起來」[70]。

後期帝制中國裡，莊園在何處？那裡是政府的世襲制組織？除了親屬關係之外，何處能看到不能由單方面解除的臣屬連帶？假如父權制在後期帝制中國有強大力量，則家父長在何處？

---

[69]同註[20]，p.281。

[70]同註[20]，p.1012。

在元朝（1260-1368）之前，我們很容易發現擁有附屬勞動力的莊園。遲至宋代，Peter Golas估計「所有耕地的半數是掌握在擁有大領地的富裕地主手中」[71]。Mark Elvin稱這些在大領地上的勞動者為「奴隸佃農」，雖說這個針對歐洲封建制度的類比不是很能掌握宋朝的社會[72]。早於宋朝之前，在唐，並且還可推到漢和帝制之前的時期，有關附屬勞動力及一種接近於歐洲大莊宅的大型家屬共同體組織的證據是非常豐富的[73]。家屬共同體農業，甚至在某些時期端賴被視為動產的「奴隸」（Chattel Slavery）[74]。但有同樣多的資料可證實的是，僕役勞動，僕役勞動力在明朝時代，已逐漸

---

[71] Peter Golas，〈Rural China in the Sung〉（*Journal of Asian Studies* 39）（2 February），1980,p.304。

[72] Mark Elvin《中國傳統生活模式》（*The Pattern of the Chinese Past*, Stanford：Stanford University Press,1973），P.71

[73] 有關「大家族」的資料，可參考Patricia Ebrey，《早期帝制中國的貴族家庭》（The Aristocratic Families of Early Imperial China, Cambridge：Cambridge University，1978）；David Johnson，《中世紀中國的寡頭政治》（*The Medieval Chinese Oligarchy*, Boulder：Westview Press，1977）；Arthur Wright和Denis Twitchett的《唐朝視野》（*Perspectives on the T'ang*, New Haven：Yale University Press，1973）。

[74] Martin Wilbur,《中國前漢時期的奴隸》（*Slaves in China During the Former Han Dynasty*, New York：Russell and Russell,1943）；E.G. Pulleybank，〈中國細民（或佃農）的起源及其本質〉，*Journal of Economic and Social History of the Orient*，1，1954，pp.185-220；Wang Yi-t'ung，〈南北朝、隋朝（386-618）時期之奴隸及其他可相比較的社會團體〉，*Harvard Journal of Asiatic Studies*（December），1953，pp.293-364。

衰微，以致到了清朝主要模式不再是莊園，不再是僕役和不可廢棄的「貴族—隨從」連帶[75]。居蜜描述此情形如下：

> 在十九及二十世紀中國，擁有田地的領地上，農業勞動者大部分是自由農民，其與地主關係立基於以契約為主的租賃系統上，有法律及習俗保護其權利，亦有能力在村落共同體中形成強勢農民同盟。這景觀不同於宋朝時期情形……，那時，可能大部份農業勞動者必須附著於土地上，禁止離開其主人，在不平等法律下，附屬於地主個人控制，及接受其主人諸多限制。[76]

Wiens，和Evelyn Rawski, Ray Huang和其他人看法一樣，發現明朝是占樞紐位置的[77]。我簡要歸納一下有關明清中國的發現。在明朝，商業活動已非常蓬勃，部分原因是受海上貿易所流入的西

---

[75] 我的意思不是說奴隸制度及奴役從此消失了。奴隸制度，甚至在地方社會，還是存在著，只是在後期帝制中國，家戶奴隸制度變成一種良好的形式，以作為龐大消費的來源，請參考James Watson，〈中國農民社會之細民：一個比較分析研究〉，*Ethnology* 15（4,October），1976，pp.361-375

[76] 〈居蜜十九、二十世紀中國地主制溯源〉，收於 *Festschrift in Honor of the Eightieth Birthday of Professor Shen Kang-po*（*Taipei*）1976，p.289

[77] Evelyn Rawski,《中國南部的農業變遷及農民經濟》（*Agricultural Change and the Peasant Economy of South China,* Cambridge, Mass.：Harvard University Press, 1972）；Ray Huang,《十六世紀明代中國之稅制與政府金融》（*Taxation and Governmental Finance in Sixteenth-Century Ming China,* Cambridge：Cambridge University Press,1974）。

班牙白銀之促成[78]。明朝開國時所建立的累贅稅制，導致了明朝中葉一系列全面性的賦稅改革。一條鞭法，規定付稅需以白銀，取代它以前以物品付稅的措施[79]。這種種改變，在地方上造成了廣大的奴隸及佃農的暴動。因為懼怕，許多地主不敢再與勞動者緊密接觸[80]。結果，奴隸減少，佃農相對地增加，此外，在租佃制上，地主與佃農的關係愈趨正式，而少有服役的義務和習俗上的饋贈。租佃變成契約式，而佃農順利地擁有對耕作土地的權利[81]。

同時期，十六世紀以後，立基於商品自由交換上的市場體系更加擴充；不同於唐、宋、元的市場體系，明清之市場體系不用再與政府朝廷內外有所聯帶[82]。在明朝，人民能夠買賣土地，以及靠提

---

[78]對白銀流通的完善估計，參看全漢昇，〈明清間美洲白銀之輸入中國〉，在中國文化研究所學報，1969，75-79；〈明代中葉後澳門的海外貿易〉（The Overseas Trade of Macao after the Mid-Ming Period），在中國文化研究所學報，1972，270-272。

[79]Huang，《稅制與政府金融》，pp.112-140。

[80]同註[76]，pp.112-140。

[81]參看Rawski，《農業變遷》；和Wiens，〈現代中國地主制度〉。

[82]對唐朝市場，參看Denis Twitchett，〈唐朝市場體系〉（The Táng Market System），在 *Asia Major* 12, 1966, pp.202-248；〈晚唐的商人、貿易與政府〉，在 *Asia Major* 14, 1968, pp. 63-95。對於宋朝市場，可參看Shiba Yoshinobu，《宋代中國的商業與社會》（ *Commerce and Society in Sung China*, Ann Arbor: University of Michigan, 1970 ），和Laurence Ma，《宋代中國商業的發展與都市變遷》（ *Commercial Development and Urban Change in Sung China* 960-1279 , Ann Arbor: Department of Geography, University of Michigan, 1971 ）。

供勞動及勞動產品來換取貨幣。G. William Skinner指出，後期帝
制的市場體系主要是以運銷產品到地方去買賣為主[83]。不像先前的
朝代，市場體系不是立基於如Karl Polanyi所言的重新分配及相互
流通上，這二者都是大莊宅經濟市場的特色[84]。明清市場是環繞著
農民需求之滿足而組織起來，不是應大領地地主而生的。

為迎合農民之需求，商人控制了市場。他們買賣及分配日常的
需求而不僅止於奢侈貨品[85]。他們搬運長程穀物，以及供應遠方所
需的粗布料和紡紗。商人自己也組成特殊會社：如「會館和公所」。
不像大莊宅經濟，既無政府，也無地主直接控制商人或商人行動[86]。
他們也不像猶太人在世襲制歐洲及中東常扮演的角色，既不是領主
由遠方召來的行商，也不是領主在地方上的代理商。中國商人並非

---

[83]G. William Skinner，〈鄉村中國的市場與社會結構〉（Marketing and
Social Structure in Rural China）24, 1964, pp. 3-43。

[84]Karl Polanyi，〈經濟之制度化過程〉（The Economy as Instituted
Process），在Karl Polanyi et al.（eds.），《早期帝國之貿易及其市場
》（ Trade and Market in the Early Empires, Chicago: Henry Regnery,
1957）pp. 243-269。

[85]有關市場著作，可參考W. E. Willomtt編輯之《中國社會的經濟組織》
（Stanford: Stanford University Press, 1972）有關城市、市場和商人著
作，可參考G. William Skinner編輯之《後期帝制中國之城市》（ The
City in Late Imperial China, Stanford: Stanford University Press, 1977）。

[86]Karl Polanyi, et al., 《貿易及其市場》，pp. 257-263，Gary G. Hamilton，
〈賤民資本主義：權力與依賴的弔詭〉（Pariah Capitalism: A Paradox
of Power and Dependence），Ethnic Groups 2（Spring, 1978），pp. 1
-15。

某些人所專有的[87]。他們可能是北方人或南方人，也可能是兼差的農民或有錢地主的兒子，或功名落第的學子。除了商社本身所立的規則外，並沒有法律限制任何人進入商業行列。僅有些許法律規定商業交易的方式[88]。市場既不是為那種壟斷的，以利潤為取向的資本主義式企業服務，但也不是直接為莊園經濟而存在。

在市場及在一般的地方社會，後期帝制政府皆縮減了其先前朝代所建立的家產統治。內朝體制繼續存在，有太監宦官、佃僕（bond servants），及其他服侍的婢僕團體；在此，世襲制統治依然持續著。但是，朝廷之外，僕役的人數縮減，統治者全面或部分整頓經濟的意圖，在一條鞭稅制改革之後，也變得不明顯。到了清朝，皇室市場，唐、宋所引以為榮的宮市已不存在。除了少數壟斷性產品如鹽之外，所有規約內地經濟的主張都被廢止[89]。長期以來，作為

---

[87] 我的意思是，元朝以後，〔中國〕沒有任何團體獲准以從事商業，也沒有人由繳付規費而成為商人，而這個情形在大部分家產制帝國卻是常有的事。請參考Peter Golas，〈早期清朝的行會〉（Early Ch'ing Guilds），收於Skinner《後期帝制中國的城市》（ City in Late Imperial China ）pp. 555-580。也參考Gary G. Hamilton，〈同鄉會和中國城市：一個比較的觀點〉（ Regional Associations and the Chinese City: A Comparative Perspective ），Comparative Studies in Society and History 21（ 3, July），1979, pp. 346-359。

[88] 請參看Sybille Van Der Sprenkel,〈都市社會控制〉，在Skinner，《後期帝制中國城市》，p. 608；Gary G. Hamilton，〈中國商人結社：謀叛或合作〉（ Chinese Merchant Association: Conspiracy or Combination ）Ch'ing-shih Wen-ti 3（ December ），1977, pp. 50-71。

[89] 關於鹽的壟斷，可參考Thomas A. Metzger的〈清政府在商業活動的組

改由貨幣給付。政府停止實行禁止奢侈花費的法律和世襲勞役法[90]。中國人隨遇而安，胼手胝足盡其所能，一旦他們富有了，便爭著玩賞風雅，著上文士服飾。

以上的綜述可能失之於普遍化且不夠完整，然而，大致的趨勢是清楚的。後期帝制時代，中國經濟已少有莊園痕跡，中國政府很少帶有世襲制的色彩，而中國社會也很少具有僕役連帶的徵象。如果我所描述的是西方，這些趨勢正可做為父權制衰微之證據，但是，我現在所敘述的是中國的情況，而且有人主張，中國的父權制是在此同時期興起的，這兩種說法是不能同時成立的。

立基於上述二種比較，我們如何瞭解中國的父權制？法律上指出，政府並未削減家族中家父長的權力，甚而，在帝制中國時期，父權制法律反而增加其權限。對於包括韋伯在內的許多思想家而言，皆證實了父權制在西方衰微之後，它在後期帝制中國卻仍是一股強大的力量。家族仍然強大，個人還是弱小，中國尚未脫離傳統。形構體的比較研究，告訴我們的是不同的故事。在西方，父權制與大莊宅經濟是緊密連接在一起的，因此常常包含二者在同一個定義之內。韋伯即是如此使用。然而，最近研究顯示，大莊宅經濟所具有的特性，在後期帝制中國時期社會各層面已開始消失，同時，父權帝制工程計畫之支柱的強迫勞役，在明朝後期，對其勞動力之需求

織能力：兩淮鹽商的壟斷，1740-1840〉（The Organization Capabilities of the Ch'ing State in the Field of Commerce: The Liang-Luai Salt Monopoly，1740-1840）在Willmott的《經濟組織》（ *Economic Organization* ；pp9-45）。

[90]同註[79]，pp.109-133。

制法律卻相應增強。理論上，若是中國及西方的父權制表現了相同的權威類型，我們應該可以發現，個人互相控制的動機和手法應是相似的。但是，在後期帝制中國，沒有足夠資料來證明，父權制除了維持實際的親族外，還能維持任何一種立基於「從屬連帶」的身分團體。我們應記住Jamieson的結論，清律中的氏族團體不同於羅馬法，它是「不接納外人的」。貴族關係與各式各樣侍從形式，是西方世襲制統治的標準特色，但是在中國，對於團體的建立，它們卻是邊緣性的。

四、個人權力相對於職責[91]

如果就所呈顯的現象而言，中國父權制制度形式與西方有所不同，那麼，這個不同是否意味著在父權制運作規範的層次上，有一個更基本的不同？若果如此，這個不同是否能夠說明，在中西社會構成及發展趨勢上的不同？

我相信這二個問題的答案是肯定的。中國父權制與西方父權制有基本的不同。而這個不同的本質，扼要而言即是：西方父權制強調「個人」的最終優位；反之，中國的父權制則強調「角色」的最終優位。因此，我的看法是，這個不同不是程度上的差別，而是性

---

[91]這一部分，是我在社會科學歷史學會一九八二年年會，所發表的一篇未出版的文章：〈帝制中國和西歐的家父長制：對韋伯統治社會學的一個修正〉（Patriarchalism in Imperial China and Western Europe: A Revision of Weber's Sociology of Domination），裡頭論點進一步發揮的摘要。

質上的相異。對於任何一個社會而言，這個相異隱含著兩套不同的
意義以及構作社會秩序的方式。西方這一套是把人的意義以及人與
人之間的關係系統化；中國這一套是把角色的意義以及角色之間的
關係系統化。在這一小節裡我將中西父權制的運作規範作個對照。
在結論部分，我想提出這個對照所隱含的意義，以便研究後期帝制
中國。

　　中國和西方的父權制對社會組織原則的觀點，是如何的不同呢？
雖說George Jamieson認為此種區分無意義，但他卻正確的指出了
主要的不同點。就像我上面所言，Jamieson注意到，中文並沒有等
同於「家父長」（Patria Potestas）的概念；在中國，一個相關的，
可資辨認的父權制概念是「孝」。參考中國法律關於父權制的法典
編纂，瞿同祖也指出：「全部的問題乃在於孝。」[92] 韋伯在其著作
中許多地方也指出，孝做為父權制的概念化已提升為一種組織化的
支配原則。不同於Jamieson，韋伯認為就概念之目的而言，「孝」
（hsiao）和「家父長」（patria potestas）是同樣的概念[93]。Jamieson
認為二者是不同的，在這點上，Jamieson無疑是正確的。「家父長」
（Patria Potestas）所指的是父親權威式的權力，反之，「孝」（Hsiao）
所指的是兒子的順從責任。概念上及經驗上，這是同樣象徵著父權
制的二個字眼，雖其間的差別頗大，但同時具有重大的歷史意義。
以上我簡述了西方父權制權威的概念。讓我再次扼要的重述，以便
對照以「家父長」（Patria Potestas）為核心的父權制形式，與以

---

[92]同註[31]，p.29。

[93]同註[20]，p.377。

孝（hsiao）為核心的父權制形式。依我看來，西方父權制強調的是身分地位優越者（「家父」the Pamilas）個人的權力，並給予他命令權及一個他可以正當地行使其命令權的範域（如大的家戶）。這種個人化的，而且擁有審判權的身分，更因為家父長與宗教或是巫術的超驗力量聯結，而被視為正當。相對的，中國父權制強調下屬順從的責任，賦予他們象徵著順從的角色義務（如喪禮），並且依據一套角色關係（如父子、君臣、夫婦）限定其權力及服從的行為。此種非個人化的父權制形式，則是藉著一種以為個人責任，乃在於順適個人角色，以維護整體和諧這樣的信念，而被視為正當。

Robert Bellah就基督教及儒家文化父子關係所做的深刻之比較研究，幫我們釐清了這個對比。Bellah認為，在基督教中，父子關係之象徵，「首先出現於基督教徒的上帝觀，以此為中心，整個象徵結構架撐起來」[94]。在此象徵結構中的權威被視為源之上帝，或是Thomas Aguinas所稱之「不動的能動者」（The Unmoved Mover）。

這個權威的理念，包含的不僅是生物體的父親，而且也是教會及村落的「父長」。Bellah寫道：「基督徒對政治及家族權威的態度，是立足於這個權威特質的基礎上。」他認為「惟有以來自於上帝的權威為基礎，父母親及統治者才能為人尊敬」[95]。尊敬的字眼在拉丁文當然是Pietas，但尊敬所具有的約束之情感形式是在「愛」（Love）字，亦即指人與人之間一種正面的情感依附。在基督教，不服從於俗世的父親是可以上帝的名（較高層次的父親，「我們在

---

[94] Bellah，《父親與兒》，p.82。

[95] 同註[94]，p.92。

天上的父」）來加以辯護。就像千年來在西方子民和臣民所為的。
如同Bellah的討論所暗示，在分析上，我們必須把西方的父權制，
視為是與支撐西方宗教，特別是基督教和猶太教的權威象徵結構扣
連在一起。

　Bellah對西方基督教父子關係特性的描述，使我們對西方父權
制及統治特質，有更一般性的瞭解。概念上，權力被視為一種正面
的力量，來自於上位者——父親、祭司、支配者——的意志。統治，
鑄造掌權者的意志行動，這個支配在邏輯上需要有審判的權限，掌
權者只能在這個權限裡合法運作其個人意志，逾越此權限，他的意
志就會與他人的主權衝突。在西方，雖然父親對他人所能行使的司
法權已萎縮，然而，司法的理念及個人權威在西方直到今日，一點
也沒有消失。直到最近，對於傳統地位上，個人裁決的理念之正當
化，還是立基於個人權力乃是一種衍生的權力（是由上帝導引出來）
這一信念上。Bellah寫道：「在西方，從摩西天啟時代以來，每一
個特殊的社會關係模型，原則上都不具有終極性。在西方唯有上帝
才是真正運作權力者。」⑯人，而非角色，是西方最重要理念的主
體（如救贖，自由，理性，契約），而且是與這些理念相關的西方
政治與法律實踐的對象。因為角色在理論上是社會的表象，而人卻
能以一種自以為義的抵抗來拒斥。

　Bellah的比較研究也幫我們釐清了中國父權制。中國氏族結構
與猶太父系系譜並無相似處。Bellah發現，中國父子關係「絕然不
同於猶太教及基督教」⑰。「當我們探討儒家對政治與家族權威的

⑯同註⑭，p.95。

態度，在中國象徵體系中，似乎沒有任何道德的立足點，可以為違背父母命令的行為辯護」⑱。中國沒有超驗來源，沒有深具權力之全能諸神，借由此以合法化其俗世權威。中國不用超驗神祇，卻代之以內在的正當性。父權因其處理家族生活相關事務而得以正當化；就像皇權，因其維繫整體帝國內部和諧之角色而得以正當化。其權力植基於附著其角色責任上的權限，這些責任的必需性，乃在於就整體而言有其功能。以社會學用語而言，我們可以說統治合法化乃在於角色理論上。

在此，中國的宇宙觀是核心。天，地，人是整體中不同的部分；就維繫整體而言各有其分位及功能，彼此互動而成就一和諧的整體。當這種意象擴延及家族，如同儒家思想發展的情形，則把權威置放在人們「相互關係」（interrelationships）上，亦即在家庭的角色上。與其說是立基於父親「個人」權威及與上帝的關聯上，中國家族階層毋寧是立足於必要的家族角色之認同上，由此每個成員要扮演好他自己的角色。在此意象裡，權力的正當性是藉由其「角色」的責任而獲得。如此，權力與服從在本質上不是個人的，也不是為對個人之克力斯瑪的信仰所支撐。權力和服從在此是「位置」性的。它們是立基於特定的角色上，植根於對這些角色固有的禮儀之信仰上。準此，不像西方以「愛」規範家族成員相互關聯的情感，在中國規範情感乃在於「敬」。雖然它無礙於親近的依附關係，但敬並不強調個人的因素。

角色的合法性，在中國人不是得自於超越來源，而是服從於角

⑰同註⑭，p.84。

色本身。儒家的父子關係，Bellah認為「最終，不是向個人服從，而是向個人的關係模式，那才具有終極的妥適性」[99]。儒家和新儒的哲學家規畫了這個角色模式（如三綱五倫）和服從的理論基礎。就像後期正統的儒家學者朱熹（1130-1200AD）所言：「父子，君臣，兄弟，夫婦，朋友，此五倫關係自然地深入人心。」[100]否認了這些關係即否認自己本性。這些關係，程灝（1032-1085AD）認為三綱五倫是「天下之定理，無所逃於天地之間」[101]。

　　中國角色概念的核心旨意，是責成個人以掌握其角色的原則，隱含之深意即是從本然的角色尋求人性。這個原則就是孝（hsiao），意味著服從的本分。因此，孝幾乎是中國父權制的同義字。但是，不同於potestas在西方的意義，孝並沒有權力的含意。它帶有告誡人「順從生活角色的意味」。在孝經裡（成書於漢朝，談論孝本質的一本經典著作），孝的意思並不止於子女對其父母親的責任[102]。孝也意味著一種普遍性的恭順，適用於達官，貴人，文士及平民，特別是對作為上天之子的皇帝。孝能使所有個體在相關角色上取得合法性位置。每個人在力行其持敬工夫的重要性上是至高的：「夫孝，天之經也，地之義也，民之行也。」[103]「夫孝，德之本也，教

[98]同註[94]，p.94。

[99]同註[94]，p.95。

[100]Hsu引用《神話》，p.33。

[101]參考註④。

[102]參考Hamilton，〈家父長制〉一文中對孝經細部的分析。

[103]《孝經》（*Hsiao-Ching*，New York: St. John's University Press，1970），第七章，作者的翻譯。

之所由生也。」[104]「故自天子至於庶人，孝無終始。而患不及者。未之有也。」[105] 人們必須服其角色，遵行角色所要求的舉止，孝經裡如此告誡，因為這是人倫秩序。若不能遵行必肇致整體的崩潰及失序。

我不是認為中國僅強調角色及由角色上所能發現的自我；西方僅強調個人以及與角色無關的團體。如此的宣稱顯然是不正確的。中、西兩方思想家面對的及企圖調解的，是人民及其在社會所扮演的角色之間的緊張；也就是個人意志及社會責任之間的緊張。然而，我想要說明的是，中國及西方思想家在解決這些緊張的不同途徑。

在西方，為了合理化統治，最佳選擇永遠必須考慮俗世權力所具有的衍生性本質。準此，西方政治哲學和具體的政治實踐，總是意圖去複製角色系統，由此個人權力與服從位置，得以依上帝，或自然法或全體人民（The People）而在先驗的層次予以正當化。在早期西方思想，任何一種權力都是個人意志的強迫，縱令個人占有了一個角色，其權力還是個人的。權力被當成是意向性的、方向性的，自以為是的，而體現於每日實際活動的政治與法律制度，也必須立基在這個前提上，其權力才有效。如此，當統治原則施行於實際事務上，個人權力的主題，變成了法典化的對象，把法律與經濟學上財產的理念，和政治學與哲學上的自由、理性的理念制度化。就發展而言，這個主題在西方導致了將衝突的權力或審判權限系統化，以及產生了規約個體「自由」意志的現代法律架構結果。

---

[104]《孝經》，p.5。

[105]《孝經》，第六章，p.13。

在中國，我認為，是以相反的手法來解決此一緊張關係，較注重角色及附屬於此角色的個人責任。這樣的解決並沒有產生將衝突的意志制度化的概念，也沒有產生真正的個人權力。在中國，合法性並沒有形上的來源，其政治制度乃建立於把受階層體制安排的角色之間的和諧視為當然的假設上。個人意志僅能在個人明確界定之角色責任上得到其正當性。這種自然主義式的，關聯於制度的統治概念，緊密地將其權力固著在個人角色義務上，這使我們想起目前的組織觀點。因此，中國政治哲學家極度關懷角色的倫理行為，以及擴延基本的角色組和角色關係到其他各種社會制度。在中國思想裡，權力（也就是命令）是角色的一個面向，一個人如扮演著擁有權力的角色，他有責任命令他人配合他所扮演的角色。因此，理論上，權力是非個人的，非意向性的，是走向保持整體和諧的方向。就發展而言，這種理路將導致了角色的概念及受角色規約的行動和情感明確化的結果。如此的趨勢會依次縮減了個體行動中合法的自由裁量權之範域。

雖然以上對西方與中國父權制之間不同特性的勾描，過度簡略，但我相信已足以對前面簡述過的中國發展模式，加以解釋。在中國，就親子關係而將孝法典化，已逐漸縮減了對現實家族關係中恭順及服從必要性的範圍，但卻使得此關係中的相互責任更加明確。原則上，更能促進家族之和諧，此種發展趨勢有二種我個人在前面已經討論過的結果（諸多結果中之二種）。其一是，強化父母親對子女懲罰的責任，及在法典及家族法上子女應扮演的角色，與違犯其角色行為的詳細規定，並以之擴散到整個社會。對這些角色期待的增加，使得「不孝」更嚴重的威脅了道德秩序的存續，由此相應的是

更嚴厲的懲罰。其二是，這個趨勢也削弱了中國社會建立一個相當穩定之強大世襲制團體的能力。這些團體，依據父權制（如大家戶）原則，將無關的個人按層級組織起來，卻總會因對於真正的家族的需求而瓦解。事實上，後期帝國的統治者，從明朝開國皇帝開始，已使用此種以家族為主的正當性來取代一些以虛擬的親屬關係為主的團體，特別是造反團體及幫會，但也包括沒落大地主的家戶。

規範了每個人對其家父長的責任，無疑的對統治者及其官員而言有其好處。然而，統治者對此「好處」的追求，也導致了所有角色的定型化，包括政府菁英在內，而且提供了後期帝制中國父權制責任合理化的來源。中國的父權制統治，不是天生的，或自古已然，事實上是一個發展文明的產物。這種統治形式，指涉的並不是一個不變的社會，它隱含著一個發展的秩序，對比於西方，不同的要比相同的還多。

五、結論

帝制中國的確是一個父權制社會。假如我的分析是正確的，則其父權制權威型態，是完全不同於地中海盆地及西歐所建立的型態。就我們賴以描述中國及西方的三個概念：父權制、世襲制及孝道，我們必須知道，並非用來指證現象之間的相似性，而是用來指明那些具有十分不同的組織特質與發展潛能的現象。由於這些「不同」，讓我回到前言所提到的論點。

父權制、世襲制及孝道，是分析帝制中國不可或缺的概念，因為它們指出了中國社會重要特質所在。但是，在使用這些概念，以

及其他概念時，必須十分瞭解中國人建構他們世界的特殊方式。就
像在西方，這三個概念提供的不僅是對家族生活的分析，也是對整
體社會的分析。特別是韋伯，已指明這些相互關聯的概念，在探究
西方文明發展上，所顯示在思想上及實際上，其深邃的根源及巨大
的「意義」。當然，這樣的結論也同樣適用於中國文明。但是，在
此的重點是：不只去瞭解「具有意義」這件事，我們還需去瞭解這
個「意義」如何形成。

這些概念，如果放在各別的社會脈絡來瞭解，就顯示了非常不
同的社會秩序類型。在中國，角色概念及實踐角色的責任（即孝），
充塞在中國社會每個角落；同樣的，個體化及法律，也充塞在西方
社會每個角落。例如，在後期帝制中國，當違反其角色時，不僅兒
子責任，而且是所有角色責任都有極明確的規定，對於什麼是違犯
這些責任的行為也同樣有明確的定義。角色扮演在一般庶民裡即是
如此真實。陳富美和Ramon Myers指出，這種發展也發生在農民
之間的生意往來[106]。何炳棣和其他學者，則指出在商人之間也有類
似的發展，同鄉角色的形成及擴展即是說明[107]。然而，角色規畫的

---

[106]Fu-mei Chang Chen和Ramon H. Myers，〈中國清朝時期的習慣法和
經濟成長〉（Customary Law and the Economic Growth of China During
the Ch'ing Period），*Ching-shih wen-ti* 3（5，November，1976）pp.
1-32和（10，December，1978），pp.4-27。習慣法也大致立基於角色
責任上，特別是「報」的觀念。關於這個概念，可參考楊聯陞〈傳統
中國政府對都市商人的控制〉（Government Control of Urban Merchants
in Traditional China），*Tsing Hua Jaurnal of Chinese Studies* 8，1970，
pp.186-206。

趨向對官員而言，特別緊要。誠如墨子刻描述的，懲罰官員的（處分法）之發展及獎賞的制度，是基於一個官員應該扮演什麼角色而定[107]。像尊親、忠君的觀念，也轉化成臣、子應該實際扮演的角色。墨子刻指出，官員角色已極度標準化，違反此角色的行為也逐漸一一列入法典的條文[109]。

以角色職責而不是以個人本身為基礎的社會，從社會學的角度而言，蘊涵許多深刻的意義。然而，這些意義迄今還很少人去探討。確實，對那些從沒有離開過西方社會的人，一定很難想像一個社會如何能以一種和他們不同的方式建立起來。然而，本文認為中國社會所建立的格局是完全不同於西方社會。毫無疑問，能把中、西社會格局之間的差異清楚地表達出來的著作裡，以費孝通的「鄉土中國」為最成功。這本書，相對而言，少為人知，而且仍然還未被翻譯成英文。由於費孝通的分析和本文的分析非常類似，本文將以費孝通的分析來闡釋東、西雙方形成不同社會格局的路徑，並做為本文的結束。

在1947年，為了向中國的報紙讀者解釋中國和西方社會在組織上和在社會心理上的差異，費孝通發展出兩個影響廣泛的隱喻，來幫助讀者瞭解各個社會所形成的格局特點。

---

⑩何炳棣：《中國會館史論》（中國地域結社的歷史研究，臺北，1966）。也可參考Hamilton〈區域結社〉一文。

⑩Thomas A. Metzger，《清代官僚制的內部組織》（*The Internal Organization of Ch'ing Bureaucracy*，Cambridge, Mass: Harvard University Press，1973），pp.236-417。

⑩同註⑩，pp.347-357。

一方面，他把西方社會比喻為將稻草捆扎成堆的方式。每一根稻草都屬於一定的把，接著又屬於一定的扎，和一定的捆，最後則幾捆被束成一挑。在西方，個人屬於一個有清楚界限的團體，並且從這個團體來辨認自己的等級從屬。某些團體，如俱樂部或公司機關，可以在一些其他的團體裡，如城鎮，找到一適當的位置。這些其他的團體，又可以在一些另外的團體找到適當的位置，直到一個無法被歸類的最高階段的團體為止，費孝通認為這個最後的團體就是西方的國家。以這篇文章的說法，個人是置身於特定而且清楚的權限裡，並且依此權限來行使他們的權利與義務。公司機關，城鎮，和國家以不同的，但明白的方式，合法地約束著個人的行為。

另一方面，費孝通認為中國社會的團體模式完全不同於西方的模式，中國社會並不是建立在一個界限分明的，最基本的社會單位之上。即使是中國的家庭，費孝通舉例說明，也和西方的家庭不一樣，不是一個清楚社會單位。這個概念是模糊到可以把所有親戚都包括在裡面。費孝通把中國社會比喻成「把一塊石頭丟在水面上所發生的一圈圈推出去的波紋」，而不是「一捆一捆扎清楚的柴」。這個由中心所推出去的同心圓波紋就是社會關係，他並且說，「每個人都是他社會影響所推出去的圈子的中心」。靠近中心的波紋乃是親屬關係，這個關係不僅多，而且各自不同。這些關係的範圍廣大，而且有影響力，時常是比住在同一城鎮的同鄉還重要。每個人所推出去的影響力圓圈，或是關係的網絡是相關聯的。但各人所聯繫成的網絡是不同的。即使是同一家庭中孿生子所認取的親屬關係也是如此。這兩個人都有相同的父母和親戚，但是當結婚之後，就會發展出完全不同的姻親關係。

　　以這篇文章所使用的措辭來說，我認為，在中國從制度中建構起來的行為，不是藉著可以依個人意志來行使的權限，而是必需去服從的不變關係。在西方，團體的界限形成個人可以自由運作的範圍。這個權限的範圍是很清楚的，行為的準則也規定得很明白，在這個條件下，人們知道如何去做判斷。然而，在中國關係是有等級之分的，而且每種關係所給附的職則乃是為大眾所知，而且往往透過法典來規定，例如孝。就像費孝通所提出的，個人是看他所往來的對象和自己的關係去調整他的行為，而不是從團體的大前提來看他所處的位置。

　　雖然以上的分析有人會認為過於簡略，可以肯定的是，任何嚴肅的考察必須避免毫無選擇地採用學者在研究西方社會所發展的概念和理論。中國這類型社會秩序的內涵，並沒有予以適當的檢視。可確定的是，這樣的檢視要避免選用，學者們針對西方社會之研究，而發展出來的已無任何區辨力的理論及概念。

　　概念的濫用會扭曲，甚至，最後會使得大部分對於歷史所做的精確的及事實的說明無效。詩與散文的翻譯者，最明瞭這種困難，就在於如何把這些思想、旨趣、動機翻譯成其他語言，而又能免於戕害原作者意思？如此，社會及歷史的分析者，要花多大的心思在觀念的傳譯上？他們應不僅止於當傳譯者。他們不僅要關心對於體現在字裡行間意義的瞭解與傳達。進而，他們必須嘗試的，不但是去瞭解像康熙或王夫人所瞭解的世界，而且，必須去瞭解這個世界的組成形式，包括它的結構，它的常規風俗，它的符號體系……等等一個被「視為當然」世界的諸面向，這些都不是康熙或王夫人所能夠以言語來表達清楚的。為了正確使用概念，我們必須闡明後期

帝制中國被「視為當然」的世界。僅有如此，我們才能開始瞭解今天的中國。

參考書目

Bakon, David
1979 *And They Took Themselves Wives: The Emergence of Patriarchy in Western Civilization,* New York: Harper and Row.

Bellah, Robert
1970 "Father and Son in Christianity and Confucianism", in Robert Bellah (ed.), *Beyond Belief,* New York: Harper and Row.

Bendix, Reinhard and Guenther Roth
1971 *Scholarship and Partisanship,* Berkeley: University of California Press.

Bruun, H. H.
1972 *Science, Values, and Politics in Max Weber's Methodology.* Copenhagen: Munksgaard.

Buckland, W. W.
1931 *The Main Institutions of Roman Private Law.* Cambridge: Cambridge University Press.

Chen, Fu-mei Chang and Ramon H. Myers
1976-1978 "Customary Law and the Economic Growth of China during the Ch'ing Period", *Ching-shih wen-ti* 3 (November, 1976): 1-32 and (December, 1978): 4-27.

Ch'ü, T'ung-tsu

1961   *Law and Society in Traditional China,* Paris: Mouton.

Ch'uan Han-sheng

1969   "The Inflow of American Silver into China from Late Ming to the Mid-Ch'ing Period", *Hsin-ya Hsueh-pao* 2 ： 75-79.

1972   "The Overseas Trade of Macao after the Mid-Ming Period", *Hsin-ya Hseuh-pao* 5 ： 270-272.

Elvin, Mark

1975   *The Pattern of the Chinese Past* Stanford: Stanford University Press.

Finley, M. I.

1973   *The Ancient Economy.* Berkeley: University of California Press.

Fox, Robin

1967   *Kinship and Marriage.* Middlesex, England: Penguin.

Fung Yu-lan

1949   "The Philosophy at the Basis of Traditional Chinese Society", pp. 18-34 in F. S. C. Northrop（ed.）, *Ideological Differences and World Order.* New Haven: Yale University Press.

Fustel de Coulanges, Numa Denis

1901   *The Ancient City.* Boston: Lee and Shepard.

Golas, Peter

1977   "Early Ch'ing Guilds", in G. William Skinner（ed.）*The City in Late Imperial China.* Stanford: Stanford University Press.

1980 "Rural China in the Song", *Journal of Asian Studies* 39
       (2, February):291-325.

Hamilton, Gary G.

1977 "Chinese Merchant Associations: Conspiracy or Combi-
      nation", *Ch'ing-shih wen-ti* 3 (December): 50-71.

1978 "Pariah Capitalism: A Paradox of Power and Dependence",
      Ethnic Groups 2 (Spring):1-15.

1979 "Regional Associations and the Chinese City: A Comparative
      Perspective", *Comparative Studies in Society and History*
      21 (3, July) : 346-359.

Ho Ping-ti

1966 *Chung-kuo hui-kuan shih-lun.* (An Historical Study of
      Landsmannschaffen in China), Taipei.

Holt, John Marshall

1964 *The Patriarchs of Israel.* Nashville: Vanderbilt.

Holzman, Donald

1980 "Filial Piety in Ancient and Early Medieval Cities: Its
      Perennity and Its Importance in the Cult of the Emperor."
      Unpublished manuscript.

Hsiao-ching (孝經)

1970 English translation by Mary Lelia Makra. New York: St.
      Johns University Press.

Hsu Dau-lin

1970-71 "The Myth of the 'Five Human Relations' of Confucius",
         Monumenta Senica 29 : 27-37.

Huang, Ray

1974   *Taxation and Governmental Finance in Sixteenth-Century Ming China.* Cambridge: Cambridge University Press.

Jamieson, George

1921   *Chinese Family and Commercial Law.* Shanghai: Kelly and Walsh.

Johnson, David

1977   *The Medieval Chinese Oligarchy.* Boulder: Westview Press.

Jones, J. Walter

1956   *The Law and Legal Theory of the Greeks.* Oxford: Oxford University Press.

Lapidus, Ira

1975   "Hierarchies and Networks: A Comparison of Chinese and Islamic Societies", in Frederic Wakeman, Jr. and Carolyn Grant (eds.), *Conflict and Control in Late Imperial China.* Berkeley: University of California Press.

Ma, Laurence

1971   *Commercial Development and Urban Change in Sung China (960-1279).* Ann Arbor: Department of Geography, University of Michigan.

Maine, Henry

1861   *Ancient Law.* London: J. M. Dent and Sons.

Malloy, Stephen

1980   "Max Weber and the Religions of China: Any Way Out of the Maze?"
        The British Journal of Sociology 31 (3, September): 377-400.

Metzger, Thomas A.

    1972 "The Organizational Capabilities of the Ch'ing State in the Field of Commerce: The Liang-Luai Salt Monopoly, 1740-1840", in W. E. Willmott（ed.）, *Economic Organization in Chinese Society*. Stanford: Stanford University Press.

    1973 *The Internal Organization of Ch'ing Bureaucracy*. Cambridge, Mass.: Harvard University Press.

Munro, Donald J.

    1977 *The Concept of Man in Contemporary China*. Ann Arbor: The University of Michigan Press.

Polanyi, Karl

    1957 "The Economy as Instituted Process", in Karl Polanyi, et al.（eds.）, *Trade and Market in Early Empires*. Chicago: Henry Regnery.

Prichard, A. M.

    1961 *Leage's Roman Private Law*. London: Macmillan.

Pulleybank, E.G.

    1954 "The Origin and Nature of Chattel Slavery in China", *Journal of Economic and Social History of the Orient* 1 : 185-220.

Rawski, Evelyn

    1972 *Agricultural Change and the Peasant Economy of South China*. Cambridge, Mass.: Harvard University Press.

Roth, Guenther

    1968 "Introduction". pp. xxvii-civ in Max Weber, *Economy and*

Society. New York: Bedminster Press.

Shiba, Yoshinobu

　1970　*Commerce and Society in Sung China.* Ann Arbor: University of Michigan.

Solomon, Richard H.

　1971　*Mao's Revolution and the Chinese Political Culture.* Berkeley: University of California Press.

Stacey, Judith

　1983　*Patriarchy and Socialist Revolution in China.* Berkeley: University of California Press.

The T'ang Code

　1979　Princeton: Princeton University Press.

Twitchett, Denis

　1966　"The T'ang Market System", *Asia Major* 12：202-248.

　1968　"Merchant, Trade and Government in Late T'ang", *Asia Major* 14：63-95.

Van Der Sprenkel, Sybille

　1977　"Urban Social Control," in G. William Skinner（ed.）, *The City in Late Imperial China.* Stanford: Stanford University Press.

Wang Yi-t'ung

　1953　"Slaves and Other Comparable Social Groups During the Northern Dynasties（386-618）", *Harvard Journal of Asiatic Studies* 16：293-364.

Watson, James

　1976　"Chattel Slavery in Chinese Peasant Society: A Comparative

Analysis。" *Ethnology* 15（4, October）:361-375.

Weber, Max

1964　*The Religion of China*. New York: Free Press.

1968　*Economy and Society*. New York: Bedminster Press.

1976　*The Agrarian Sociology of Ancient Civilizations*. London: NLB.

M. Chü Wiens

1976　"The Origins of Modern Chinese Landlordism" in *Festschritt in Honor of the Eightieth Birthday of Professor Shen Kang -po*. Taipei.

Wilbur, Martin

1943　*Slaves in China During the Former Han Dynasty*. New York: Russell and Russell.

Wright, Arthur and Denis Twitchett

1973　*Perspectives on the T'ang*. New Haven: Yale University Press.

Yang Lien-shen

1970　"Government Control of Urban Merchants in Traditional China", *Tsing Hua Journal of Chinese Studies* 8:186-206.

天高皇帝遠：中國的國家結構及其合法性①

韓格理　著

翟本瑞　譯

　　季爾慈（Clifford Geertz）在其著作《Negara：十九世紀峇里島的劇場國家》一書中，對現代社會科學理論加以質疑。他對峇里的國家〔結構〕以及政治秩序提出銳利的剖析，書中論述〔的一切〕都與西方國家大相逕庭，即令諸如「權力」、「權威」，甚至「國家」等〔基本〕概念，都無法依西方的運作方式來應用。在十九世紀的峇里島上，權力並不是由意志的施行而產生；權威與命令的拘束無關；而政治團體（此處指國家）亦非一疆界分明、受到保護的區域性單位。相對而言，權力是從〔角色〕扮演中產生，權威是由

---

①終極而言，雖然本文仍是由筆者自負文責；然而筆者必須承認本文實非個人獨力所能完成。劉廣京對中國道統（我依韋伯的用法，稱之為合法性的原則）的研究，引起筆者相當程度的興趣，令筆者能提昇思索的眼界及層次；也正是因為這個緣故，讓筆者又重新拾起被放下數年的中國研究工作。此外，對本文具有同等貢獻的，是筆者1985年於台灣東海大學擔任訪問教授時，以本課題教授的討論班上的學生。這些研究生，尤其是翟本瑞與陸先恆君，指出他們認為正確與偏頗之處，並對於中國國家的一般性理論，貢獻了許多寶貴的意見，〔職是之故〕，筆者視翟、陸二君為本文的共同作者。

德行中產生，而國家則產生自「儀式與威望」（1980：16）。季爾慈幾乎以峇里島隱喻著不同於西方〔的型態〕。藉此，他直接質疑西方社會科學的妥當性；同時，他亦譴責西方社會科學的研究者假借科學之名，而將〔原屬〕西方文化的假設予以普遍化。

雖然季爾慈的分析以及批評受到廣泛地喝采，但這些論點並未受到應得的重視。當然，季爾慈自己亦當對此負責，他讓自己的觀察邊際化，而只將其應用在峇里島〔的分析〕上。同時，更由於他的實證論立場，直接拒絕了許多理論性的與比較性的研究。取而代之的，是他對極端相對主義的讚揚，以及偏好一種能與其文化底「濃密描繪」（thick descriptions）〔主張〕相結合的文學風格。

視西方與非西方社會本質上是不同的，而〔主張〕使用由西方社會所導引出的概念，來分析非西方社會可能是有害的，季爾慈上述見解的確發人深省，筆者相信基本上這是站得住腳的。然而，若是據此過度推論，而認為所有的比較皆為無效而屬無用，則全然是偏頗的。實在說來，與此理論結合的系統化比較，是非常必要而具有啟發性的，這是因為我們只有經由比較〔研究〕，才能得到一個具有獨特性〔意義〕的觀點。尤有甚者，即令季爾慈不願意承認，這種對獨特性加以系統地分析的方法論，早已屬於可作為研究非西方社會的成熟理論觀點了。當然，這〔也就〕是韋伯的觀點，它曾對西方〔文化〕的區辨徵性（distinctive features）具有深入地分析。在本文中，筆者主張重建韋伯的觀點可用來擴展季爾慈的慧見，使其不僅局限於Negara。筆者企圖發展出對傳統中國帝制晚期的政治制度之比較分析，本文可說是在韋伯的觀點中，結合了季爾慈的重要理論慧見〔的研究〕。

　　由於筆者給自己設下了一個既屬理論又屬經驗的課題，我必須
扼要地釐清本文的論述方式。筆者的立論乃植基於歷史與比較研究，
其中尤以歷史變遷的理論為主。但是，這些並不是由密切閱讀中文
文獻而歸納出來的。雖然我對中國略有所知，也曾讀過一些文獻，
但本文的原初預感（下文將會討論）則是來自筆者對一般社會學理
論，深入而又批判地閱讀。由於個人對韋伯理論的熟稔，筆者特別
對韋伯及其當代評論家的著作加以批判。故而，本文可說是由理論
所導引的，其中包含著關於歷史及政治結構的理論，而這兩者都是
在解釋中國國家的脈絡中發展出來的。

　　筆者並不〔企圖〕對這種研究取向加以辯解。我與實用主義的
史家及社會科學家站在同一陣營，相信事實本身不會說話[2]。「事
實」的出現或消失，只是當我們凝視過去而加以解釋時的產物。在
此意義下，理論可說是歷史分析的根本部分。即令通常並非很明顯
地呈現出來，但歷史解釋總是由理論所導引的。我的方式在於發展
出理論，以便揭露並觀解過去。

一

　　韋伯曾發展出一套異常複雜的政治組織理論，這套理論常被誤
解以致被誤用，或甚至被視為不具備批判的政治社會學的正確成素，
而被輕易地取消〔其地位〕。誠然，韋伯的理論並未包括一切，但
韋伯卻如同季爾慈一般，認識到政治組織含蘊著一個深層的結構，

---

　　[2]關於歷史解釋的實用主義，可參見Meyerhoff（1959）及Strout（1958）。

一個內在證立權力順從〔關係〕的潛在規則③。韋伯當然承認政治組織受到許多因素的影響,從地理〔因素〕到人格〔特性〕,以及在政治組織中的諸多變異都實際的存在。然而,其政治社會學的核心則為下列慧見:(1)國家結構是同時植基於對順從的內在證立以及迫使屈服的外在工具,(2)而這兩者之間存在著直接的關係(1958:78)。迫使百姓屈服的工具通常包含〔一套〕潛在的順從規則,韋伯稱之為「支配(domination)的原則」。

我們可以將這些支配的原則或規則,想像成當一個人企圖去控制其他人時,所採行的規約性互動規範,或是用哈伯馬斯(J. Habermas)的術語來說,是一種溝通的標準(Habermas 1979)。在韋伯看來,這些互動的規範是用來將例行程序制度化,使之〔形成〕政治組織。而這種說法被認為是一種解釋學上的循環:順從的規則乃作為產生「常態的」組織通例之用,但這些通例卻又用來證明在通例背後的原則〔確實〕存在(Bernstein, 1983:131-39)。舉例而言,現代西方的政治結構乃是植基於法律的原則,而眾所周知,政治領袖亦宣稱他們只依據法律行事,藉此以合法化其權力施行。

韋伯相信支配所能立基的原則為數有限。雖然在筆者看來,對《經濟與社會》細加研讀將會發現更多的〔原則〕,但韋伯認為〔支配的〕原則僅有三類(1968:954)。事實上,關於此數目的重點,並不在於它是三類、四類抑或五類,而是在於其他的原則並不妥當。

---

③關於韋伯政治社會學最簡明的討論,是《政治作為一種志業》(Gerth & Mill,1958)。至於更深入的討論,可參見《經濟與社會》,1968。

統治者在採行某一原則，或是結合某些原則時，只有很少的選擇，這是因為支配總是建基於既存規範的互動過程中。只有在此脈絡之中，韋伯的合法性（Legitimacy）概念才是重要的。在特定的歷史脈絡中，某些支配的規範不但是不適當的，甚至是無法想像的。關於此慧見的妥當性，沒有人比傅柯（Michel Foucault）在《紀律與懲罰》（1979）一書中，說明得更清楚了。當他對專制時代的歐洲，潛存在拷打與死刑之中的權力原則加以描繪時，〔我們所見到的是〕目前所無法想像而且當代已經無法用以支持懲罰〔的合法性〕的原則。誠如傅柯在國家的懲罰中所論述的一般，韋伯所主張的更為一般化：不同的原則就邏輯上言，暗示著不同的組織性慣例；而不同的組織性慣例產生不同種類的人格型態與組織風貌，而人們就將這些〔既存類型〕拿來充填以構成其人格特性④。

〔於是〕，這些與日常生活常態通例密切相關的支配原則，就提供我們一種理解政治事務的方式。支配的原則提供了統治的典範（借用孔恩的術語），其中含蘊著〔整套系統的〕根據所在，它不但可引導著實際的行徑，它亦可引導著〔那些〕我們所難以想像的世界觀〔的開展〕。

二

雖然韋伯關於政治組織的理論相當卓越，但當他將它應用到中

---

④如果我們將季爾慈對Nagara的權力〔運作〕的分析，以更一般性的辭彙來描述，則我們也可以得出類似傅柯及韋伯的結論。

國時，卻犯了個根本的錯誤。在早先的兩篇論文（1985, 1988）中，筆者已經指出傳統中國與從古代以來的西歐，在支配的原則上，有著顯著的差異。韋伯則主張它們在古代是相同的，認為在這兩個文明區域中，父權制凌駕在一切之上，而成為支配的基本原則。韋伯進一步主張，只有到了後世，西方的支配原則才從父權原則轉變為法律的合理原則。韋伯認為父權制在中國根深柢固，一直持續到現代。

筆者認為由於韋伯缺乏對中文文獻的熟稔，〔只得〕以他對古代地中海文明的深厚學養來彌補其缺失，以致造成種族〔中心〕史觀上的偏失。他一直將其關於地中海文明的歷史理論套用在中國之上，同樣地，他亦相當程度地將它應用到所有先於現代的社會之上。他相信所有這些社會都只是相同的支配原則（父權制）的變化罷了。然而，筆者在行文中指出，在西歐與傳統中國的父權制可說是兩個截然不同的現象，而且由於某些原因，韋伯自己也是承認的。

韋伯比他同時期的人更瞭解，西方的支配原則及相應的組織結構，相當程度是由救贖宗教及超越的絕對〔存在〕所型塑出來的。終極意義常在當下互動範圍之外，而存於某些超越的絕對〔存在〕（不論是上帝抑或是自然法）形式之中。因而，西方的組織結構必須植基於此事實之上。國王與教皇、法官與神父，甚至有時父親及丈夫，都須基於他們對上帝意旨或人類社會的法則具有淵博的知識，才能要求他人服從。而這些人所建立的合法性以及相應的組織結構必然是植基於〔那些〕終極價值〔之上〕。

然而，中國自有歷史記載以來就不曾產生過救贖式的宗教，〔中國人〕不相信超越的絕對〔存在〕，亦不〔接受〕現世之外的終

極意義。職是之故，筆者認為中國的父權制，以及基於此父權制而產生的制度基礎，在許多方面都與在西方所產生的比較性概念以及制度，有所不同。在中國，支配的原則乃植基於角色與角色之間的和諧關係。以宇宙論的詞彙而言，基本的角色組是天、地、人之間的關係，每一部分均需滿足其「本性」，以便使得世界合乎秩序。同樣的原則亦有效地應用在人的世界中，於其間每個人都必須滿足其角色關係；父子、君臣、夫婦，沒有人能免除生活中他所應盡的責任。在區別行動的辭彙中，如果將對死者持續進行的責任含括在內，我們會發現，〔在中國〕沒有社會互動〔關係〕之外的責任存在。

　　如果韋伯對政治組織的一般性理論，以及筆者對其理論應用到傳統中國上的限制，都能成立的話，則傳統中國的政治結構應該能反映此事實。筆者將在下文詳細說明此點。〔於此〕，筆者提出兩個可檢證的命題如下：(1)筆者認為上文所述韋伯關於政治組織的理論是正確的，而它可依中國的例子來檢證；(2)筆者認為支持上述檢證的，乃是覺察出在傳統中國與西歐間的支配原則有所不同。

　　〔然而，〕中國的例子如何用來檢驗韋伯的理論呢？如果韋伯的理論是正確的，組織結構是由支配原則所型塑的，則不同的原則應導致不同類型的組織。韋伯經由對照傳統與現代的組織（這是在世襲國家與科層國家間的典型比較），視為當然地勾勒出此命題的妥適性。然而，如此的比較是不足定論的，這兩者間的差異亦同樣地可用工業化或是一群伴隨現代性〔而存在〕的要素來解釋，〔並不必然肇始於支配的原則〕。僅管韋伯理論有上述的問題，我們仍須嚴肅地檢視其理論，並徹底地探究其隱含的寓意；因為，在其最

基層含蘊有〔關於〕組織的理論：所有的組織不可避免地是由現象學式的原則所型塑出來的。這些原則先於階級行動，甚至先於社會互動，而它們比技術及能力更為基本。以語言學來類比，這些原則提供了互動的句法（syntax）所立基的文法（grammar）。在此點上〔筆者〕與韋伯一致，是要提出一可應用到所有組織之上的實質理論。

　　中國的例子很有意義。韋伯錯誤地將傳統中國與西歐的支配原則及組織予以等同，如果筆者在此論點上是正確的話，則中國與西歐從不同的組織原則而發，在政治組織上應該有重大的差異才是。傳統中國與西歐的國家結構，無論在理論上或實際上，都應有著本質上的差異。

　　三

　　傳統中國國家如何與前現代的歐洲國家有所不同呢？如果擴大上述論點，則筆者必須假設中國的國家結構不只是與歐洲有所不同，更可說是基於截然不同的原則組合。筆者將在下文中勾勒出這些〔與西歐〕不同的組合，然而，筆者在此應指出，雖然有些論文稱得上是透徹而精闢的歷史研究，然而，在既有討論中國國家的文獻中，卻鮮有足以幫助筆者建立假設者。

　　事實上，論述中國國家的〔既有〕文獻只歸結出下述的結論：中國的國家〔逐漸〕接近於西方國家的形式。韋伯曾將中國的國家結構稱為「世襲的官僚體制」，是一種與西方所發展出的科層制具有明顯類似性的科層制原型（proto-bureaucracy）（1968：1047；

1951）。其餘對中國國家加以詮釋的學者，大多亦將從西方國家結構中所發現到的一些形式，拿來與中國的情況類比。

以西方觀點來看中國國家由來已久。啟蒙時代的思想家，諸如伏爾泰（Voltaire）及萊布尼滋（Leibniz），均將中國國家當作啟蒙理性的最佳模範，視之為以非人情的考試制度所任命的官員，所構成的真正公民科層制度。沒有多久，隨著法國大革命的思想餘緒，黑格爾與馬克斯將孟德斯鳩（Montesquieu）視中國為專制政體（despotism）的原型的觀點加以擴充；在他們看來，中國並沒有封建制度及專制主義的內在衝突，而西方才剛擺脫這兩者不久。雖然〔在他們之後〕理論經過了相當的發展，然而時至今日，從伏爾泰開始的科層制詮釋觀點，以及從孟德斯鳩開始（經由黑格爾與馬克斯而強化）的專制政體詮釋觀點，依然是理解中國國家的兩個標準。

當代最常見的觀點是如同韋伯般，將傳統中國國家視為科層制的一種類型，〔而認為〕某些部分仍很原始粗糙，有些部分則又相當成熟。楊慶堃（1959），瞿同祖（1962），華特（Watt 1972）及其他人，均依循著韋伯的概念，分析中國政治體系中，人際〔關係〕的缺失，而〔認為中國〕未能達到西方非人際化的效率標準。因而，從這個角度看來，如果西方是〔充分〕科層化的，則中國〔在程度上〕尚不及此。

另有一些學者（諸如墨子刻1973）則主張中國國家〔體制〕，是相當合理而有效率的科層體制。墨子刻檢視明、清鹽業的專賣制度，發現〔政府的〕財政政策是相當合理地制定，且很有系統地執行。他進而發現法律與規章的安排減少了官員貪汙腐化的機會。

　　從另一不同（但又互補）的角度看來，中國則為絕對君權、甚至專制的國家。此詮釋觀點用在元代以來，尤其是在明代初期以後特別具有說服力。許多學者認為至少在南宋末年之前，中國的官員具有相當的獨立性；然而，到了蒙古入侵後，皇帝對官員及社會的經費支出，掌握了更大的權力。這其中，則以韋特伏高（Witfogel 1957）的觀點最具影響力，且最有批判力；當然亦有許多精明的學者作了類似的判斷（Mote, 1961）。這些分析者大多將焦點集中在明太祖身上，朱元璋廢除了宰相職位，並處決了一些企圖修改他的旨意的部長。自此之後，一直到1911年民國締建之間，此種詮釋均可合理說明，皇帝如同獨裁君王般，可任意並專制地統治國家。

　　在上述兩派詮釋觀點中，分析者使用西方對於國家結構的概念來描述中國國家的屬性。舉凡科層制、世襲科層制（如同羅馬帝國般）、專制政體、獨裁政體等用來描述國家結構的本質特性之概念；以及皇帝、統治者、科層人員、官員等在帝制政治組織中主要的角色，在使用這些概念時，隱含有對歐洲與中國的政治結構，作不公平的比較〔的企圖〕。這是因為這些觀念本身乃是產生於對西方國家的描述，故而，比較時所能顯示的，只是中國系統的「不足」（諸如不合理、無效率及專制性格等）。

　　季爾慈〔的觀點〕是否正確？用西方概念及未經反省的態度來分析非西方社會是否恰當？從西方社會所導引出的概念有其在西方歷史發展中的特殊意義。這在其他地區能具有相同的意義嗎？基於筆者以往對中國社會的檢視（1984,1985,1988）。筆者堅信季爾慈〔的觀點〕是正確的：西方的概念在應用到非西方社會時，常導致無法確認且誤導的結果。

四

西方國家是什麼模樣？如果我們想將潛存於所有西方社會中的共通特性加以勾勒出來，以便與其他地區的政治秩序加以對照，則這些特性是什麼呢？〔為方便分析〕我們可將西方的政治結構簡化為下列兩個特徵：集中化的權力觀念以及行政性的政治組織觀念。

在西方，甚至是在古代，其政治結構乃固著於象徵性的中心，政治權力乃由此向四方擴散。亞理斯多德在其《政治學》一書中，用他在希臘城邦中所見到的城邦、君主、貴族，以及其對各別政治團體的幸福所產生的效果，來描述上述的政治中心。羅馬的共和時期以及後來的帝政時期，更進而將作為統御結構的國家予以系統化。最初的元老院以及後來的皇帝，這個中心成為所有指揮統御的象徵性來源。服從中心的權力（「凱撒的歸凱撒」），以及羅馬公民對此權力所具有的自由程度，均羅列在羅馬法中。經由此更進一步的系統化，國家以及其作為中心的特徵已然成為一不可動搖的立法原則。藉著法律基礎，西方國家有著許多發展的方式，安德森（Perry Anderson 1974a,1974b）的著作中有著極好的說明，〔無庸筆者多論〕。然而，西方國家所有各式各樣的發展，均植基於上述的中心論觀點，表現出如同韋伯（1968）所描繪的「支配的組織體系」。

韋伯正確地將西方國家的支配體系分析為行政的結構（administrative structures）。行政國家的設立乃是用來強化中心的命令，並徵收維持此體系所必要的收入。行政結構憑藉著政治中心而得到合法地位，以宣稱獨占命令與指揮的最終權利，同時亦獨占著在其管轄

區域中武力使用的權利。即令發展到了現代，西方國家仍保留了這種基本的組織形式。

為行文討論方便，讓我們以最常用來表現西方社會的各種組織結構的圖表（這種圖表乃是用線條與方塊所組成），來想像這種行政結構。從筆者以前的論述（1984）中，我們可將在如此的組織中的支配原則描述如下：在此組織圖頂層的人，不論其為總裁、經理、指揮者、領導人，可基於其意志而發號施令。不論領袖是好是歹，亦不論其號令恰當與否，他們依憑其職位而統領，原則上由上層所發出的號令，會影響到下層人員的行動。當然，我們都知道，不論組織是大是小，上層的命令能否會為下層所遵行，是值得爭議的；然而，我們如同韋伯般，將它視為科層制無效率的一面，或〔把它當作是〕在科層人員間，自我利益的發展。

從上述對西方國家的見解中，產生了常被用來描述中國國家的一些概念：諸如科層制、官僚人員、官員、統治者、皇帝、帝國，甚至「國家」一詞。所有的這些，均是由關於政治組織及國家合法性的中心主義者的觀念所導引出來的，但在中國的情況中，卻正足以「重行」對這些觀念加以檢視。在筆者看來，這些觀念在中國的政治組織中，是站不住腳的。

五

中國的政治組織應與西方國家上下層級的關係有所不同，〔在我們思索時〕，應使其順應中國人對權力與服從的見解，對中國人而言，和諧與秩序是其首要的原則。用更具體的辭彙來說明，中國

對支配所抱持的現象學式之標準乃是植基於「孝」的觀念，〔當然，此處所指的「孝」，乃是廣義地指稱：對應於特殊的角色組合⑤，人們所應服從此角色所界定的義務〔事項〕。為了使世界和諧並具有秩序，每個人都應依其角色而履行其義務。沒有人能免除這些義務項的履行〔責任〕，即令是天子，以其「天之子」的角色界定，亦有其應盡之義務。

從此「順從職責」的觀念出發，我們要如何重新思索中國國家的觀念？在繼續分析前，在此必須強調，筆者絕無意說皇帝或官員從不下達命令。在權力施行的不同位置上，人們例行地運作著，權力本身並不是問題所在。問題毋寧在於如何將〔關於〕權力及在結構與組織〔層面〕所顯現出的現象，予以現象學式底概念化〔建構〕。於此，筆者假定中國人關於權力的概念化建構，並非植基於握有權力的人的絕對意志，而這在西方乃是國家權力之基礎所在。相對而言，〔中國人的權力觀〕乃植基於為達成秩序而在和諧中運作的角色項，以及由禮所界定的角色關係。

從這個角度看來，中國的政治組織最好被理解為，是一系列具有自主性的角色，被制度化地安排在不同的層級上。為釐清此種組織的類型，我們可用西方的學校組織與其相較，這是在西方社會所能見到，結構上具有相似類型的組織。將中國國家與西方學校相提

⑤本文最困擾（事實上也是值得爭議）的面向，在於筆者採用了西方的角色理論的觀點。筆者懷疑在援引此概念時，是否已在某些地方誤解了中國的情況；然而，正如同其他的理論術語一般，筆者注意到角色理論對中國的情況而言，具有可比較性及一般性。即令如此，此處提醒之詞仍屬必要。

並論並非無的放矢之舉，因為對儒家言，教育的理念是其核心所在。

學生、教師與行政人員形成了不同的範疇，在不同的範疇中，適用著不同的規律與法則。理論上，在學校系統中，行政首長並無明顯的管道〔直接〕號令學生。相對而言，每個人在其各自範疇中完成其職責，這些職責畫分清楚，雖然互補但仍各自獨立。學校系統的核心是學生而不是行政人員；理想中的教育系統只為學生的福祉而運行；而理想中的行政人員及教師皆是為學生教育的目標而服務。當然，在學校中依然呈現出一種支配的系統。行政人員當然會影響教師，教師也當然會影響到學生，然而，此支配的系統並非行政主管〔個人〕意志的展現，而是產生自受教育者的需求，是由學生自身以及教育過程而發的。

筆者稱此種政治組織為「身分層級」（Status hierarchy）。此組織是由具有層級化排列的角色組合所構成，這些角色組合大體言是自我維持的，而並沒有與明顯的命令結構有所掛連。關於此種組織的類型，中國人有著很多例子：例如象牙九連環，每一球體中又有一自由轉動的球體；又如家具盒組，每一盒子中又有一更小的盒子。在外面者包含了裡面的，但又不直接地與之接觸。

圖一　傳統中國國家結構

皇帝（使天下和諧）
官員（使中國和諧）
父母及丈夫 （使家庭和諧）

圖二　近代中國的身分層級概觀

分　　　　位	禮	權　　　勢	中　間　人
皇帝 （天子）	順乎天理	糾正官吏行止並建立合諧	宦官、宮僕奴隸、皇親國戚
身　分　間　隔			
官	忠　君	教化百姓並懲治惡行	胥吏、衙役、師爺、鄉黨
身　分　間　隔			
平民百姓 士、農、工、商	孝順父母侍奉夫君	教育（以及處罰）妻子及子女	家僕、長工、親戚、中人
身　分　間　隔			
外人 外國人出身卑微者、宦官、衙門差役）	夷狄、或非倫理的行為	不具有合法獨立的權勢	無，但本身為其他分位者當作中間人

　　筆者用上列圖一，以一種簡單化的形式，描繪出具有〔各自〕
功能而又有自主性的方格組系統，以象徵中國的政治系統：這種身
分層級的觀念，對應著近代儒家對政治團體組成的分類〔方式〕。
在儒家的分類中，有著四種主要的位分（Status Position）其中只
有三種與上述中國政治團體的方格組觀念相對應。這四種位分乃是
皇帝（天子）、官、百姓及外人。

　　筆者將簡要地將這四種位分分別加以說明，並以上列圖二來表
達其〔分際〕。然後，再進一步分析此方格組的政治組織體系的制
度化〔程序〕。

1.百姓

　　中國政治組織的象徵中心並不是統治者，而是人民。百姓身分地位的分類常被視為是階層化的描述〔按：指四民〕，然而，我們應將之視為人群所畫分出的特定職業角色，這是維持一個有秩序的社會所必需的〔安排〕。四民乃指士、農、工、商。

　　這四種身分有著許多層級上的安排，有人強調它類似於歐洲封建制度中的階層制度（estate system）。然而，這種見解並不恰當：一方面階層制度限制了個人身分間的流動，並在法律上明定其地位；另一方面，在近代中國，百姓在身分地位上的不同並不代表〔階級〕流動上的限制，而只是設定了關於這些角色在道德與行為舉止〔上的儀節〕。傳統中國，無論是在理論上抑或是實際上，百姓可以改變其角色；然而，〔一旦〕扮演某種角色，則就有特殊的行為方式以及特殊的活動〔範圍〕。

　　四民各自的角色都有更進一步的標定，僅以農民為例，他們在行為舉止之際，常需思慮是否符合其〔身分與〕生活〔方式〕。然而，不論百姓扮演四民中的那種角色，一般人均要求他們在基本的生活原則上中規中矩，其中尤以家庭義務中的孝順父母，以及（妻子）侍奉夫君為要。未能滿足這些基本要求的人，其人性本身就是值得懷疑的。

　　在歐洲，國王的法庭具有對貴族及平民的司法權，然而，在中國，理論上每個身份團體都是自足〔地運作著〕，每個人的行為舉止，都以其角色的分位所隱含的道德性為依據而發。官員以及皇帝本身，只有在遭遇重大變故時，才能合法地（legitimately）干預百

姓之事。百姓是直接地受到父母親以及宗族長者的節制，不論父兄或宗族長輩是否在宗族會議之中，均可有所裁決，而合法地懲罰百姓（中國古諺云：「國有國法，家有家規。」）在宗族團體控制範圍之外，百姓在其身分團體所扮演的角色中，是受到內在於此角色的機制所節制。農民有其村落大會，而村落大會在中國的南方常常與宗族團體有所重疊。工匠與商人組成行會以及地域性的聯合，而行會可對其成員加以節制管理，並對違犯者加以懲治。只有在爭議相持不下，內部無法自行解決時，才會上衙門訴求官員來解決。官員針對百姓的訴訟，通常是基於其對道德原則的破壞，而予以排解，甚至加以處罰，如果是家庭案件，官員就援引親屬原則以及宗族規章〔來裁奪〕；如果涉及商業行為，則官員可能針對其所違背行會規章的部分〔來判定〕。

下述在思想上常引起的爭辯，可說明百姓及官員在身分上的關係，以及一般身分角色的本質。此爭論在於，對官員而言，〔在忠孝不能兩全的情況下〕，究竟是應對君主盡忠，抑或是對父母盡孝？雖然學者與官員對此問題有各自的意見，但對我們的論述而言，何者優先並不重要。此處的重點毋寧是，在不同的身分地位，以及各別角色的不同道德本性間，存著〔不一致的〕差距。在傳統中國，官員在居父、母喪期間必須辭去官職（成為百姓），部分地消融了官員在家庭與政府間的角色衝突，而完成其對家庭的義務。終極而言，作為一個百姓乃是中國人最基本的地位，是其社會文明的必要基礎，也是其他政治秩序所環繞的中心所在。

2.官員

官員佔有第二層的位置，在道德領域中，介於皇帝與百姓之間。
在此領域中，中國的官員並非西方意義下的行政人員，而是扮演著
教化者及仲裁人〔的角色〕，本身就是百姓效法的模範。由官員數
目不多的事實，亦可證明此點；中國的官員數目不像西方般〔隨著
行政功能的擴充而〕增加。

1899年編的《大清會典》中，羅列了兩萬名公職官員（Schram
1985：70）。當時的人口數通常是以四億五千萬人計。這意味著在
人口比例中，每兩萬多人才有一個官員。當然，眾所周知，傳統中
國的公眾職務常是由官僚體制底層人員所執行。然而，即令我們將
這些官僚體制的底層人員也計算進去，官員的總數仍相當有限。Bastid
用許多人計算的結果，估計這些底層官僚人員的總數約為一百五十
萬人（Schram 1985），而這其中包括了差役、胥吏、師爺、僕役
等人都在內。將此數目加入兩萬名官員一併計算，每一萬人中仍然
只有三名政府的公家僕人，離歐洲〔行政體系〕的標準仍相去甚遠。

歐洲相對的情況如何呢？法國在1665年時，人口總數為兩千萬，
而國家官員有四萬六千人。這意味著每五百人中就有一個官員。十
八世紀中，在法國大革命（1789）前夕，法國人口總數是四千萬人，
而科層官員（包括小城書記及城門守衛在內）有三十萬人。這意味
著每一千人中，有七點五人是受政府支薪的雇員。從十九世紀開始，
國家雇員的比例急速增加，因此到了二十世紀之交，歐洲國家在每
千人中，有著二十至三十名政府雇員。

上述數字足以顯示，中國官員並非以完成皇帝命令為職志的行
政人員。相對而言，官員們為皇帝服務之處在於〔將自己〕當作道
德模範，並教化百姓。在儒家的經典，以及後來的注疏中，對於如

何有資格擔當此職務，以及如何〔適當地〕扮演此角色，有不計其數的討論。此處的重點在於指出，在中國人的觀念中，官員角色〔所具備〕的功能性，是產生自其深奧的倫理、道德內涵。原則上，官員的位分需要眾人之中，道德水準最高者〔來擔任〕。這不是西方意義下，從功能性〔的角度〕來看待的科層官員。

正如同在百姓的領域中一般，理論上官員的領域亦與其他領域分離而自我運行。官員與百姓的領域間有段區隔，事實上百姓與官員的位分間的流動相當有限；然而，官員的領域卻與皇帝離得更遠。官員不可能成為皇帝，即令在皇帝失去天寵時亦不例外。百姓尚可想像經由一系列的考試，證明其道德才能，具備能力而被任命為官員為皇帝服務。在任命之後，官員經由某些禮儀程序，公開地宣誓對皇帝効忠。

除可與其他身分地位有所分隔外，理論上官員的角色具有某些獨特的自我維持特性，以便達成和諧與秩序。官員的責任並不像歐洲國家般地統治百姓。相對地，界定他們職分〔的標準〕乃是忠君；在中國體系中，這意味著他們必須成為模範式的領袖，立下百姓所期待的道德標準，並將在「中」國的情況下，提供皇帝〔各種〕資訊及建議。

當檢視建立於官員間的監察體制時，我們會發現這是設計用來控制官員自身的制度，讓他們克盡職責並能忠誠而有操守。中國人從未想要建立一個擴充君王權力直抵地方社會中的制度。

明太祖與雍正是一般認定，傳統中國最專制獨裁的皇帝，他們都以設計規約高層官員行動的方法而著稱，而完全不是因為他們企圖控制百姓。明太祖甚至限制縣官留在縣城中，嚴禁他們下鄉擾民。

雍正改善並廣泛地採行宮中奏摺制度，讓官員能秘密地上奏揭舉其他官員的貪汙腐化。誠如研究此課題的權威吳秀良所言（Silas Wu, 1970:117）：「對滿清政府而言，政治控制的主要面向在於控制高階官員。」這種設計是配合「中國百姓自己的價值要求，認為政府〔應〕滿足其責任」。尤有甚者，誠如墨子刻（1973）所言，節制官員行為舉止的規約機制〔的適用範圍〕，是僅以此身分的人員為限的。這並不屬於適用於所有人的一般法律架構，而僅只是針對此特殊的身分團體而發。簡言之，西方觀點中的國家體制是以行政國家的模態著稱；然而〔對中國而言〕，國家體制最好是被看作為不同階層及運作程序的架構，以及產生自治的身分團體的規則。

由於田賦徵收的收益，使得官員具備了很大的自我維持〔的空間〕。他們個人並不依賴皇帝所發放的薪資〔過日子〕；相反地，整個官員的薪資與補給系統乃是由官員經手處理的。筆者於此順便想到的是：官員利用維持國內平和的職責，以及利用國內平準、均輸的穀倉制度，而從穀物稅收中獲利。

3.皇帝

「天高皇帝遠」一語，正象徵性地道出了皇帝在中國政治系統中的位置。皇帝被稱為「天子」，作為天子，他必須知「天命」。與其他團體相較，皇帝乃是順應天道，他所負責的領域乃是「天下」。皇帝最重要的義務包括了他個人的祭天儀式，皇帝每年在天壇舉行兩次的祭天大典。因此，可說是與上天最親近的人，執行人對上蒼所具有的義務項，占據著構成中國政治團體最外層的角色。

這個位置有著許多具體的表徵。皇帝對於非華夏之外邦人的所

有事項，都負有責任。納貢制度就是其中一項，另一例子則是對外政策的控制（包括邊塞的糧餉等）。我們也可以在空間上的安排項中見出〔皇帝的位置〕。與其他人相較，皇帝總是高高在上。在宮殿中，皇帝的座位是安置在台上，而朝臣均須叩見皇帝。即令是言及皇帝或其要求時，「行文均須另起一行（擡頭），而與其他文句區分開」（Smith, 1983：33）。

皇帝的範域並非由他一人所掌握。至少在理論上，此領域和其他的〔政治領域〕一般，是獨立而自我維持的。皇宮的開銷除了依賴皇室產業外，尚仰賴由外貿、某些國內貿易（例如特許的鹽商），以及某些宮庭企業（例如陶瓷製造）等項的收益。皇帝由宮中特殊的僕役（諸如宦官、內侍、外戚等）來服侍，這些人提供皇室各種意見、文書協助以及私人服務。居於深宮內庭中的皇帝，和一般百姓及官員，除了在儀式化活動中的預定位置上，沒有任何接觸的機會。

理論上，皇帝在天、地、人之間，扮演調合者的角色。在完成這些義務時，他是替天行道。〔然而，對於百姓〕日用家居而言，他卻又如同天一般高，〔一般人幾乎感受不到其存在〕。對歐洲人而言，君主（例如路易十四）是生活中各事項及其意義所產生的中心所在。然而，對中國人而言，皇帝只存在於外在領域，〔並非百姓的生活由皇帝而發，而是皇帝為百姓的生活而存在〕，皇帝是百姓生活具有秩序且和樂的維護者。

4.外人

最後要論述的身分位置是外人。這些人雖然生活在中國境內，

但卻不被視為政治團體中的正式成員，在政治團體中不具有合法的地位。由於缺乏明確的角色〔地位〕，因而，這些人不必依從精確而預先決定好的道德原則，使得他們成為在政治秩序中，精確界定的團體身分間格之間，非常有用的特殊人物。在中國，外人成為內在角色間，很重要的中間人，可聯繫身分地位之間的間格。差使在政治團體中沒有地位的人員，可以促進身分角色間的溝通，而不致使任何一方丟臉〔或感到沒有面子〕。

外人可細分為種族上的非漢人，以及因為各種緣故，在倫理上的非中國人。後者常被用來當作身分團體的中間人；然而，當作中間人的，不只是倫理上的非中國人，從馬可波羅以來，許多外國人都扮演此功能。這些人被歸類為「賤民」，意味著某種形式的異端，或是完全不值得敬重的人。賤民中包括奴隸、宦官、娼妓，以及諸如盜匪、叛亂者和衙門差役等半繼承性的職業。這些人沒有資格參加公職考試，〔相較而言〕所有百姓不論其職業或生活條件〔為何〕，都有參加考試的資格。如同非漢人般，賤民並不遵從中國式的生活方式，並且可以不依從全然中國式的態度而行動。上述兩項特性，使得他們不受社會聲名所限圍，而能讓他們在禮儀程序無法運作時，發揮功能。

六

上述四種身分位置，在關涉到國家的運行時，是如何發揮其功能的呢？在本文最後這節中，筆者將簡要地檢視涉及傳統中國權力的制度化〔過程〕中的一個面向：關於秩序的合法性基礎及其媒介

所在。為了使中國政治體系的特徵更加醒目，筆者將從與西方國家結構的對照開始著手。

　　如果中國的〔政治〕體系是基於中心主義的政治權力觀，則我們可以預期皇帝將會施展一行政結構，並安排一官員體系，以代表皇帝，依其命令來管理百姓。讓我們以「命令結構」來稱呼這種組織權威關係的方式，而以「行政科層制」來稱呼由這種命令結構所產生的組織類型。

　　在筆者看來，用這種詮釋〔方法〕來說明中國的政治組織，是誤用了西方的理論。中國的政治組織最好被視為一個身分的層級。它表現出「身分結構」而非〔西方式的〕命令結構。在西方，權力是含蘊在命令結構中，是在行政裁決及在此裁奪中對命令負責的個體之間，所界定〔出來的〕。於是乎，據有權力的位置，人們就有權利將其意志（在特殊職位所限定範圍中的），於其裁決權中，加諸他人身上。相對而言，〔這種情形〕在中國只有在糾舉不當的行為舉止時，才為〔社會〕所接受。

　　在中國，這個糾舉更正的關鍵見解，提供合法的基礎，讓人們在系統中的各個位置，得以指引糾舉他人的行為。這個觀念在明顯的地方就可見著，「政治」一詞本身〔就是個例子〕。「政治」一詞與〔西方〕所熟知的「管理」（government）有著不同的意義。「政」意味著糾舉更正行為，使之正直，使之符合儀節。「治」則意味著治療、醫治。「政治」用來描述中國的權力系統意味著，權力擁有者自身必須奉行正確的行為儀節，並糾舉不合禮儀者，使之合度。

　　換言之，權力並非由命令產生，而是發自於服從順應。謝和耐

（Jacques Gernet）及Bastid認為對中國人而言，「『管理不是命令或強迫，而是節制，以維持和諧與均衡』。因此希臘人對政治權力所採行的定義——限制性的權力（kratos），與中國人觀念中的管理——治（意味著節制、治療、治理，而尤其指著治水一事），實在是南轅北轍、毫不相涉」（Schram, 1985：xxxi）。皇帝是順著糾舉與治療而來治理，並非如同歐洲般，憑藉制定法（positive law）〔所賦予的合法性來管理〕。

中國皇帝雖然不是法律制定者，但卻頒佈詔旨。然而，Leon Vander Meersch（Schram, 1985）對類似西方意義下的命令的皇帝詔令加以分類，指出中國皇權決策的範疇「決非指涉制定法；（它們）乃涉及自然的基本法則，而這些自然本性即為治理所遵行的正確行為的模型」。皇帝聖旨的中心立意，並非依循法律而發，而是依著對模型與標準的採行而推演出來。下列重要段落（Schram, 1985：13）中，Vander Meersch將西方對法律的觀念，與中國對禮儀秩序的觀念加以對比，他指出：

> 禮儀秩序是全然不同的。在此秩序中，社會關係是以禮為模型〔而建立的〕，其中禮又是事物之「理」（原則）。只有與這些事理相一致，宇宙才能和諧地運作。一旦禮受到敬重，社會中就充滿著和諧，每個人自發性的行為舉止不但符合自己〔的身分〕，亦能與他人相配合………權威者說服人們行為合乎儀禮，並遵奉祭祀的儀式；居上位者以其尊貴地位，以身作則〔教化民眾〕。這也是為何最重要的敕旨，總是關涉到祭祀慶典儀節的，以及涉及達官貴人者。在位者抱持〔天〕道，於上述

情況中，只須要決定他人所當效法的行為〔模式即可〕。這取決於他們在層級上所處的位置，而其餘的一切則各有所分。總而言之，中國人總是持續著他們的方式：主管者不干預下屬的事務，而下屬受上司德行之影響，將會自發地配合社會秩序的規範而行。

中國用來指稱法律之詞——律，是指音律和諧的規則。正如同某些音節與樂調的和諧，是和聲秩序的基礎一般，律也正是社會秩序的基礎所在。

中國的政治體系是植基於糾舉治理，而非〔西方式的〕命令或行政管理。然則，此系統如何能制度化呢？誠如上文所述，每個身分團體均將自我規約的能力予以制度化。父母對子女負有責任，因而當他們言行舉止失禮時，父母擁有合法的權力，來管轄子女。近代中國，當子女不孝時，作父母的甚至可以讓子女受死。一般稱為「父母官」的縣老爺，在其管轄地區，對於百姓，亦有著類似〔父母與子女〕的關係。如果父母或官員失職，而令受其所管轄者偏失的行為造成公共秩序的破壞，則更高層的人員亦將牽涉進來。這將召開宗族會議以處置〔失職的〕父母與子女；官員亦被摘去烏紗帽，而受到更高的官員或皇帝的處罰。當秩序混亂的情況波及愈廣，愈來愈多以及更高層的人員都將被納入，以重建秩序，總要有人為秩序混亂持續未停〔的情況〕而受到懲治。

這種政治體系的形式，是基於〔各種〕角色清楚明確而界定完備的前提而發；原則上，權威者只有在肩負義務者不履行其職責時才被牽涉進來。由於可以立即〔清楚地〕被認定，因而，這種設計

對於維持現狀而言,是非常有效的;然而,對於從上而下、經由不同的身份團體來執行的決策,要求速度與效率,則是很困難的事。

考慮到這些情況,我們才能理解,在中國所持續發展出來,作為決策制定及聯繫不同階層間的非正式系統〔之意義所在〕。這些非常複雜的非正式系統,避開了下列兩個在中國身分層級中的身分間隔〔所造成的困擾〕:其一乃是介於皇帝與百官之間,另一則是介於官員與百姓之間。在這些非正式系統中,發展出兩種溝通與聯繫的管道:直接的方式,是允許不對等的兩造非正式的溝通;而間接的方式則是透過中間人來處理。筆者簡要地說明於下。

在近代中國,尤其是有清一代,康熙與雍正均冀求一種直接與達官貴人溝通的方法,藉此以審視在皇帝與官員間的信賴程度。在此之前,朝臣謁見及上奏皇帝僅為儀式性的,且大部分由專有所司的官員所處理。康熙開始發展一套祕密奏摺制度,讓官員直接上書而不為他人所察。這些文件被視為是對皇帝的正式致意,只為皇帝及少數宮中臣員所閱讀。追隨康熙,到了雍正當朝時,祕密奏摺體系被制度化,由宮中特殊的臣員所組成的樞機處,如同樞密院一般,閱讀那些祕密奏摺,進而給皇帝各種的建議,並將由皇帝所下達的詔書,傳遞到官員層級中適當的地方。

介於皇帝與官員間的非正式系統的第二個面向,是〔透過〕間接的溝通手段而與官員〔交換訊息〕,並傳遞文件。很久以來,皇帝與官員間的標準溝通中介,乃是出自內庭的「信使」,這在明清兩代亦不例外。信使的職務大部分是由宦官擔任,有清一代亦以內侍充任。這些中間人處理介於皇帝與官員間,各種層面的非正式接觸,尤以明代最烈。明代皇帝可以二十年不上朝,而以宮中內侍(宦

官）為其與官員接觸的唯一中介。這些中間人提供皇帝意見，起草
並傳遞給官員的詔書，如同侍衛與看門人般地為皇帝服務，〔替皇
帝〕處理皇室產業，照顧皇帝在外貿及本國商業活動中的財政利益，
管理帝國的財務，有時〔甚至〕指揮御林軍或國家艦隊。在傳統中
國的各個朝代中，這些沒有〔社會〕聲望的中間人，成為皇帝與皇
宮外的世界，間接接觸時的爪牙耳目。職是之故，這些中間人招致
官員們永無止休的仇視，而在他們的著作中一致地譴責宦官內侍的
干政。

　　這種用以避開皇帝與官員的間隔，非正式系統的形式，亦再度
出現於官員與百姓之間。誠如費孝通（1948：46）所言，「知縣老
爺是青天，高得望不見的」。即令如此，縣太爺仍例行地透過與百
姓中的士紳階層，非正式地討論，以間接地探察民情。這些紳士乃
是通過鄉試的讀書人，雖尚未謀得功名，但扮演地方清議領袖的角
色。官員與地方士紳（學者）均受過教育，具有共同的基準點。即
令他們分屬不同層面，然而，由於相同的背景訓練，彌補了在他們
之間的身分間隔。尤有甚者，學者是百姓中，唯一可以自由地進出
縣衙的人，誠如瞿同祖（1962：168）所言，「他們是唯一能代表
地方百姓，合法地與縣官討論地方事務的人，也是唯一能參與縣衙
活動的人」。雖然這種意見訊息的交換〔關係〕是非正式的，但卻
具有〔實際的〕影響力，這是因為除此之外，百姓與官員間，沒有
任何的溝通管道可尋。

　　這種介於官員與百姓間的非正式溝通手段，處理了這兩個團體
間決大部分的接觸。正如同皇帝與官員間的間接接觸一般，在此層
面上的間接接觸亦是透過中間人。費孝通（1948：47）指出：

在父母之官和子民之間有著往來接頭的人物。在衙門裡是皂隸、公人、班頭、差人之類的胥吏。這種人是直接代表統治者和人民接觸的，但是這種人的社會地位卻特別低，不但在社會上受人奚落，甚至被統治者所輕視，可以和賤民一般剝奪若干公權。這一點是很值得注意的，因為這是最容易濫用權力的地位，如果在社會地位上不用特殊的壓力打擊他們的自尊心，這些人可以比犬狼還凶猛。

上述中國社會中的中間人，和讀書人除外的老百姓有著頻繁接觸的機會，是社會的最低層人士。「皂隸、公人、班頭……驗屍人、獄卒、門房、守衛等」以及其他類似的職務皆為此中間人，而「差人（警察）是所有衙役中最低層的位置」（瞿同祖，1962：62）。差人的地位非常低，這種社會歧視亦擴及於他們的子女身上，這說明了他們所從事的工作，是政治系統中的身分層級所不願意從事的。假如中國〔的政治系統〕，是由明顯的命令結構所組織而成的行政體系，則上述由宦官及衙門胥吏所承擔的事項功能，應該是交付在眾人中值得敬重者的手中。

七

〔雖然〕韋伯的政治社會學是深植於歐洲中心主義的偏見中；然而，他對各類政治組織的本性所具備的洞見，提供了一個理論的基礎，令著我們能夠重新思索，在季爾慈觀念中的非西方式的政治

秩序，並將此想法予以擴充。在本文中，筆者以傳統中國的政治結構，作為上述議題的實際例證。筆者對韋伯政治社會學所作的重估，以及對中國的研究，都可說是針對這個想法所踏出的第一步。然而，在結論中，筆者必須再強調一點：這兩者相互啟迪，互相發用。理論的重建與歷史的重估，不但不是各自分離的課題，反而可說是瞭解人類〔存在〕條件的互補面向。職是之故，歷史社會學、比較社會學肩負著重要的使命。

參考書目

費孝通

    1948 鄉土重建，上海：觀察社。

Anderson, Perry

    1974a. *Passages from Antiquity to Feudalism.* London: New Left
        Books.

Anderson, Perry

    1974b *Lineages of the Absolutist State.* London: New Left Books.

Bernstein, Richard J.

    1983 *Beyond Objectivism and Relativism.* Philadelphia: University
        of Pennsylvania.

Ch'ü, T'ung-tsu（瞿同祖）

    1962 *Local Government in China under the Ch'ing.* Cambridge,
        Massachusetts: Harvard University Press.

Foucault, Michel

    1979 *Discipline and Punish.* New York: Vintage.

Geertz, Clifford

    1980 *Negara, The Theatre State in Nineteenth-Century Bali.*
        Princeton: Princeton University Press.

Gerth, Hans and C. Wright Mills（eds and translators）.

    1958 *From Max Weber.* New York: Oxford University Press.

Hamilton, Gary G.

1984 "Patriarchalism in Imperial China and Western Europe: A Revision of Weber's Sociology of Domination", *Theory and Society* 13, 3（May）: 393-426.收錄在本論文集中

Hamilton, Gary G.

1985 "Why No Capitalism in China: Negative Questions in Comparative Historical Sociology", pp. 65-89 in Andreas E. Buss（ed.）*Max Weber in Asian Studies* Leiden: E. J. Brill.收錄在本論文集中。

Hamilton, Gary G.

1988 "Patriarchy, Patrimonialism, and Filial Piety: A Comparison of China and Western Europe",收錄在本論文集中。

Metzger, Thomas A.

1973 *The Internal Organization of Ch'ing Bureaucracy.* Cambridge, Mass.: Harvard University Press.

Meyerhoff, Hans（ed.）.

1959 *The Philosophy of History in Our Time.* New York: Doubleday Anchor.

Mote, F. W.

1961 "The Growth of Chinese Despotism", *Oriens Extremus* 8, 1（August）: 1-41.

Schram, S. R.（ed.）.

1985 *The Scope of State Power in China.* Hong Kong: The Chinese University of Hong Kong Press.

Smith, Richard J.

1983 *China's Cultural Heritage, The Ch'ing Dynasty, 1644-1912.* Boulder, Colorado: Westview Press.

Strout, C.

1958　*The Pragmatic Revolt in American History.* New Haven, Conn.: Yale University Press.

Watt, John R.

1972　*The District Magistrate in Late Imperial China.* New York: Columbia University Press.

Weber, Max.

1951　*The Religion of China.* New York: Free Press.

Weber, Max.

1968　*Economy and Society.* New York: Bedminister Press.

Witfogel, Karl.

1957　*Oriental Despotism.* New Haven, Conn.: Yale University Press.

Wu, Silas H. L（吳秀良）

1970　*Communication and Imperial Control in China.* Cambridge, Mass.: Harvard University Press.

Yang, C. K.（楊慶堃）

1959　"Some Characteristics of Chinese Bureaucratic Behavior", pp. 134-164 in David Nivison and Arthur F. Wright（eds.）*Confucianism in Action.* Stanford: Stanford University Press.

十九世紀中國商人結社：陰謀成聯合？

——汕頭鴉片行會個案*

韓格理　著

陳介玄　譯

一、前言

　　現在，對於十九世紀中國研究領域的學者而言，最有意義的努力工作之一，是嘗試提出Feuerwerker所謂的：探討中國傳統經濟「有用的解剖學及生理學」知識①。雖說在這個嘗試上，已有相當大的進展，但是，對於商人以及商人組織的研究，還是不能與對市集結構與前現代之生產等主題的研究，並駕齊驅。探討商人活動的某些困難，乃在於我們僅能以不足及細瑣的原始資料，來詮釋性的重構。儘管資料不足，但是，對商人活動的估定，卻是我們借以了

＊本文草稿，首先發表於1976，在加州大學・戴維斯分校舉行的東亞研討會。承蒙劉廣京及Edgear Wickberg二位先生的評論與鼓勵，不勝感激，文中不妥之處，概由作者負責。

①Albert Feuerwerker，〈中國大陸，有關「封建制度」到「資本主義」的最近歷史著作〉（From 'Feudalism' to 'Capitalism' in Recent Historical Writing from Mailand China）*Journal of Asian Studies*, 1（Nov., 1958），p. 113。

解中國十九世紀現代化首要的研究主題。依照Murphey, Feuerwerker
及其他人的研究，中國之所以未能迅速現代化的主要原因之一是：
中國商人對西方經濟影響力的封鎖及限制②。Feuerwerker概述這
樣的情況：

> 如果說，以大量商業產品之輸入與分配，來描述外國貿易公司，
> 則將這些外國公司看成逐漸的轉換為上海及香港的經紀人，來
> 為中國已建立之商業網絡而服務，並沒有過度誇張③。

雖然，要解釋中國商人之所以成功，可以強調的面向很多。但
在某些看法上，最一致的一點，是我這裡稱之為「中國商人結社的
陰謀理論」。以整體及略為簡化的方式，這個理論可以如下陳述：
中國商人，一旦組織成行會（guilds）（公所及行會）和區域夥伴
結社（會館），即主動的將其貿易活動限制在各自商業領域內。每
個行會和會館，「獨善其身，即使是經濟的目的，也很少，或者，
甚至沒有行會彼此之間的合作」④。依照Skinner的看法，在都市

---

②Rhoads Murphey，〈通商港埠與中國之現代化〉（The Treaty Ports and
China's Modernization），收於Mark Elvin和William Skinner合編的《
兩個世界中的中國城市》（ The Chinese City Between Two Worlds，
Stanford: Stanford University Press，1974），和Albert Feuerwerker的
〈1870—1911之中國經濟〉，Michigan Papers in Chinese Studies, No.
5（1969）

③Feuerwerker；〈中國經濟〉（The Chinese Economy），p. 57。

④Edward Rhoads，〈1895—1911，在Canton之商人結社〉，在Elvin及
Skinner編之《中國城市》（ Chinese City），p. 57。

地區商人結社的「區隔化」（Compartmentalization），是鄉村地區市集結構「區隔化」的直接涵數⑤。有些地方性的市集區域會培育出某種職業及專門技術，如此，在地方共同體之外，可有更高層次的集中地來進行買賣。如Skinner所稱呼的「流動策略」（Mobility Strategies），將使得商人地方取向化，造成了在城市中，商人結社的侷限性及特殊性。這些流動策略有益於中國經濟之整合，形成傳統商人的擴張主義，保存了中國經濟傳統本質的原初形態。這樣，當西方商業進入中國國內經濟裡，傳統商人結社會逐漸包圍外來之貿易商，將西方商人逐出其已控制的企業領域。中國商人，在Murphey看來，已形成對西方商業的「抑制」（Stranglehold）⑥。而且，由於他們（中國商人）的興趣不在於建立現在「經濟下層結構」，也不想致力於「現代意義下資本之使用」（Make Modern Use of Capital），因之，中國商人仍然持續深植在其結社內，此結社之特質乃是「祕密與自由裁量」（Secrecy and Discretion）──由此二個特質，使其能接管西方貿易並將西方影響驅之於外⑦。

　　本文，利用極單純的原始資料，即以汕頭鴉片行會的審判案例，

---

⑤G. William Skinner，〈後期帝制中國的流動策略：一個區域的系統分析〉（Mobility Strategies in Late Imperial China: A Regional-Systems Analysis），收於Carol A. Smith編的《區域分析》（*Regional Analysis*），New York: Academic Press，1976）。也可參閱G. William Skinner，《後期帝制中國的城市》（*The City in Late Imperial China*，Stanford: Stanford University Press，1977），pp. 521-553。

⑥Murphey，〈通商港埠〉（Treaty Ports），p. 54。

⑦同上，pp. 54-55。

來說明十九世紀中國商人的活動，以探究中國商人組織陰謀理論的
正確性。汕頭鴉片行會個案，對此探究目的而言，是很理想的策略
點。在此審判中的論辯，可正確凸顯如下的問題：如何來解釋西方
商人被排除於中國商業之外的事實？這個個案，在1879年9月、10
月於上海聯合法庭進行審問，由二位西方商人T. W. Duff及D. M.
David，針對汕頭鴉片行會所有成員，包括七個由個人名義所組成
的管理委員會，提出民事訴訟⑧。他們控告上述行會成員違背規定
的條約，排除了西方商人在鎮江城通商港埠的鴉片分配權。雖說關
懷的主要是鎮江城之商人及其地方性條件。但這個個案牽涉到，西
方人一開始，在中國所受到的認定問題，是以引起了廣泛的注意。
另外，它也簡要說明了中國商人及西方商人，這兩個不同經濟體系

---

⑧審判的抄本可見於「北華捷報及最高法院和領事公報」（North China
　Herald and Supreme Court and Consular Gazette）〔底下簡稱為NCH〕，
　1879年9月9日，pp. 253-260；1879年9月23日，pp. 300-310；1879年
　10月10日，pp. 359-362；1879年10月17日，pp. 383-391。關於這個訴
　訟的討論也可見之於〈在中國皇家領事的商務報導（Commercial Reports
　from Her Majesty's Consuls in China）：1879〉，*British Parliamentary
　Papers*，1880（C. 2718）LXXV，pp. 214-219〔底下簡稱為USC〕；
　美國國務院，《上海美國領事的快函》（*Despatchs from the United States
　Consul in Shanghai*〔底下簡稱US. C〕），Copy No. 706，1879年9月
　15日；A. M. Kotenev，《上海：其混合法庭和市議會》（*Shanghai: Its
　Mixed Court and Council*，Shanghai: North China Daily News and Herald，
　1925）；和James Joseph Henderson，《關於中國之國際法庭》（*An
　International Court for China*，Shanghai: American Presbyterian Mission
　Press，1879）。

的承攜者，愈趨頻繁接觸的情形⑨。因為原告所論爭的，被告所回
應的，皆是關涉到中國商人結社的陰謀特性，所以這個個案之一般
細則，可用來估定我們目前對傳統中國商人組織所持有的觀念。因
此，在我徵諸目前對中國商人組織的詮釋，以評價這個個案之前，
先要簡述一下原告、被告雙方的論辯。

一

　　認識到這個案例的重要性，上海道台本人親自統轄聯合法庭進
行的程序，由中國治安推事陳維俞襄助，此法庭平常是由陳氏負責
⑩。Duff及David，透過上海英國領事，A. Davenport之鼎力相助，
將此案件呈送給道台。A. Davenport表面上代表官方行動，只是一
名觀察者，實際上，他是代表原告的一位積極角色。被告方面是由
二位英國律師R. E. Wainewright和W. V. Drummond代表⑪。參予
審判的所有人員都同意一個基本事實：西方商人於一八七九之前三
年，在鎮江城，幾乎完全被排除了對鴉片的分配權。事實上已說明，
到一八七九年，中國商人在鴉片貿易上，已得到完全的控制權。到
了顛峰狀態的情況是，每當西方商人輸入鴉片到上海，而後它的分
配權就落入中國人手裡。原告與被告兩造的衝突點，基本的關懷乃

---

⑨1879年9月23日，p. 289；1879.11.7. p. 447。

⑩道臺花了四、五個月審理此案件，針對此訴訟案情內容，他與Davenport
　彼此書信往來討論，他認為被告是無罪的，而Davenport則堅稱是有罪
　的，參閱CR；1879，pp. 216；USC. 1879.9.15。

⑪這個訴訟開了判例，得以允許西方律師，在混合法庭之治安推事前進
　行論辯。*CR*,1879,pp.216,219；*USC*,1879.9.15。

在於如何解釋這個控制權的轉變⑫。

原告很簡要的說明其處境：有一個由上海汕頭鴉片行會所策畫的陰謀，想借此排除西方人在鎮江從事鴉片買賣。這個陰謀顯然已經成功，因為就在此訴訟進行前不到一年，西方商人已拿不到鴉片。而且，在鎮江一個最大也是最成功的外商公司Sassoon，已被迫出賣其鴉片商社給這個行會⑬。這個陰謀已違反了雙方條約，因此，有理由提出訴訟。

當審問展開，對這些事件的解釋開始呈現一個廣泛的意義。依照Duff的說法：「目前的危機，對於在鎮江乃至中國其他地方的中國人，都非常重要。」⑭ 可以確定的是，這個危機是一個陰謀，是汕頭人之間的一個陰謀——在外商公司的汕頭買辦，在上海和鎮江的汕頭鴉片商，和在看管收取鴉片釐金稅的汕頭官員，等等人之間的一個陰謀。所有這些個體或作為領導者，或作為成員共同參予在這個結黨機構裡。上海的汕頭鴉片行會，在鎮江設有分行⑮。七個

---

⑫NCH,1879.9.23,pp.289-290；1879.10.10,p.360；1879.10.17,pp.386-7, 390-91。到了一八七九年，外國鴉片商比起四十年前，利潤大為降低，部分原因是本地鴉片的消費，替代了進口的鴉片。結果，外商公司普遍退出此貿易，剩下的市場留給了袄教及猶太教貿易商。CR,1879,p.219。對於中國鴉片貿易變遷情形的一般性敘述，請參考Jonathan Spence〈清代中國鴉片之吸食〉（Opium Smoking in Ch'ing China），收於 Frederic Wokeman, Jr.和Carolyn Grant編輯的《在後期帝制中國的衝突與控制》（Conflict and Control in Late Imperial China，Berkeley： University of California Press, 1975）。

⑬NCH, 1879.9.9,pp.256-260。

⑭同上，p.255。

受指名的被告，兩個是以前的買辦，一個是在上海的鴉片商，二個是在鎮江的鴉片商，二個是在釐金稅局的官員。全部是汕頭人，也都是上海或鎮江汕頭鴉片行會的領導者。被告之一，前述陰謀的領導者和行會的秘書，Likwan-chih，以前是Dent公司之買辦，後來到中國境內二個最大外商公司Tardine及Matheson[16]。僅有一個不是來自汕頭的中國商人，行會允許他有權利在鎮江買賣鴉片。他是唐冒籍（音譯）（Tang Mao-chin），一個廣州人，是上海「廣東俱樂部」的理事，上海Tardine, Matheson外商買辦頭子，也是上海釐金局經理及釐金租稅局長的助理，而他本人也經營鴉片生意[17]。依照原告說法，汕頭鴉片行會允諾唐，若能成功的調解Sassoon公司和行會之間的紛爭，將給予鴉片買賣權利[18]。

　　原告告發，不僅行會成員占據了鎮江所有鴉片貿易主要管道的位置，而且行會本身也得到清帝國政府的特許，能夠徵收所有進入鎮江鴉片的釐金稅[19]。如此，行會便有權力封鎖，所有非汕頭人的外商運送鴉片進入鎮江。這些措施的結果，依照Duff看法，會演變成：

---

[15]NCH,1879.9.23,pp.289-90,302,307-310，也請參考CR,1879,pp.214-219。

[16]NCH,1879.10.17,p.387。

[17]NCH,1879.10.17,p.386，尤其是唐Mao Chih的解釋。他是一個顯赫買辦家族的成員，請參考Yen-P'ing Hao，《十九世紀中國的買辦》（*The Comprador in Nineteenth Century China*，Cambridge：Harvard University Press，1970）。pp.172-173。

[18]NCH,1879.9.23,p.309。

[19]NCH,1879.9.23,p.309；1879,10,10,pp.360-361。

汕頭人……在自己手中掌握了整個鎮江鴉片的貿易……；事實
上，鎮江的通商港埠，已完全阻擋了外商輸入鴉片的貿易。由
於汕頭行會強大的影響力，對我們而言，這個貿易是完全封閉
的[20]。

原告指證這個行會對於非汕頭人，採用暴力行動的策略，甚至
強使西方人落入行會所設計的陷阱中[21]。Duff警告道：「傷害了一
個外國人就是傷害了其他外國人。」進行中的這些說法，會將所有
的外國人驅逐於中國貿易之外[22]。

在外商經營活動之下，有某些東西在運作———一個體系，一股
暗流，這是可驚怖的。只要這樣的地下體系存在著，我們外國
人沒有一個人能獨自進行買賣，談判也就沒有任何好處[23]。

《北華捷報》，不僅逐字記錄了這個審判，而且提供了頭頁版
面，評論它的顯著意義，並將這個個案擺在一個更寬闊的視野上來
觀照。這個審判，第一次揭露了「中國行會的內在運作」[24]。這些
事實，有一部分西方商人已約略感覺到，但很少人「會想到是有企

---

[20]*NCH*,1879.9.9,p.255。
[21]同上，pp.256-260。
[22]同上，p.255。
[23]*NCH*,1879.9.23,p.308。
[24]同上，p.290。

圖的聯合干預外商，以打擊所有健全的貿易」㉕。針對審判中暴露出來的這個事件，《捷報》說道：㉖

　　這是社會前進中，某種倒反勢力的明證，也完全說明了事情的嚴重，似已回到了中國第一次戰爭前，那種普遍的不滿，及不支持的情況。汕頭行會，在其私秘性的行動，與對外商進行的恐怖策略，以及和行政部門的關係，幾乎可以正確的說是廣州馳名的（Cohong）之再生。

　　在審判之後五個多月，上訴被駁回，《捷報》預言，對於中國行會的權力若無適當的制止，類似這些西方商人的事件，將會層出不窮。

　　真的，就粗略觀察而言，假若這些行會的藉口仍然能免於挑戰，則中國行會不會脫離任何保護傘。那麼外商公司在極短期間內，將會淪為僅僅是代理店的地位。貿易，更明確的說，即是輸入及輸出的雙邊通道，便會無限制地落入本地公司的手中。外商銀行對市場控制的最後情形，雖會逡巡些時日，也是落日餘暉終將消失於塵埃㉗。

㉕同上，p.289。
㉖同上。
㉗*NCH*,1880.3.25,p.256。

這個預測，完全吻合了Feuerwerker在本文前面曾引用過的研究結論。更重要的是，以原告及《北華捷報》用辭對結果提出的說明，都吻合了現代學者一般的解釋。秘密，排他主義，擴張主義者的特質，商人結社的凝聚力和內在穩定性，以及中西雙方經濟體互不相容的敵對——所有這些基本的成素，都可在以上二套解釋發現。而每一套出現在我們眼前的，都稱之為：中國商人結社的陰謀理論⑱。

二

原告結束其告發的申辯之後，在被告進行抗辯之前，道台向原告表示，他並沒有感覺到，他們已經確證其申辯⑲。原告和Davenport明白的覺悟到他們處境的無助，在被告論辯之前，Davenport告訴道台，他將收集所有原告申訴的文件，上訴到北京。說完，經過縣衙門離開了法庭。Duff與David跟隨他離開，「之後，沒有再見到他們回到法庭」⑳。被告律師對著空法庭提出他們的抗辯㉑。

---

⑱事實上，Rhoads Murphey和Mark Elvin，二人在其著作中扼要的討論了這個訴訟，很明顯的是支持原告。Murphey說道：「大部分證據……至少一些間接證據支持了原告……」。Elvin同意原告控訴的陰謀理論之存在，他結論道：「汕頭鴉片行會能夠杜絕見證人的嘴巴，以死來威脅那些作證的人。」Murphey，〈通商港埠〉，p.54；Elvin，〈上海國際和解混合法庭〉（The Mixed Court of the International Settlement of Shanghai（until 1911），*Papers on China*,17（1963），p.138。
⑲1879.10.10,p.362。
⑳1879.10.17,pp.383-384。

　　被告的抗辯著重在二個要點：(1)行會的存在並未構成對條約的違反；(2)原告無知的曲解了中國商人結社的本質。原告，經過上海英國領事館之手，控訴汕頭鴉片行會「打破條約」。但是，Drummond說道：「Davenport先生在庭上，從來沒有告訴我們，他指控我們違反的到底是什麼條約，或者什麼條款，對此，他沒有給我們任何進一步的資料。」⑫經過對中國與外國政府之間，在當時適用條約一番斟酌思考之後，Drummond結論道，Davenport所念念於心的條約，指的是「法國條約十四條款（1858）」，因為英國的「最惠國」地位，所以也適用於英屬人們。這個條款如下⑬：

　　今後，在中國將不會有特權的商業團體，也不會有貿易上，因要達成壟斷運作之目的，而遂行任何組織性的聯盟。凡有任何干犯目前條款情形，代表中國政府之領事，或代理領事，得以通知解散此結社。它們亦已限定任何前述禁制之存在，以掃除在自由競爭上的絆腳石。

　　在Drummond看來，這個條款中的重要語彙是「特權」（Privilege）與「壟斷」（monopoly）。

　　被告辯論道，中國行會並不是一個特權團體，在貿易上也沒有實行壟斷。為取得特權，商業結社必須接受政府的特許，亦即「經

---

⑪同上，p.389。依照《北華捷報》說法，這是新聞記者對被告抗辯的諷刺，他們是當時在家庭，除了被告律師及翻譯員之外，僅有的西方人。

⑫同上，p.384。

⑬同上。

營某種特別的商業買賣（被授予的），由此他們能夠禁止所有他人
進入這個相同的行業，以免和他們競爭」[34]。有了特權，這個商業
結社即可造成壟斷。所有的條款，包括法國條款「惟一目標在於扼
止其體系，但毫無用處」[35]

> 換言之：為了反對壟斷，條約被訂定出來。但是，壟斷是購買
> 自政府，因而附帶著擁有禁止他人參予競爭的特權。於此，他
> 們有權力要求政府幫助其施行這個禁制。沒有這個特權，而嘗
> 試要去獲得或維持其壟斷，那只是商業的空想罷了。

這一點，乍觀之下，似乎是對條約條款之良善意圖存疑，然而
卻是至關緊要的。Drummond繼續說道：因為「在世界上任何國家，
沒有說是，僅僅為了貿易目的，而單純地將資本、或資本家聯合起
來，是不合法的」[36]。畢竟，他證論道，資本家的壟斷、職業工會、
消費結社，甚至是勞工工會，「在英國的發展已是非常健全和穩固」
（Well Established in England）[37]。進而，若將條約意義擴大詮釋，
縱然如此的聯合是合法的，他們也不會以威嚇的手段來控制貿易。
可見，中國的行會是合法的，反之，英國商業團體此種行逕可能是
違法的[38]。

---

[34]同上，p.385。

[35]同上。

[36]同上。

[37]同上。

[38]同上。

可以確定的是，某些人「現在不敢運輸鴉片到鎮江，是害怕這
個行會」。「然而，害怕這個行會什麼呢」？為何要無知的中
止在未來和他們的交易的機會？而且，就商人而言，會形成行
會的，都是那些最大的買主，在經營策略上與其反目，是不聰
明的作法……，任何人能說這種情形是不合法的嗎？是打破了
條約規定嗎？

接著，Drummond提出，「若我們注意原告支持其控訴被告的
所謂『證據』，會發現用以證立這個訴訟的，竟是出之於無任何重
要性，無任何明確性的聲明」[39]。如此，被原告指控的「壟斷」，
事實上僅僅是一種聯合，被告持有的既非是特權，對原告亦無施以
超乎商業利潤競爭規則之外的威脅。被告第二個主要論爭及抗辯的
要點如下[40]：

現在必須談到的一個最重要事實，而且在相當程度上能改變這
個訴訟的整體複雜性……，亦即：所謂「汕頭行會」，根本不
是行會……，但是，似乎在各方面的論點上都是如此認定。至
少，很明顯地，原告的申辯即是如此。他們認為，在上海有一
個汕頭鴉片行會，那是為掌握買賣，壟斷之目的，而形成的一
個鴉片貿易商之緊密結合……，這是完全錯誤和無稽的假定。

---

[39] 同上。

[40] 同上，pp.385-386。

　　被告律師宣稱,原告已完全誤解了中國都市結社的本質。首先,汕頭行會並非是一個行會,而只是一個會館,是惠來會館㊹。這個會館在上海擁有二萬到三萬個成員,不是只有鴉片商。鴉片商只占二百到三百個成員,另外,還包括其他各行各業的人,甚至有未被僱用的行商㊸。成員的資格並不是對汕頭地方的所有人們開放,而是只包括汕頭地方的潮陽和惠來二個區域。環繞著汕頭六個其他地方的人們,有一個屬於他們自己的會館㊽。這兩個團體,前者已組織成結社。但來自於潮陽及惠來二地的人們已脫離了這個組織,而組成自己的會館,現在與其他的組織及結社,已無任何聯帶㊼。會館本身無論如何也不會去控制鴉片買賣,或任何其他貿易。也沒有強制性的規約可去管理其成員的生意業務。它畢竟只是一個社會性的俱樂部,是上述二個地區的人民,為了保護自己的貿易,增進彼此的互助及娛樂等目的,而組織起來的團體㊺。

　　無論是在汕頭,或在上海、鎮江的所有鴉片貿易商,都沒有正式的行會組織。行會條例,原告藉以支持其控訴的部分,並沒有見

㊹同上,pp.385-387,為被告律師視同於「Cheao Wei Club」。

㊸同上。依照被告見證人唐冒籍說法,會館「有買辦,受僱於外人的侍從、船伕、苦力,及其他各色各樣人,貿易商在裡頭是少數」,同上,p.386。

㊽這個結社與Chov-chov人的俱樂部是同一個,何炳棣認為即是潮州會館,1783年在上海組成。何炳棣:中國會館史論(Taipei,1966)p.49。

㊼NCH,1879.10.17,pp.386-387。依照何氏(中國會館史論,p.49)看法,於1839年分裂。在1886年原先會館的其他分支形成,即揭普豐會館,由那些來自於潮州縣的揭陽、普寧、豐順等地區的人民所組成。

㊺NCH,1879.10.17,pp.385-387。

之於上海鴉片貿易商[46]。被告見證人唐冒籍指出，事實上，這些條例在上海「並沒有實行」，僅能夠說，已引起鎮江鴉片商的注意而已[47]。被告一方繼續指出，甚至在鎮江的鴉片商也沒有鴉片行會。他們有的只是會館，而他們的會館可以說是「廣州—汕頭俱樂部」，這兩個區域所有的人們，不管其職業如何，皆可加入[48]。像這樣存在於鴉片貿易商之間的合作，僅能限於利用非正式的方式來達成[49]。

在鴉片貿易商之間的任何結合行動，類似於外商的結合行動，可能僅是未經組織化的商討結果。自然，當那些既有財富又有能力，做為大家領袖的菁英分子，認為有需要時，亦可出之於計畫性的設計及組織。

例如，在鎮江的鴉片經手店，不滿意於Sassoon的「既批發又零售鴉片的作風……，那不應是進口商的業務」，即會進行合作[50]。依照作為兩造仲裁身分者指出，Sassoon已將鎮江的生意轉售給「二十六個在廣州及汕頭的合夥者，他們已買下了Sassoon的所有權。其中，十三個是鎮江貿易商；十三個是在上海，但與鎮江有商務聯帶

<hr>

[46]同上。

[47]同上，p.386。

[48]同上，依照何氏看法（中國會館史論p.48），這個會館即是廣東會館。Decennial Reports, 1892-1901，p.462，也指出是廣東會館，但也指出這個會館是由「來自廣州的商人所組成」。

[49]*NCH*,1879.10.17，p.385，也參考p.386。

[50]同上，p.386。

的貿易商」[51]。這個交易，沒有任何壓力施加於Sassoon上，在上海及鎮江的會館，都沒有參與這個交易。

依照Wainewright看法，「之所以在上海及鎮江沒有鴉片行會，乃是因為兩地的鴉片貿易商太少的緣故。如此，對於大家同意的策略，因人少容易協調進行，不會有反對的聲浪」[52]。然而，這種合作，並不是透過某種陰謀設計以抓取壟斷權，而是一種建立在貿易業務上公平的聯合。被告進一步宣稱，中國商人之所以不願意與二位原告做生意，乃在於他們是不可信任的機會主義者。Duff至少已破產過一次，他們二者或其中之一，曾涉及走私鴉片，以規避釐金稅[53]。

被告在其見證人支持下，進一步宣稱，「除了貿易商當然必須繳付的稅款外」，會館與政府釐金稅局並沒有聯帶[54]。同樣的，政府「對於個別鴉片貿易商，也只是盡其收稅本分而已」[55]。政府也曾採取一些策略，以防止鴉片大量走私進入鎮江，（這些走私，原告亦曾參與）。例如，聯合上海及鎮江的稅務局，降低鴉片的稅率[56]。被告繼續指出，然而，若認為汕頭鴉片貿易商已獲得了壟斷權，

---

[51]同上。

[52]同上，p.390。

[53]同上，pp.387-390，被告利用很長時間說明不與Duff做生意的理由，和西方人之間走私的實際情形。關於走私的一些證據，在《年度貿易報告》（*Annual Trade Reports*）得到證實，1875，p.130。

[54]*NCH*,1879.10.17，p.386。

[55]同上，p.390

[56]同上，pp.386-390，細節情形可參考《年度貿易報告》，1875，p.130；1878，pp.109-110；和1879，pp.79-80。

或受託於地方官徵收稅款，則是不正確的。

　　被告同意原告意見，認為「在鎮江（以及中國諸多通商港埠）晚近幾年，商業情境已有大幅改變」[57]。但是，這個改變不是來自於中國商人之間的陰謀。「其原因可表諸於二個概念：聯合及節儉（Combination and Economy），此乃中國人經營之道」[58]。聯合不是壟斷，不是接受政府給予的特權，更非是某種陰謀。在商業角度觀照下，這是競爭商人之間，一種合作的表顯。同樣重要的原因是「節儉，中國商人信守此原則從事商業活動，帶給了他們非外人所能及的利益」。「節儉」是中國人商業上「眾所週知的經營方法」，這個事實大家都曉得[59]。在結論，Drummond提出，西方人老是相信他們企業沒落之原因，乃在於中國商人的陰謀。但是「就其個人而言，他承認」，中國商人在其個別的企業運作上更為有效。就一個團體而言，比起西方商人有更好的組織性[60]。如此，中國商人的成功不僅解釋了，中國企業運作的成功，而且也說明了西方商人在節約及自己企業組織上的失敗。

　　當最後訴訟終結，道台宣判被告獲勝，所有被指控非法阻礙貿易者，皆被判無罪。Davenport已正確的預測了這個審判的結果，所以將此案件上訴到總理衙門，總理衙門依然支持道台的判決[61]。英政府抗議審判進行的做法和所給予的判決。《北華捷報》這個大

---

[57]*NCH*1879.10.17，P.385，也可參考386、389-91。

[58]同上，p.385

[59]同上，p.386

[60]同上。

[61]*CR*, 1879，p.219；Kotenev，《上海》，p.204。

夥伴，責備道台及其他涉及此案的中國官員，認為「他們自己在這個事件中才是真正的當事人」，因為他們與汕頭商人緊密連在一起(62)。

三

雖然汕頭鴉片行會的訴訟，還不到英國司法審判的標準。但是，這個訴訟兩邊的「觀點」，卻直接逼近我們目前對十九世紀中國的詮釋。表面上，或許這兩造的論辯似乎是類似的。畢竟，「聯合」（Combination）與「陰謀」（Conspiracy）之間的不同，確實是詮釋上的問題。然而，就被告抗辯部分，至少有三個面向，值得用來探討目前對傳統商人結社的看法。首先，就商人結社展現的地方性，及特殊性取向的假設觀點，可能言過其實。換言之，商人結社可能不是深具凝聚力的組織，他們常是東拼西湊的。其次，傳統商業的擴張主義傾向，或許不是商人結社的功能反應，也不是腐敗體質經濟的功能反應；而是，最好看成中國商人對西方商業，積極，正面的回應結果。中國人主持的公司，事實上，的確比西方人所經營的，在其目標實現上，有更好的組織性及效能。第三；商人結社可以因真正的「聯合」，以建立商業的公平，達成一種持續的，可預測的商業活動之制度化基礎。我必須簡要的討論，所謂汕頭商人，他們擴張的方法，以及利用商人結社的設計來確保商業經營的可預測性，等等面向，以支持上述三個論點。

被告律師在審判中論辯，汕頭鴉片行會只是一個虛擬的團體。

---

(62)*NCH*, 1879.11.7，p.447。

隱含在這個論辯中的觀念是，「汕頭人」這個可確認的團體，除了他們實際加盟於一個結社外，並不做為一名「法人」而存在。中國被告者，其中一人說道：（在鎮江，廣州和汕頭的人，全部都是相同的[63]）。然而，依照現代的詮釋，會傾向於支持Duff的答辯：「他們是完全不同的，廣州人做不來汕頭人所做的。」[64] 如此，一方面是被告的主張，認為由那些人構成「區域夥伴」的界定，是變化不居的，而區域夥伴結社乃是：巧遇在相同城市內的非當地住民之間的偶然結合。另一方面是現代的詮釋，主張區域夥伴連帶，適用於那些來自相當侷限性的社團，如，那些出生於相似標準市場共同體的，或說同樣方言者，或屬於相同種族團體的。

被告一方所提出的詮釋，我認為是正確的。從可獲得的資料，清楚的顯示了，由汕頭內陸各地遷移而來的人們，他們想要加入的結社，對於成員的選定，都有許多不同地理上的判準。在汕頭，一個相當小的通商港埠，它的人口，甚至晚至1901年，還不到五萬人[65]。從內陸區域來的人民，組成了二個獨自的會館結社[66]。像有名的「萬年芳」，是來自鄰接汕頭的潮州縣六個區域人民的聯盟。它可區分成二部分，一部分的人民是來自城南、城西的區域（揭陽，

[63]同上，1879.9.23，p.307。

[64]同上。

[65]Theodore Herman,〈地區刺繡及絲帶工業的文化因素〉（Cultural Factors in the Location of Swatow Lace and Needlework Industry）（Annals of the Association of American Geographers 46）（1956.3）p.123。

[66]*Decennial Report*,1882-91，pp.537-540，宛Nien峰是在1858年汕頭已變成通商港埠之後而形成的，代替了以前福建漳州縣商人的結社。

普寧和潮陽），其他人則來自城北和城東（海陽，澄海，道萍）。其他的會館，像「拔菁會館」，都是來自八個更偏遠地區的人民，所組成的結社（嘉應州，興寧，昌樂，平遠，鎮平，大埔和豐順諸地在廣東省；永定在福建省）。這些區域，二個在潮州縣，五個在嘉應縣，一個在福建省。除了這二個會館，也有一個來自廣州地方人民所建的會館(67)。

在汕頭之外，人民依地區結合成一範圍廣大的區域夥伴結社。在十九世紀的北京，也有五個不同的會館，代表著來自趙州縣的不同地域結社(68)。很多地方，像Chefoo，台南，蕪湖，kiungchow，南京，蘇州，廣州，上海，都有「潮州會館」。但是，大部分同樣的地方，也有其他人民可以參加的結社，如「廣東會館」，「嶺南會館」(69)。在上述八個城市中的部分城市，像蘇州和廣州城市，來自於潮州縣及嘉應縣的人民，各屬於兩個分開的會館。但是在其他地方，像漢口從這二個縣來的人民就加入了相同的結社：「潮嘉會館」。中青，寧波，廈門，鎮江，桂林諸城市中，所有來自於廣東省的人民，皆在相同的結社：「廣東會館」裡。至少在寧波，廈門及鎮江三個城市中，來自於汕頭的人民，在這些城市的商業活動都相當重要，已頗見名氣，也都是這個會館的會員(70)。在其他城市，像天津汕頭商人也在「閩粵會館」裡：一個由來自廣東，福建的所

---

(67)同上，p.540。

(68)何氏，《中國會館史論》，p.32。

(69)同上，pp.40-53。

(70)同上。汕頭商人在寧波的角色，請看*Annual Trade Reports*，1878，p.135，在廈門，請參閱*Annual Trade Reports*，1874，p.149。

有人民組成的結社[71]；也在其他地方，如由來自廣東，廣西二省的人民所組成的「兩廣會館」[72]。

　　從以上簡要的檢視，顯現出結社組織所囊括區域，來自於汕頭地方的，呈顯出極為廣泛的變動。如此，至少我們可以得出一個假設，區域夥伴的結社並不能指出，居住於鄉下地方人民「共同團體」的存在。他們並不需要向某個地方系統，來表現其強烈的忠誠，因為那些在某些地方不能得到公平相對待的人們，可以到另外一個地方加入同樣的結社。在「地方特殊性」如此生猛的動力下，人們期望的是，對於會館的區域判準不要常常更動。

　　這個假設，從絕大多數的區域結社，在每個地方是獨立的組織，甚少與各地已建立的結社，有著組織化的連帶，得到了證實[73]。換言之，縱然會館的組織成員並非是當地居民，但仍然被限定為一種地方性的組織。關稅局長對汕頭提出這個觀點，他認為汕頭行會（萬年芳）在它組織的「嚴密與穩固」上，不比其他行會差。而且，雖然汕頭商人也在有商業往來的所有其他省分，建立了會館，但是，並沒有建立此地汕頭行會和在其他地方的汕頭行會之間的連帶[74]。從這個觀點看來，將區域夥伴結社詮釋為一種偶然性的結合，比視其為一種壟斷或陰謀團體，似乎更能得到支持。假如這個詮釋是正

---

[71] *Decennial Reports*, 1892-1901, Vol.2. p.592。

[72] 兩廣會館是在臺南，福州和南京。參閱何氏《中國會館史論》pp.44-45、47。

[73] 例如，Rhoads〈商人結社〉（Merchant Associations）p.103總結認為，對廣州行會是如此，但會館並不包括在此估定內。

[74] *Decennial Reports*, 1882-91, p.537。

確的，則像「汕頭商人」和「汕頭鴉片行會」都不是做為「法人」存在的相同類別。

第二點是，中國商業展顯的擴張主義傾向，並非是中國商業結社的直接功能反應。反之，依被告隱含之意，說明了中國商人的成功，是由於他們「非正式」的聯合和他們企業的經營。在此，我並不打算探討這個觀點所能窮盡的主題，如買辦與西方人之間的企業關係，和某些中國企業家幾乎是制慾式的企業經營⑦。代之的是，我希望將焦點集中在企業組織中，大大促成了商業網絡之發展與擴充的單一層面，亦即僱主與僱員之間的關係。

大部分十九世紀中國企業公司，是由單一的個人來經營或擁有⑦。這並不是說，商人或工匠獨自工作，或他們的企業規模必然很小。而是說明了，商業公司，在甚有限的可信賴夥伴下，老闆只好僱用了很多的僱員做為學徒⑦。學徒常常是區域夥伴，他們甘受這樣的職位，期待自己短短幾年之後，能成為自立的工匠或獨當一面的企業經營者。由於這個體系對中國企業經營的重要性，也幫助我們說明了，為什麼區域夥伴在受人僱用為學徒時，需要有人保證或

⑦在這個審判中，對買辦的活動有極為有趣又冗長的討論，而對中國商人的節儉較少談及。

⑦關於這種經營的討論，參看〈中國伙伴：個體成員的可依賴性〉（Chinese Partnerships:Liability of the Individual Members）*Journal of the China Branch of the Royal Asiatic Society: 22*（New series, 1887），pp.38-52。

⑦對學徒制度最完善的討論，可參考John Burgess《北平行會》（*The Guilds of Peking*），（New York: Columbia University Press, 1928），pp.155 -168。

「擔保」他的可信任性及可信賴性⑦。

在這樣的僱用情形下，學徒所能得到的勞動酬勞極為有限。有時，甚至必須付給他僱主，賜予他當學徒權利的酬金⑦。這樣的安排，給僱主自己不費分文而獲得一位忠誠的助手。相對的，他也提供學徒各種機會，練習做生意，以及建立以後自己企業所需要的接觸面和聲望。更重要的是，在他學徒生涯結束後，他可以要求以前的僱主支持他創業。他可以請求僱主投資一些資本給他，或者，當他的保證人，俾使能利用此網絡和其他商人建立起自己的企業關係⑧。依靠於這種企業類型，賴著以前僱主的支持，他也可以開始設立公司，擴延其僱主公司水平及垂直的分配網絡。另外對他開放的自主性選擇——從現存些許關於中國商人生平的解釋裡，個人也常要面臨選擇——是，進入一個不同但相關聯的企業，攫取新技術並和在前面的企業建立起關係⑧。一旦他建立了自己的企業，不管是什麼，他依然要僱用學徒，如此再一次開始了這個體系的循環。

雖然上面概述極為簡單化，但已經可清楚看到，學徒制度能夠在一個相當短的時期，產生一個公司行號之間緊密關聯，但又有其獨立性的自發網絡。進而，這個網絡創造了朋友的組成，每個人為

---

⑦有關中國人「保」的概念，可參考楊聯陞《傳統中國政府對城市商人的統制》*Tsing Huo Journal of Chinese Studies*,8（1970），p.189，和Burgess，《北平行會》，pp.156-157。

⑦同註⑦，pp.161-165。

⑧關於中國商業契約的本質探討，可參考〈中國商法之不成文法〉（Unwritten Code of Chinese Commercial Law）*The Chinese Economic Monthly* 2.9（June, 1925），pp.1-3。

他人的可信任性擔保。這樣的網絡強化了區域夥伴的連帶，同時，也擴大了區域夥伴運作的範域。這個網絡，用被告律師的辭彙來說，是「非正式的聯合」（Informal Combination），而且，有時它形成了事實（de facto）的壟斷結果。然而，對大部分的貿易而言，它也創造了區域夥伴團體之間與團體之內的競爭，因為學徒系統的繁殖是多重的，有很多重疊的網絡。像上海銀行業者行會總裁說道[82]：在相同的專業領域之內，有太多的猜忌，而在區域夥伴派系之內，大部分是隱密處理。人們互相競爭，意見廣泛地不同，沒有人和團體步伐一致。

我相信，商業擴張體系，能幫助我們解釋十九世紀汕頭地方商人的成功。從我們能收集到的文獻，可以看出汕頭地方商人的擴張，大部分是立基於汕頭主要輸出物蔗糖上，由此分配網絡得以形成[83]。雖然在南中國，蔗糖的輸出，遠從宋代即已開始。但十九世紀蔗糖

---

[81]例如，參考Susan Mann Jones的出色研究，〈寧波金融：「錢莊」，1750-1880〉，（Finance in Ningpo: The 'Ch'ien Chuang'）收於W. F. Willmott編之《中國社會的經濟組織》（*Economic Organization in Chinese Society*，Stanford: Stanford University Press,1972），以及在Elvin 和Skinner所編《中國城市》一書內的，〈在上海的寧波幫之金融勢力〉（The Ningpo Pang and Financial Power at Shanghai）一文。

[82]引用自Susan Mann Jones，〈寧波金融〉，p.73

[83]關於汕頭蔗糖分配的主要資料來自*Annual Reports*, 1882-1891，和*Decennial Report*, 1882-1891。特別是*Annual Reports*, 1868, pp.89-90。蔗糖平均上代表福州對外總貿易百分之八十。有關中國蔗糖貿易歷史的概述，可看Kato Shigeshi的《*Shina Keizaioshi Kôshô*》（Tokyo：Tōyō Bunko, 1953, Vol., 2, pp. 676-687）

貿易的迅速擴張，是與通商港埠體系的建立相契合的。

　　汕頭地方商人首先享用了西方蒸氣輪船運輸的便利。提供他們的，不僅是更便宜的裝貨費用，而且得到了將中國盛產的蔗糖，當作外來商品加以分配的機會。基於這樣的因緣，使汕頭商人有可能將蔗糖首次發貨到香港，和轉運到如Chefoo的北方港口，使他們得以規避釐金稅。他們能夠比福建省及四川省這兩個競爭者，以實質上更便宜的價格來批發蔗糖。在1869年到1876年之間，蔗糖的輸出不止於原先的兩倍，從581,000擔增到1447,000擔[84]。從1863年到1891年，平均歲出是略少於1600,000擔[85]。大部分蔗糖生產量的增加，是由於商人掮客及在汕頭內陸蔗糖生產工廠的擴張，和在北部及內陸城市商業銷售數量的擴展。

　　利用與西方人接觸的便利，及其既存的商業網絡，汕頭地方商人擴展經營領域到鴉片，豆粕，銀行等企業。也將觸鬚伸延到中國沿海及東南亞許多較落後的城市[86]。在他們商業領域的擴張中，最重要的因素，是大規模的人口遷移。從環繞於汕頭的內陸地遷移向北部港埠或東南亞。依照研究者解釋，這個遷移是「自由的遷徙」，可由個人自願性的進行，而不是立基於事先的勞動契約上之遷移[87]。在1875和1878年之間，超過十三萬人從汕頭遷移出來，至少有一萬三千人到了中國北方。這些個體的遷移是近似於暫時性的旅居，

---

[84] *Annual Reports*, 1878, p. 261

[85] *Decennial Reports, 1882-91*，*p.527*

[86] 例如，參看*Annual Reports*, 1874，p. 26

[87] 從此區域之遷移的出色討論，可參考*Annal Reports*, 1870，pp. 132-134。

在相同期間，大約有十萬人登陸在汕頭，其中約有一萬人是來自沿海港埠[88]。這些特定時段的暫時性遷移者，對原居地所造成的衰退情形並不清楚。然而，在1879年，部分衰退顯示了，這些現象很公平的分布在潮州及嘉應二個縣之間的八個區域，而這二個縣的另外其他八個區域也提供了相當大數量的遷移者給它們[89]。大部分旅居者的遷移，主要動機在於賺錢。如此，可以知道，很多人希望能受僱於公司，在那兒他們有朋友，或者是朋友的朋友。當然，許多人無疑的是屬於他們的區域夥伴結社，然而加入的方法，可以是在工作的目的地上，或者透過已加入者的關係聯帶而進入。以這樣的狀況，區域夥伴結社遂形成一個勞動人力槽，從那兒，能撈到學徒及工人。

到此，我們達到了最後的論點：形式的商人結社，行會與會館，不是表顯了一個單一的商業網絡。反之，他們是有組織的設計，使個人在競爭及重疊的網絡中，能附著於特殊的道德及經濟行為規律。換言之，商人結社，安置了道德，法律及社會基礎，以達成商業之持續及可預測性。除了這個重要的社會功能，如幫助貧民回鄉；他們也提供了中國商業，僅為其所持有的統治架構。帝制政府並沒有一套系統的商法，而此乃西方契約式市場科層真正的基礎。在建立信用制度上，政府也沒有扮演任何角色，在創制商業保險，制定利

---

[88] *Annual Reports*, 1878，p. 262

[89] 同上，1879，pp. 219-220, 海宴、潮陽、揭陽、中海、姚平、惠來、和嘉應地區大致在1090～2759人之間的遷移者。大埔、豐順、普寧、興寧、鎮平、陸豐、海豐、詔安、永定等區域，大致在113～935人之間的遷移者。

潤率，或甚至支持自己的紙幣上，也一樣。政府也沒有決定商品價值，勵行契約，建立度量衡標準，或甚至規畫交換媒介。就像Van Der Sprenkel說的：「政府對於法規訂定，表現相當被動抑制的理由是，將細節的規約留給工匠及商人結社去關心。」[90]

政府所沒有提供的，由商人結社來提供。假如一個人相信現存的憲法以及行會和會館條例，那麼，可以確定的是：商人和工匠瞭解他們結社的角色，乃在於穩定市場。僅有透過「非正式的結合」這些商業網絡，商人方才有機會去擴充業務而獲取利潤，寧波「漳州會館」條例前之序文說道[91]：「我們從遙遠彼岸涉長水而來，假如我們不能在此好好的堅強挺立，我們便不能獲得財富。」同會館的一個競爭黨派，說明他們分開設立的目的如下[92]：

[90]Sybille Van der Sprenkel，〈滿州中國的法律制度〉（Legal Institutions in Manchu China）（London：The Athlone Press, 1962），pp. 89-90。同樣觀點可見之於許多地方，如Morse，〈中國行會〉，p. 20；MacGowan，〈中國的行會〉（Chinese Guilds），p. 186；Friedrich Otte，〈中國簿記和會計的演化〉（The Evolution of Bookkeeping and Accounting in China），*Annalen der Betriebwirtschaft* 2（Su，1928），p. 176；楊聯陞，〈政府的控制〉，p. 193；和Jones〈寧波金融〉，p. 77；以及Sybille Van der Sprenkel〈都市社會控制〉（Urban Social Control）收於G. W. Skinner編之《後期帝制中國的城市》（*The City in Late Imperial China*pp. 609-632）。

[91]D. J. MacGowan，〈中國行會或商會及貿易工會〉（"Chinese Guilds or Chambers of Commerce and Trade Unions", *Journal of North-China Branch of Royal Asiatic Society* 21（1889）p. 148）。

[92]同上，p. 146。

為永續特質尋得一適當方法是重要的，其表達須要言不繁，能為人完全理解。此為：商業有其立基於理性上的運作法則，而能導致於諧和，此附言為我們所同意。

貿易技術，商業制度的建立，市場井然的秩序，商業參與的規約，商業爭論的裁決……全部這些完整地立足於商業結社所提供的基礎上。在這個意義下，商人結社是一個對外在團體，商業上可信任性的擔保者，而不只是做為形塑緊密商業網絡的先驅者。但是，像《北華捷報》於汕頭鴉片行會審判開始前四個月，有關「行會本質」的討論上所說的：「我們做不到『秘而不宣』的原則，當壞人欲圖謀不軌時，好人便須聯合。但是，什麼是『陰謀』，什麼是『聯合』須要讀者自己去裁決。」[93]

汕頭鴉片行會的訴訟給我們浮光掠影的一瞥，儘管只是飛逝而過，但不僅概觀了後期清朝商業的複雜性，還包括了它的彈性及適應性。報告這個個案，我要提示的是，目前我們對中國商人結社的認識，仍然不足以使我們能持之以更具意義的方式，來描述及區分其範疇。進而我願意指出，若我們想去解釋十九世紀中國商人的成功，甚至只想做部分的解釋，這個工作必先完成方有可能。

---

[93]*NCH*, 1879、6、17，p. 593。

區域結社與中國城市：一個比較的觀點＊

韓格理　著

陳介玄　譯

一、前言

　　關於傳統中國的區域結社（ **Regional Association** ）（ 或叫做「會館」或稱之為「同鄉會」），這篇簡短的綱要式研究，已占去我過去幾年大半時間。開始從事這方面探討，部分來自於何炳棣重要調查研究（ 1966 ）的啟發，誠如何氏所做的，我相信在這個獨特的知識領域，重要的里程碑已有所轉換。所以，我總覺得，現在應該做的工作是，探討二十世紀初中國在現代化環境中，這些傳統結社的變遷情形。但是，當我愈深入的去探究這些結社——探討它們的運作，它們所隱含的中國社會為何？以及它們如何推動著鄉村地方向城市發展——愈發覺自己所知太少，也愈不能滿意於以前對它們所做的概括化研究。

＊這是首度在1977年6月，於 **Pacific Coast** 舉行之亞洲研究年會上，所發表過文章的修定稿，我須向 **Ben Orlove** 和 **Gilbert Rozman** 對我原初草稿的評論，深致謝意，文中若還有任何錯誤，個人須負全責。

　　而更困難的是，當我開始閱讀其他社會有關「區域結社」的資料，才使我驚覺到相對於任何其他社會之異國的，人種的，和種姓上的結社，足資標定為區域性結社的，為數甚少（我仍覺得自己在這方面的閱讀還是不足）。然而，我也真正發覺到，區域結社在今天許多現代化的社會裡是極為平常的。事實上，大部分現在針對中國之外的研究（如Kerri 1976）已指出，「區域結社」是現代化的產物。如此，回到傳統中國的反省，需要從諸多起點去論證（將在底下概述），中國之「區域結社」不同於今天現代化社會的類型。但是，這樣的論證，若我們特別注意到西部非洲裡區域結社的情況，會發覺這個方針是不可行的。因為，一旦我們將地名，位置，年代改變，則對傳統中國「區域結社」的描述，與現代非洲的區域結社將可互換。其所以相異，僅是學者所給予的詮釋不同而已。所以這個研究來自於底下一些令人困惑的問題：比起其他地方，為何中國區域結社很早就出現？除了區域結社之外，傳統中國還具備了那些現代化社會的特性？如何說明「前現代」（premodern）的中國是「傳統的」？或者，如何說明今天現代化的社會是「現代的」？帶著這些問題及依此而發現的更多疑點，我著手進行比較研究，底下是一些主要理論的概述和少許的實質結論。

二、區域結社在現代化社會的角色

　　人類學上的著作，通常強調的是，在社會及經濟急速變遷中，「自願性結社」（Voluntary Associations）所扮演的角色（Anderson 1971; Kerri, 1976）。這些著作所凸顯，用心的這個類型，其最通

常的指涉即是區域結社，但有時稱為Landsman Nschaften, Associations Doriginres，種族的聯合，本國的俱樂部（Compatriot clubs）或民族的結社。大部分區域結社的研究來自於對非洲社會的探討，特別是西非的社會（如Little 1965, 1973; Plotnicov 1967; Meillassoux, 1968, 1971; Cohen 1969, 1974）。這種興趣，亦見之於針對東南亞及南亞社會的研究（Singb 1976; Owens和Nandy 1975; Bruner 1961, 1974）以及拉丁美洲（Jongkind 1974; Mangin 1959, 1970）的探討。

雖然研究者在諸多不同的背景來分析「區域結社」，也已得出了不同的結論。但是，就此結社在現代化社會中常見的角色，卻有著相當類似的詮釋①。一般而言，「區域結社」如同「自願性結社」，在個人歷經急遽社會變遷的過程中，是提供穩定性及持續感的重要來源。也可作為幫助鄉村遷移者，去適應都市生活環境的一種機制，以及作為都市居民促進個人和團體利益的設計。上述之結社，遵循下述二個原則性方法達成這個工作。首先，個人依循著主觀上對利益的需求，組織成「自願性結社」，本質上雖常是經濟的，但也透過這種典型的聯帶方式，給予個體非經濟的認同來源。例如，一個人首次遷移到城市裡，可能會參予，來自他家鄉其他遷移者所組成的正式或非正式結社。從這個結社，他可以得到兩個好處：找到工作，以及在新環境的自我調適中，能免於迥異於鄉下生活那種完全疏離的感受。其次，「區域結社」不管是單一的或是和其他結社類型結合的，常常能幫助利益或初級的團體，經由他們對傳統文化符

---

①有關自願性結社的人類學著作，和相關研究的詳盡書目之整理，請參考Kerri（1976）。對於相反詮釋觀點的討論，請看Skeldon（1977）。

號的掌握而具體化政治的合作。

　　這個廣泛主題若與現代社會變遷理論連接起來，就愈增顯其理論的重要性。雖然這些理論（指社會變遷）富有異質的色彩，但從「現在世界體系」的新馬克思典範，到結構功能論對於「現代化」的詮釋，咸皆表示出都市自願性結社在當前的發展，是與傳統制度──部落，村莊，家庭之崩潰並存的。在傳統社會及經濟生活基礎的影響力日趨衰微之下，前述之自願性結社，提供了功能上更分化的方法以維持社會的整合，同時，也使得個人能適應急速變遷的環境。如此，就像許多學者（Little 1965; Anderson 1971）所提示的：自願性結社的形式，自然地創造了政治及經濟聯盟的網絡，削減了傳統制度的重要性。總之，這些結社顯示的乃是一個急遽變遷的社會。

　　儘管在大方向上相同，理論家在各自特定的詮釋上卻是分歧的。一般說來，接近結構功能主義的理論家，傾向於將立基於區域，人種，部落等各種不同之結社，描述成暫時的或過渡的現象[2]，因為他們所建立的合作是立基於傳統社會上（如氏族，村落，人種）。所以基本上是保守的結社，其目的在調節「前現代」的社會轉型到現代社會的形態。它們減緩了現代工業社會以階級為基礎之社會結構的發展，這樣的變遷，比起一個社會突然地從「前現代」轉變到現代的情形，較少使用激進與革命的方式。然而，經由這種減緩的發展，傳統社會形式還是能夠更新，達成真正現代化的聯結形式。

---

[2]對於結構功能的現代化理論扼要清楚的敘述，可參考Smelser（1963）。對於傳統主義式的結社之過渡性質，遍在於西非學者的著作，請參考Little（1965），Okediji（1975），Meillassoux（1968）。

基於這個理由，Clifford Geertz（1962：260）稱這些結社為「中介的制度」。他認為這些結社是「傳統農業社會轉變到流動性增強的商業社會之產物」，它們依循著這樣的方式組織傳統關係，致使其能緩慢但穩定的進入非傳統社會。從這個觀點看來，區域結社和其他傳統的結社類型，指出的是一個社會的現代化而非其現代性。

　　不像那些相當陳腐的結構功能理論，當代新馬克思理論認為，這些種族及區域的特質（像那些由區域結社所產生出來的）應當看成，在世界經濟中，一個社會位於邊陲地方所具有的持續性面貌③。用現代初期東歐的「再封建化」（Refeudalization）這個複雜的類比，新馬克思理論家指出，遍及世界突發之種族及區域的衝突，乃是資本主義核心地區與傳統內陸之間不平等發展的結果。其發生的場域，或在兩個社會之間，或在更小範圍：即一個社會之內。當資本主義核心發展時，即從傳統內陸引進可資利用的最便宜勞工。經過與資本主義中心的連接，這些內陸從一個相當自主性，轉變成依賴的位置。這個轉變，引起「前現代」社會制度遭受到一些微妙的變化，亦即使得它們從內在規律（自足）的情況，轉換成被外在市場機能（依賴）所把持甚至強制的局面。如此，他們相信，不同區域之間的依賴連結，的確造成了一種相對於傳統之落後的現代資本主義擬似體。就像Frank（1970）所描述的，依賴關係產生了「未開發國家的發展」。沒有技藝的勞工，給社會聯繫於內陸，變成

---

③Wallerstein（1974）最貼近於這樣的詮釋發展取向。對於人種學及地方主義最清楚的理論詮釋，可閱讀Hechter（1975）；將此應用於自願結社的詮釋上，可參閱Elliott Skinner（1974-75）及Wallerstein（1965）。

Wallerstein（1965）所指涉的「擬似無產階級」——做為種族化及區域化勞動力及廉價勞工的持續固定來源。從這個觀點來看，區域結社是一個社會被整合於世界資本主義經濟的結果，只要一個社會保持在此經濟體系中的邊陲位置，區域結社將永遠持續。

雖然我大大的簡化了這些複雜及富洞見的詮釋。但我相信他們對於區域結社的著重點乃在於強調：(1)從成員的觀點來看，區域結社是設計來幫助個人調適都市環境及急遽的社會與經濟變遷；(2)從外部觀察者的觀點而言，區域結社是現代資本主義世界的產物。

三、前現代中國的區域結社

中國的區域聯結，若採用上述的詮釋，乍看之下便是發現它們的不適用性。首先，從何炳棣辛苦調查研究（1966）之結果，我們知道，在中國，區域結社於十五世紀前半葉，第一次發展出來。這時的中國，既未達成現代化也尚未都市化。它們形成十六世紀重要的城市組織形式，結果贏得了建立地方性結社開展上的位置（Hsi 1972）。其後，何氏的報告（1966, 1967）指出，區域結社遍及中國，不僅在大的貿易及行政中心存有，在少有人煙的小商業城鎮仍可發現（特別是在四川，湖南，湖北西南諸省）。這種組織形式如此的普及，以至於何氏（1966：1）下結論道：「僅次於家族及氏族，一般地理上的起源，提供了傳統中國自願性結社，最重要的基礎」。事實上，何氏和所有其他中國研究者一樣，皆認為這種組織原則（同鄉連帶）和結社本身，是傳統社會——農業社會的表記。漢學家的典型看法是，對比於變動不居的西方社會，中國直到十九

世紀，仍然相當靜態及孤立。準此，似乎很難說，中國的區域結社，
無論如何總與現代化變遷有所連接，或者因依賴關係之增加而被聯
結於資本主義國家。

其次，細部研究傳統中國城市（Roznan 1973; Skinner 1977）
顯示，在整個帝國末期，都市對鄉村人口比例，保持在大約百分之
六這個相當穩定的狀態中。如果都市化意味著都市人口比例的增加，
在這個時期的中國顯然尚未都市化。如此要將在中國城市區域結社
之明顯增加與都市化過程關連起來，就必須斟酌再三了。

最後，我們是否能嚴肅的接受區域結社是一中介制度，意味著
四百年過渡階段這個觀念，或者它們表顯著某種程度，氏族或村落
組織影響力的衰微？

面對這樣一方面是理論，另一方面是中國個例的不一致性。有
人認為中國的結社乃出自於不同原因，從它們現代的對應物而言，
這些結社在當時也發揮著不同的功能。事實上，這就是Robert Anderson
的觀點。他對自願性結社的比較分析，已點明了傳統中國遍在的鄉
村自願性結社，是其他傳統社會少有的特色。他說：「自願性結社
可能是中國的產物。大致而言，是政府機制衰退的結果。即使這樣
形式的團體已反映出早期工業發展的影響，還是表顯出某種向傳統
的回歸，換言之，即向農業生存環境的貼近。」（1971:214）Anderson
結論所透顯的中國結社之根本特質，與其他漢學家的觀點並沒有太
大的不同，他們也常引用這些結社，以證明中國傳統社會根深柢固
的特殊性。

但是，假如我們暫時撇開對於傳統中國及現代區域結社兩者不
同的詮釋，而集中在對這些結社的描述，同樣會驚訝於在中國和現

代世界此一結社的相似性。且不管其多面向的本質，在傳統中國和今天現代化的社會，區域結社之建立同樣具有下述顯著的目的④：(1)可解決會員之間的紛爭，幫助會員打贏對非會員的官司；(2)從地方官府及其他已建立之勢力團體中，對會員加以保護；(3)控制或獨占特殊的手藝，技術，產品及企業；(4)提供會員之間的相互支持，包括供應消遣娛樂及尋找工作；(5)祭拜地方神祇，保存區域風格：範圍從語言以至於烹調法；(6)提供給會員適當的葬儀。結社本身有時保留有停屍場所，供給等待將屍骨運回家鄉埋葬的死者，停放屍體，以及給予貧困會員一塊墓地；(7)促進會員城市和鄉下家庭之間的溝通。

然而，這個類似性，並不止於上述所列的目的。更基本的類似性，並不在於規章或目標上。而是，幾乎所有的結社，皆建立在「區域性夥伴」（Fellow-regionalship）前提下，井然運作的組織原則。這樣，既無正式的階層結構，也沒有成員階級角色上的限制，以非正式管道達成團體的決議，以及力求成員之間的均等——所有這些重大的內部原則，說明了這樣一個組織結構的設計，可以在種種不同個人目標的追求上，與冀望團體支持其目標的獲取之間，提供一

---

④這些目標及目的項目是從不同著作引錄出來的。China: MacGowan （1889），Morse（1909），Imperial Maritime Customs Decennial Report （1882-91，1892-1901），Tou（1943），Niida（1950），Chang （1957），Rhoads（1974），Elvin（1974），和Golas（1977）。西非：Lloyd（1969），Plotnicov（1967），Little（1965，1973），Meillassoux（1968），Gugler（1969），Cohen（1969，1974），和Sudarkasa（1974-75）。

個微妙的平衡。

這些範圍的類似性，僅僅是偶然碰上的嗎？或暗示著，在現代中國及傳統中國之間，存在著一些共通的底層結構性因素⑤？儘管傳統與現代這二個社會之間的確有很多的不同。我將會透過比較的檢視，以支持後面的命題。必須再說明的是，在今天不同現代化社會之間，當然也有許多的差異。如此，某些現代化社會比諸其他社會，有可能更類似於傳統中國情境。這樣，在底下的分析，我想借用西非的社會來說明。雖然還是有所不足，然而，這兩個社會，在更緊密的觀照下，不但在區域結社的詮釋上，而且，在社會變遷的詮釋上，都會發現一些基本的類似性。

四、區域結社形成的一些類似性

對中國及現代區域結社二者的經驗描述，可看出一些類似的主題。底下的分析，我將討論，在這二個結社脈絡中，包含著組織及維繫區域結社三個最重要的過程：遷移；都市對鄉村連帶的保留；及商業化。

A. 遷移

在區域結社的分析上，一個最共通的主題是（如Gugler 1969;

---

⑤這個假設得自於Lloyd（1969）；Little（1967，1973）和Parkin（1966）等著作，每個人對區域結社依賴於結構因素產生的情況，作了不同的解釋。

Little 1965）：區域結社因鄉村到都市的遷移者，而有力的組織起來。事實上，是都市內的遷移，連結起了區域結社和今天現代化社會裡發生、成長的大眾都市（例如，Skeldon 1977）。的確，資料清楚的顯示了在世界各處，這些結社數目愈來愈多，和因都市近郊的內在遷移而導致的都市成長，是直接連結在一起的。進而，依照訪談及觀察所得，人類學家（如Plotnicov 1967, 1965; Lloyd 1969; Du Toit 1975）發現了，大部分結社成員相信，他們在都市居住只是暫時性的，最終，遷移者認為，他們還是要回到家鄉去。

在傳統中國，不像今天社會城市成長極為迅速。雖然Rozman（1973）及Skinner（1977）指出，在這個時期，很多小的市場集中地已經蓬勃的發展，但是都市人口的增加與總人口還是成比例的。雖然如此，在前現代中國，仍有廣泛的鄉村到都市、都市到鄉村的遷移活動。在諸學者中，Skinner（1976, 1977）提出一個看法，認為中國都市人口大部分是由暫時性居民組成的⑥。行政官員不能在本籍所在地出任職位，而不在官僚科層內的龐大幕僚人員（幕府系統），也是外來者（Folsom, 1968; Skinner 1976）。不居於產業所在地的地主，常有舉家遷往於村落所在地的情形。都市商人、工匠和其他日工者，他們要求除了工作所在地以外，能長久居住於鄉村或都市地方。所有這些個體，只要他們是城市居民，是暫時性的遷移者，便形成鄉村與城市之間，廣大而持續的集體循環之一部分。如此，縱前現代中國城市尚未都市化，它們仍然由占絕大部分比例，

---

⑥這不是中國觀察家最近的結論，如參看Morse（1909），Weber（1951），但Skinner的觀察比起早先學者，有更堅實的經驗基礎。

自許為暫時過客的城市居民表顯了同樣的特色。

傳統中國，由暫時性居民作為區域結社的組織者，並不比現代社會少（何,1966）。在大的貿易中心，商人和工匠創立了大部分區域結社。但是，在那些官員及熱中於仕途者大夥集中的所在地，像北京或南京，官員們為其便利，也組織了一些區域結社。然而，在這二種情形，來自於兩邊結社創建者所在地的其他人民，也能夠加入其結社及使用其資源。

B.都市對鄉村連帶的保留

遷移的文獻上顯示，許多遷移者原初離開其家鄉時，仍抱持著這是一種暫時性遷移的信念。然而，因時間及環境關係，他們的遷移變成長久性的。部分是因為他們在城市裡，與鄉下的連帶無法持續增強，很快的，這樣的連帶即喪失了其意義。或者遷移者發現，一旦他們離開了一段時間以後，不再擁有鄉村的房子，他們曾經住過的地方已為別人所占領。然而，也有一些情形例外，某些居住於都市的遷移者，在歷經數年，甚至數十年之後，仍然和其鄉下保持連帶，人類學家認為，這些人，大部分是擁有區域結社的組織者。

以上觀點，幾個西方學者，將其表述為假設的形式。他們提出的頗有說服力之論點是：區域結社在來自於鄉村背景的都市遷移者之中，比起其他類型更為普遍。例如，Lloyd（1969）和Parkin（1966）觀察到，在西部非洲人民，來自於父系系譜（Patrilineal）和父系地緣（Patrilocal）的種族團體，似乎大半都有都市區域結社的組織。他們解釋這個現象顯示的，是因為在父系系譜內的男性成員，其旅居在外，並不會妨害了他重新進入村落。然而，當外出者能得到任

何名氣，或賺到了金錢，回到了村裡，都能轉變或提昇他在同儕群體中的地位⑦。在母系系譜團體，或在一個其威權結構端賴於大量侍從僕役的團體，一個人的名氣，甚或他在鄉村共同體中的地位，依靠於他隨時持續的露面，這樣的情況，就阻礙了長期的暫時性遷移。如此，遷移這個概念最好使用在家族共同體本身，是來自於父系系譜或父系血緣的社會，而非其他氏族關係類型的社會。進而，假如個人遷移的目的，是要在村落中獲取聲望，則更有理由發展出都市結社的設計，以保持和自己鄉村家族事務的接觸。從這個觀點來看，區域結社的諸多功能，常被看成是城市對鄉村連帶的複雜網絡，增強了一個人對地方的抱負，同時也貯備了他在都市的機會。

中國的情況似乎也支持了這個假設，眾所週知的，中國社會是最強韌的父系系譜和父系地緣社會之一。大部分分析中國區域結社的學者，都強調「出生地」（Native Place）的界定，對「都市中國」的重要（Skinner 1976, 1971; Jones 1974; Ho 1966; Tou 1943）。一個人的出生地，是地方化的父系系譜所在地，與都市旅居地形成強烈對照。Skinner（1971：275；和1976，1977）敘述這個特性如下：「『居住』（Residence），是繼續待在一個人的出生地上。一個人的出生地，不出於幾個世代便具有歸屬的特性。『寓所』

---

⑦Busia（引在Gugler，1969：149）描述這個情形如下：「血統中的成員，永遠被聯結在血統所植根的村落中。無論他到了何地，無論他離開多久，他終究還是屬於他自己血統植基的鄉鎮及村落，氏族中的經濟和社會義務，如婚喪喜慶離異等等事務，以及政治上的忠貞，法律上的權利地位，都使得個人和氏族能緊密聯結，使個人對其出生地之鄉鎮和村落的附著永遠鮮活。

（Abode）相對的，是較短暫的停留所在，雖然這個短暫也可能延續到數十年。一個人的寓所會變動，但居住地卻長久不變。」然而，關於出生地界定的重要觀點乃在於，一般而言，一個人地方化的血統「所在地」，比血統本身還重要，因為它變成人們在都市認同上的核心特色。上述論點不是很清楚，而且我相信，把出生地界定，看成是種族的、地方性的，或家族範圍的詮釋，會失去了其顯著意義。反而，我認為應該將它們（出生地界定）看成是組合不同個體的方法，而非惹人怨的分化團體手段。換言之，血統和種族的判準，提供的是獨特的認同，而地方性的判準，提供的是一般的認同。他們經常做為形成「個體」間潛在團體的組織判準。而這些個體分散在時空的連續體中，可從一個人的出生村落，到省城，在某些情況，甚至到全國普遍的區域。因而，像大部分的研究（Jones 1972, 1974; Skinner 1976; Golas 1977）顯示，中國的區域結社，如同現代的結社，提供了一套彈性的方法，以形成廣延的都市網絡，存續著個人對鄉村或對原初都市居住地的連帶。

C.商業化

關於區域結社的討論，第三個主題，可以說是區域結社形成的底層脈流，我們可以稱之為「商業化」⑧。這一點雖然很少明白的討論，但大部分學者都假設了，區域結社的形成，端賴於對經濟的需求，由此它促成了個人離鄉背井，來到城市尋求發展機會。如上

---

⑧對於西非商業化與遷移和自願性結社之關係的更清楚陳述，請參考Du Toit（1975），Amin（1974），Gugler（1969）和Wallerstein（1965）。

所述,這個主題在現代社會的探討上,常與經濟發展扣聯在一起——不管是所謂的現代化,或者是經濟依賴;在中國,它卻是經常與鄉村的貧窮和不安連在一塊兒的。

然而,在每個個例中,這些相關性是立基於,經濟行動者、農民(或如在非洲情況是族員)在其行動上,不會受到太大箝制的想法上⑨。他們能自由遷徙以追求經濟資源,亦可販賣勞動力及土地以交換貨幣。他們嘗試累積資本以獲取社會利益,冀望財富能夠帶來土地、華服,甚至權威。換言之,在現代化社會和傳統中國裡,區域結社因人們的經濟行動而形成,而非來自於高層政治權威的規定和疏通。在現代環境裡,分析者解釋這樣的狀況為「商業化」(如 Polanyi et al. 1957;Dalton 1969)。但是,對於中國,卻很少如此探討。一直到最近,像Rawski(1972),Elvin(1973),Willmott(1972),和Perkins(1975)等學者,才清楚的表示,鄉村社會僅能以商業化來說明。

關於商業化,有三個要點應該強調。其中二個是類似性的,一個是相對性的。首先,在有區域結社組織記錄之前,前現代中國及世界諸地,已有商業活動,甚至是相當繁榮的商業活動。在唐宋時代(A. D.618-1279),很多主要的都市中心,商業發展就像是後期帝制時期一樣的昌盛蓬勃。在非洲,尤其是南亞及東南亞,在二

---

⑨對於底下的討論,我大部分導之於經濟人類學,形式主義者與實質主義者的論爭,我並不強調此論爭中的任一方,而是攫取結合了有關商業化的論點。

此問題的概觀,可參閱Pavis(1973),Palton(1969),和Cancian(1966)。

十世紀之前，複雜的商業活動，處處可見。然而，在這些歷史地域裡，並沒有發現區域結社的網絡。

在此，重要的變數，我相信並非商業本身，而是在於那些控制及決定商業活動的社會層級。大部分前現代世界，包括1400以前的中國，能被稱之為「自由」（free）的經濟行動者，並不多見。大部分是做為勞動者，被組織在一個大莊宅（oikos）（家產制家戶）的經濟裡（Polanyi et al.1957；Weber 1961,1977;Bendix 1974；Elvin 1973）。商業活動是大莊宅或家產制政府次要的功能，而商業活動本身的組織也是採用類似的樣態。商人是典型的人種學專家，他能夠借由奉承統治者，貴族及其他類型領主，而得到商業的特權（Privileges）。政治與經濟這樣的關係傾向，阻礙了組織區域結社的可能性。這些聯結是現代的遷移者，為維繫都市對鄉村的連帶而建立的。

其二，區域結社的出現，與農民自己獨立進行經濟活動能力的增加，和他們對金錢需求的擴大（如付稅、買商品等）是相契合的。一般而言，可以就世界諸層面來說明其原因。資本主義的擴散和大部分非西方世界的被殖民化，殘酷的改變了，大部分前現代菁英分子和底下人民的關係。雖有一些殖民的權力驅除了菁英分子的情形。但是，大部分是將「菁英分子與底層階級」之間的關係，逐漸改變為，從世襲的或家產制的關係走向以契約為基礎的關係（Scott 1972）。菁英分子的要求轉成以地租代替服役，以工資勞動代替服從。

然而，在中國，雖然到目前還不是很能瞭解其原因所在，卻比其他非西方世界，很早就達成了這個轉變。到了十七世紀，但開始的更早，地主與佃農的關係就已經是契約式的（如，Rawski，1972）。

稅收大半是用貨幣而非物品（Huang 1975）。除了帝王親戚，繼承特權已被廢除，土地擁有的面積減少，尤其是對比於許多其他前現代菁英分子所擁有的土地，在中國，連富有的地主也僅擁有適中的土地而已。每個地方的農民皆為市場而生產（Myers 1970；Perkin 1975）⑩。總之，在後期帝制中國，許多經濟活動的特色，已極接近於僅在十九世紀或者更晚，才在各地滋長的現代「商業化」情形。

其三，然而，中國與十九、二十世紀發生在其他地方的商業化，二者之間有顯著的不同。其實，在現代世界裡，商業化的發展常常和工業技術的擴散是同時並存的。而中國的商業化，則是在前工業時期。因為，工業技術是資本密集，加上現代的運輸體系，比起前現代時期，容許了低階級有更大地理上流動的可能性，勞動機會也變得大幅集中在都市中心。事實上，現代都市內的遷移，很大比例可以說是勞動力的遷移——借由遷移以尋求工資勞動的機會。而大部分現代的區域結社，是由勞動遷移者組織成的。

然而，在中國，前現代手工藝技術允許勞動的機會集中到鄉村來，留給城市的主要工作則是分配及行政事務。例如，紡織生產，在現代前時期可能大部分是手工藝工業，被分化成好幾部分來操作（種植、清洗、紡、織、登記、及染色），每一部分皆由鄉村共同體來執行（Elvin 1973；Dietrich 1972）。這些操作的統合協調，常常由商人在地方的市場城鎮來掌握。生產的勞動力是由農閒時期的農民來提供，或者是女人及小孩。當他們認為勞動力花在手工藝

---

⑩Perkins（1975）估計，所有農民生產品，平均百分三十到四十是賣到市場。他相信在某些地方總數會高達百分之六十。

上比在田裡更有價值時，即轉而來工作。雖然在都市與鄉村之間，有一些勞動力的遷移，但大半部分勞動機會還是在鄉下的。結果，鄉村到都市的遷移，導致了大部分傳統區域結社的組織，此為一名西非學者（Sudarkasa 1974-75）稱之為「商業的遷移」；亦即，擁有商業或工匠專長者之遷移，或是計畫借由學徒制度進入商業或工匠訓練所者之遷移。事實上，這二種趨向的結合——集中勞動力於鄉下，集中商業於城市——或許能夠看成Skinner（1971）和Rozman（1973）所指稱的，明顯的中國空間模型產生之原因。他們觀察到，在一個都市區域的連續體可從主要城市，到小的市集鄉鎮，這類小單位鄉鎮異乎尋常的多——是標準的市集共同體——而且，這些是由分配中心的階層網路聯結在一起的。這個假設當然大部分是純理論的；然而，立基於到目前我所進行的比較研究上，它是值得進一步更細微的探討。不管如何，中國商業化和其他地方彼此之間的不同，已幫助我們說明了，為何在前現代中國無法都市化。

四、結論

　　一系列出色，但確實有所奧晦的研究，記錄了傳統中國區域結社的面貌，及其重要性。更多的研究，企圖分析及解釋：今天，這些區域結社在現代化社會的面貌為何？將這二組研究並列，就像本文所做的，會出現矛盾的結論。雖然在各個結社的敘述與解釋上，表顯出相當多的類似性，但學者的不同詮釋，也是極為明顯。哪一個應該轉換？是否個例間的類似性，已指出了錯誤所在，或至少有著詮釋上的不當性？或者，我們能否結論道：不管其表面的類似性

如何，傳統中國與現代世界的不同，歸根究柢而言，是如此的雜多，
以至於各自的詮釋仍然保有其妥當性？我的結論是，對於這二個問
題可能的答案都是肯定的。

　　類似上面簡述所顯示的，區域結社的形成，做為一種具體而廣
泛散播的人類行動，能夠被看成是參與者對於所遭遇的特殊情況，
一種合邏輯的回應。我注意到其中三個重要的面向：暫時性的遷移；
都市對鄉村連帶的保留；和商業化。無疑的，這些面向還能再繼續
擴增。然而，在此重要的是，那些條件能作為諸多歷史發展的結果。
區域結社出現在傳統中國和今天現代化社會，對於歷史原因的解釋
並不是不具妥當性的，因為，不可否認的，歷史原因在每一個情境
中，是相當不同的。但是，若說這些解釋並非是錯誤的，則在諸多
著作中的類似性，最少，可以說明這些解釋是不完整的。現代化和
世界體系理論，是對歷史原因的鉅視詮釋，這些理論常忽略了，人
類行動結構性架構的決定性及重要性。換言之，解釋行動的過程，
一個人必須注意的，不只是歷史的原因，更需要掌握形塑人類行動
的結構性因素。要形成如此的解釋，交叉文化的比較研究是有用的；
雖然，比較的方法不能取代細微的歷史分析，但是，卻可以提供我
們一個方法，去闡明人類行動及歷史的複雜性。

參考書目

Amin, Samir.

1974 *Modern migrations in Western Africa*. Oxford: Oxford University Press.

Anderson, Robert T.

1971 Voluntary associations in history. *American Anthropologist* 73 : 209-22.

Bendix, Reinhard.

1974 Inequality and social structure. *American Sociological Review* 39 : 149-61.

Bruner, Edward M.

1961 Urbanization and ethnic identity in North Sumatra. *American Anthropologist* 63 : 508-21.

1974 The expression of ethnicity in Indonesia. In *Urban ethnicity*, ed. Abner Cohen. London: Tavistock.

Cancian, Frank.

1966 Maximization as norm, strategy, and theory: A comment on programmatic statements in economic anthropology. *American Anthropologist* 68 : 465-70.

Chang, Peng.

1957 The distribution and relative strength of the provincial merchant groups in China, 1842-1911. Unpublished dissertation. Seattle: University of Washington.

Cohen, Abner.

1969 *Custom and politics in urban Africa: A study of Hausa migration in Yoruba towns.* London: Routledge and Kegan Paul.

——,ed.

1974 *Urban ethnicity.* London: Tavistock.

Dalton, George.

1969 Theoretical issues in economic anthropology. *Current Anthropology* 10 : 63-80.

Davis, William.

1973 *Social relations in a Philippine market.* Berkeley: University of California Press.

Dietrich, Craig.

1972 Cotton culture and manufacture in early Ch'ing China. In *Economic organization in Chinese society.* Stanford: Stanford University Press.

Du Toit, Brian M.

1975 A decision-making model for the study of migration. In *Migration and urbanization, models and adaptive strategies,* eds. Brian M. Du Toit and Helen I. Safa. The Hague: Mouton.

Elvin, Mark.

1973 *The pattern of the Chinese past.* Stanford: Stanford University Press.

1974 The administration of Shanghai, 1905-1914. In *The Chinese*

city between two worlds, eds. Mark Elvin and G. William
Skinner. Stanford: Stanford University Press.

Frank, Andre Gunder.

1970   The development of underdevelopment. In *Imperialism
and underdevelopment,* ed. Robert I. Rhodes. New York:
Monthly Review Press.

Folsom, Kenneth

1968   *Friends, guests, and colleagues: The mu-fu system in the
late Ch'ing period.* Berkeley: University of California Press.

Geertz, C.

1962   The rotating credit association: A "middle rung" in
development. *Economic Development and Cultural Change*
10：241-63.

Golas, Peter J.

1977   Early Ch'ing guilds. In *The city in late imperial China,*
ed. G. William Skinner. Stanford: Stanford University Press.

Gugler, Josef

1969   On the theory of rural-urban migration: The case of
Subsaharan Africa. In *Migration* , ed. J. A. Jackson.
Cambridge: Cambridge University Press.

Hechter, Michael

1975   *Internal colonialism: The celtic fringe in British national
development, 1536-1966.* London: Routledge and Kegan
Paul.

Ho, Ping-ti

1966   *Chung-kuo hui-kuan shih-lun* (An historical survey of *Lands*

-*mannschaften* in China). Taipei.

1967　The significance of the Ch'ing period in Chinese history. *Journal of Asian Studies* 26:189-95.

Hsi, Angela

1972　Social and economic status of the merchant class of the Ming dynasty: 1368-1644. Unpublished dissertation. Urbana -Champaign: University of Illinois.

Huang, Ray

1974　*Taxation and government finance in sixteenth-century Ming China*. Cambridge: Cambridge University Press.

Imperial Maritime Customs Reports

1882-92, 1892-1901　*Decennial reports*. China.

Jones, Susan Mann

1972　Finance in Ningpo: The 'ch'ien chuang,' 1750-1880. In *Economic organization in Chinese society*, ed. W. E. Willmott. Stanford: Stanford University Press.

1974　The Ningpo *pang* and financial power at Shanghai. In *The Chinese city between two worlds*, ed. Mark Elvin and G. William Skinner. Stanford: Stanford University Press.

Jongkind, Fred

1974　A reappraisal of the role of the regional associations in Lima, Peru. *Comparative Studies in Society and History* 16:471 -82.

Kerri, James N.

1976　Studying voluntary associations as adaptive mechanisms: A review of anthropological perspectives. *Current*

Anthropology 17:23-47.

Little, Kenneth

　　1965 *West African urbanization: A study of voluntary associations in social change.* London: Cambridge University Press.

　　1967 Voluntary associations in urban life: A case study of differential adaptations. In *Social organization: Essays presented to Raymond Firth*, ed. Maurice Freedman. London: Frank Cass.

　　1973 Regional associations in urbanization: Their paradoxical function. In *Urban anthropology*, eds. A. W. Southall and E. Bruner. London: Oxford University Press.

Lloyd, P. C.

　　1969 *Africa in social change.* London: Penguin.

MacGowan, D. J.

　　1889 Chinese guilds or chambers of commerce and trade unions. *Journal of North-China Branch of the Royal Asiatic Society* 21:135-70.

Mangin, William

　　1959 The role of regional associations in the adaptation of rural population in Peru. *Socialogus* 9:23-35.

——,ed.

　　1970 *Peasants in cities.* Boston: Houghton Mifflin.

Meillassoux, Claude

　　1968 *Urbanization of an African community: Voluntary associations in Bamako.* Seattle: University of Washington

Press.

——,ed.

1971   *The development of indigenous trade and markets in West Africa.* Oxford: Oxford University Press.

Morse, Hosea B.

1909 *The gilds of China.* London: Longmans, Green and Co.

Myers, Ramon H.

1970   *The Chinese peasant economy: Agricultural development in Hopei and Shantung,* 1890-1949. Cambridge, Massachusetts: Harvard University Press.

Niida, Noboru

1950   Religious and regional bonds in merchant and craft guilds in Peking *Folklore Studies* 9:179-206.

Okediji, Oladejo O.

1975   On voluntary associations as adaptive mechanism in West African urbanization: Another perspective. *African Urban Notes* 2:51-73.

Owens, Raymond and Ashis Nandy

1975   Organizational growth and organizational participation: Voluntary associations in a West Bengal city. *Contributions to Indian Sociology* 9:19-53.

Parkin, David

1966   Urban voluntary associations as institutions of adaptation. *Man* 1:90-95.

Perkins, Dwight H., ed.

1975   *China's modern economy in historical perspective.* Stanford:

Stanford University Press.

Plotnicov, Leonard

1965 Going home again-Nigerians: The dream is unfulfilled. *Trans -Action* 3:18-22.

1967 *Strangers to the city.* Pittsburgh: University of Pittsburgh Press.

Polanyi, Karl, Conrad M. Arensberg, and Harry W. Pearson.

1957 *Trade and market in the early empires.* Chicago; Henry Regnery.

Rawski, Evelyn S.

1972 *Agricultural change and the peasant economy of South China.* Cambridge, Massachusetts: Harvard University Press.

Rhoads, Edward.

1974 Merchant Associations in Canton, 1895-1911. In *The Chinese city between two worlds,* eds. Mark Elvin and G. William Skinner. Stanford; Stanford University Press.

Rozman, Gilbert.

1973 *Urban networks in Ch'ing China and Tokugawa Japan.* Princeton: Princeton University Press.

Scott, James C.

1972 The erosion of patron-client bonds and social change in rural Southeast Asia. *Journal of Asian Studies* 32:5-37.

Singh, Andrea M.

1976 *Neighbourhood and social networks in urban India.* New Delhi：Marwah.

Skeldon, Ronald.

1977   Regional associations: A note on opposed interpretations. *Comparative Studies in Society and History* 19:506-10.

Skinner, Elliott P.

1974-75   Voluntary associations in Ouagadougou; A reappraisal of the function of voluntary associations in African urban centers. *African Urban Notes* 1:11-20.

Skinner, G. William.

1971   Chinese peasants and the closed community; An open and shut case. *Comparative Studies in Society and History* 13: 270-81.

1976   Mobility strategies in late imperial China: A regional systems analysis. In *Regional Analysis,* ed. Carol A. Smith. New York; Academic Press.

———ed.

1977   *The city in late imperial China.* Stanford: Stanford University Press.

Smelser, Neil

1963   Mechanism of change and adjustment of changes. In *Indus-trialization and Society,* eds. Wilbert E. Moore and Bert F. Hoselitz. Unesco: Mouton.

Sudarkasa, Niara

1974-75 Commercial migration in West Africa, with special reference to the Yoruba in Ghana. *African Urban Notes* 1:61-103.

Tou, Chi-liang

1943   *T'ung-hsiang tsu-chih chih yen-chiu* (Research on

organizations of fellow-regionals）. Chungking: Cheng chung shu chu.

Wallerstein, Immanuel.

1965 Migration in West Africa: The political perspective. In *Urbanization and Migration in West Africa*, ed. Hilda Kuper. Berkeley: University of California Press.

1974 *The modern world-system. Capitalist agriculture and the origins of the European world economy in the sixteenth century.* New York: Academic Press.

Weber, Max.

1951 *The religion of China.* New York: Macmillan.

1961 *General economic history.* New York: Macmillan.

1977 *The agrarian sociology of ancient civilization.* London: NLB.

Willmott, W. E. ed.

1972 *Economic organization in Chinese society.* Stanford: Stanford University Press.

中國人對外國商品的消費：一個比較的觀點*

韓格理　著

張維安　譯

在討論現代化的文獻中，「西化」（對西方貨品的購買以及西式格調的倣效）在非西方社會中的重要性曾經一再的被提出來討論。本文從一個反面的例子，即十九世紀中國缺乏「西化」的情形批判性的檢視這個論題。並從比較的及歷史的觀點，提出三個不同的消費理論（經濟理論，文化理論和社會學的理論）來解釋何以中國沒有接受西方的商品。以這些理論的分析為基礎，本文指出十九世紀「中國」的「西化」應更精確的被視為是延續現代以前的社會，而比較不適做為現代化變遷的指標。

＊本文於1976年4月在美國the International Comparative Study of Civilizations 的年會中發表。並承Ben Orlove, C. K. Yang, Pierre van den Berghe, Benjamin Nelson, Gilbert Rozman及兩位不具名的評論者之指正，謹此致謝（作者）。本文譯自*American Sociological Review* 1977, Vol. 42（December）：877-891。中文譯稿由原作者及加大歷史系黎志剛先生詳加校對，並提供許多寶貴的意見。謹此致謝。譯文曾刊載於《思與言》24卷4期。

一、前言

我們有充分的理由說馬克斯（Karl Marx）及許多後來的學者都相信，在十九世紀西方文明的擴張中，資產家廠製產品之廣泛分配扮演著重要的角色，馬克斯（1959：11）說：「便宜的價格是厲害的武器，〔資產家〕以之擊破了中國人的城牆，並迫使頑固憎恨外國人的野蠻人投降……強迫他們引進所謂的文明，也就是使他們本身成為資產家，並在這個意象之下建立了他們的世界。」今天社會研究者已很少接受這種簡單的解釋，雖然如此。最近有一些解釋現代化經濟因素的理論，卻仍然以西方產品在非西方社會的銷售和分布情形來解釋其因果機制（causal mechanism）。但這些較為圓融的理論已不再只依賴廠製產品與手工產品之間的價格差異來解釋，他們重視市場關係的重建（e. g., Smelser, 1963），初級貿易城市的建立（e. g., Murphey, 1969），以及非西方生產者的從屬關係（e. g., Frank, 1967）——這些理論都是世界體系理論的註腳（Wallerstein, 1974; Eisenstadt, 1973）。暫且不論其洞見如何，在西方擴張的這個過程中，非西方「開始」消費西方的物品，仍是一個因果性的動力①。

---

①在Wallerstein（1974）的研究討論過這個因果機轉：東歐（邊陲）從西歐（中心）購買製成品，並把農產品賣給西歐。Gallagher與Rohinson（1953）的研究也討論過，英國藉著維持商業的宗主權，在非殖民國家（例如拉丁美洲）建立了非正式的帝國，以保障英貨的海外市場。

我們可以同意因果性論題的普遍性，但是這些學說對於影響非西方國家使用西方貨品的瞭解並不多②。本文的重點是從一反面案例（negative case）——十九世紀之中國，來探究一些這方面的因素。眾所周知，當西方的商業高度擴展之時（1860-1930），中國人並沒有快速地消費很多西方的產品。一般說來，人們雖然瞭解此時中國不太受到西方的影響，但對中國人不太願意用西方的廠製產品方面卻知道得比較少。某些學者認為事實上在十九世紀，所有非西方的農業社會中，中國是受到西方文明衝擊最小的（e. g., Jacobs, 1958; Nathan, 1972; Murphey, 1974）。就這個衝擊的某個特定面向（即對西方產品缺乏興趣）而言，我們可以從下面兩個角度來分析：⑴提出影響西方產品在非西方社會中被接受的一些因素；⑵評估一些對十九世紀大規模而複雜的西化問題的觀點。

對於這個問題本文提出三組解釋；每一組都嘗試去解釋何以中國人對西方的貨品缺乏興趣，這三組解釋是「不完全的市場行銷」，「文化」和「地位競爭」等。「不完全的市場行銷」這個論點認為：西方的產品無法勝過傳統經濟的競爭；因此，理性的中國消費者都購買中國自己的產品。「文化」的解釋主張中國擁有一個為中國人所普遍信守的文化，這個文化的表徵（symbols）已為所有的中國人所肯定；因此，高度民族中心與仇視外國的中國人，都消費代表

---

②對這方面缺乏（討論）興趣的部分，我們可以從社會學家普遍對消費過程都缺乏興趣來解釋。正如Smelser（1976：131-40）所指出：只有經濟學家才會把「消費者的行為」當做有趣的主題。當然，也有一些例外，如Veblen（1953）與Fallers（1960）都對消費的社會學有明顯的貢獻。

他們自己文化的物品。十九世紀的觀察者及現代的學者，主要是用這兩個觀點或其中之一來解釋何以中國人不消費西方的貨品。從資料中所隱含的意思來說，很少發現以「地位競爭」的角度來解釋的，中國人的高社會地位觀念，受地方與鄉村的影響較大，相對的受全國性與世界性的影響較小；因此中國人傾向於消費具有社會地位意義的貨品，而較不消費那些具有外來形象內容的貨品。為了評斷這些解釋對當時中國個案的有效性，每一個解釋都將從比較的觀點來加以分析。為了使比較的社會能大致接近中國的社會條件，我將把比較個例限於非西方的農業社會③。

由於篇幅的關係，以下的解釋僅限於非西方人對西方產品的消費，尤其是對英國紡織品的消費。選擇紡織品對本文的討論有許多方便之處，因為紡織品是十九世紀資本主義國家輸出最多的產品；紡織品奠定了英國及其他西方社會的初期工業基礎；但更為重要的是中國人並沒有大量購買西方的棉製品。由蘭開夏（Lancashire）紡織製造業者所組成的The Blackburn Chamber of Commerce為了瞭解中國人對西方產品缺乏興趣的原因，他們委託了一個調查團進

---

③從1896年10月至1897年6月間，The Blackburn Commission（以下通稱調查委員會）在華中及華南的內陸跋涉了約4300里路，他們蒐集了所有有關中國人「如何滿足紡織品方面的需要」的資料，包括行銷、分配、當地的手工業生產、賦稅以及「那些可能影響我們紡織工業的地方風俗及習慣等」（Neville and Bell's Section, 1898：Preface），這個報告在Report of the Misson to China of the Blackburn Chamber of Commerce的名稱下分成二大部分出版，其中之一由H. Neville和H. Bell所撰寫，另一部分則由英國領事官F. S. A. Bourne所執筆。

行調查。這個調查的報告對於在中國內陸紡織品交易的條件提供了
詳盡的資料。

二、清季對外國貨品的消費

十九世紀及二十世紀初，中國人沒有大量購買西方的貨品，這
是一眾所周知的事。但中國消費者拒絕使用西方產品的程度卻沒有
人做過深入的研究，而且在這方面的知識仍是一片空白④。

貿易中心的進口紀錄是瞭解西方貨品消費數量的少數證據之一。
當這種統計紀錄被視為中國人對西方貨品的消費指標時，即使這些
統計紀錄完全可信，但這可能是最大的數字。有許多理由證實中國
的這些統計數據被膨脹了不少，其理由如下：(1)因為紀錄站之貨物
很明顯的在廣泛轉運時曾被重複計算。(2)通商口岸的西方人及其幕
僚，購買了進口貨物的一大部分。(3)當開放更多的通商口岸時，統
計所含蓋的範圍包括以前所沒有涵蓋的輸入品，因而膨脹了成長率。
(4)進口價都以中國銀兩來呈報，但是這個貨幣的價值在1870年至1930
年之間約貶值了2／3。(5)在1920年以後進口總值中1／3左右被運
到東北，此時的東北是由日本人開發並由其所高度控制的一個獨立
於中國之經濟體系。(6)最後，來自東南亞的藥材與食品（如米、燕
窩與魚翅）約占了總進口的20-30%。

基於上述的理由，雖然1870年至1930年間外貨進口的紀錄加

---

④這些意見中我比較接受Murphey（1974：47-9）的討論，也請參看
Feuerwerker（1969）。

了30倍。但依據Murphey（1974：48-9）的估計：真正的增加「最多是三倍或四倍」，即使上述的統計資料無法正確的將這些因素加以解釋，但是如果把中國的進口總額與下列的一些國家如「墨西哥、智利、紐西蘭、巴西、南非、阿根廷、澳洲、加拿大、丹麥、馬來西亞、印度、印尼或日本及任何工業化的西方國家」加以比較，並且把各國的進口總額依每人的消費量來計算，那麼Murphey的估計並沒有誇大：「中國的外貨輸入，依然是很少的，即使在輸入最多的時期，可能也比世界上任何的國家（包括西藏）還要少。」

三、商品的缺失與市場之解釋

〔對於〕西方的產品在中國無法勝過土貨競爭〔的問題〕，雖然有許多不同的解釋，但是單從西方帝國主義對中國的宰制來解釋這是不完全的，對商品的挑剔及不完全的市場行銷才是重要的因素。雖然他們將中國分割成許多「勢力範圍」，但西方人只居住在沿海的少數城市，如上海及當時中國的首都北京。他們並沒有瓦解中國既存的經濟制度，也沒有瓦解中國人用傳統的方法來銷售他們產品的市場制度。

進一步推敲這個論題可知，商品的缺失和不完全的市場行銷之解釋涵蓋了兩個重疊的領域，但在分析的層次上這兩個領域仍然是可以區分的。(a)西方的廠製品與手工產品相比較，前者不但較貴而且品質也較差。(b)傳統的商業體系妨礙了西方產品的分布與行銷。

(a)許多分析者都認為西方棉製品在中國銷路不好是因為土布比較便宜，而且比較適合於中國人的需要（Cooke, 1858：187；Neale,

1862：383；Nathan, 1972；Reynolds, 1974）。調察委員會以訪問和觀察為基礎所得來的資料，似乎也支持了這個解釋。調察委員會發現到（Neville and Bell's Section, 1898：256）大部分的中國人都是農民，他們在戶外從事勞力工作，所以他們所需要的是耐用而且能耐寒的衣物。因此他們使用上等的線把衣服織得牢牢的，西方的棉織品不如土布溫暖與耐用。所以一個聰明的消費者，便會購買當地的棉織品。許多研究中國的學者都接受這種推理，把中國的農民描述成一個「理性的經濟人」，「許多中國人不願購買外國貨，不願採用外國的企業方法與技術，完全是因為理性的決定而非由於文化的束縛：傳統中國的貨物和方法與通商口岸的貨品平分秋色，甚至比西方產品略勝一籌」（Murphey, 1974：30）。

暫且不論中國本土棉織品的品質，調察委員會特別注意到中國土布與西方最便宜的紡織品比較下的價格問題，為了解釋這種現象，調察委員會找到了一個重要的發現：從孟買的「印度棉紡織廠」輸入大量便宜的棉紗，使當地的棉布更加便宜（Neville and Bell's Section, 1898：210-9，234-5）。這種棉紗的採用，造成了紡織方面的「革命」（Neville and Bell's Section, 1898：271）。調查委員會發現從長江流域的產棉區到全國各地，都有棉布的手工業。但所增加的產量，並非為了家庭本身的使用，而是送到市場中去轉賣。在某些地方，如在雲南的南方，調察委員會發現他們早已習慣於到市場中去購買布料，在印度棉紗以便宜價格輸入中國之前，他們不知如何紡織。但由於這些棉紗的進口許多人因為紡織能獲取高利潤而加入了紡織的行列（Neville and Bell's Section, 1898：261-6）。這麼一來便增加了手工棉布的供應，而使價格更為低廉。

我們對前面的解釋感到興趣，因為它可能造成下面的爭論，也就是中國農民可能購買廠製的貨品，因為它比手工產品還要便宜，雖然西方產品比較貴時，人們不會去買它。因此在中國這個特殊的社會中，西方的貨品太貴就賣不出去。

但這種解釋也有一些缺失，在其他非西方的農業社會中，是否其手工產品，尤其是紡織品都比西方物品貴呢？這是值得商榷的。雖然資料有限，但基於我們對十九世紀甚至今日還保留的手工業的瞭解⑤。我認為主因並不是貨品便宜與否的問題，而是誰在消費這些貨品的問題。上述的解釋主要是要解釋何以最窮的中國農民也不購買西方的紡織品。但是在其他非西方農業社會中，農民卻是唯一最先或最喜歡消費西方紡織品的消費者？Platt（1973：82）認為十九世紀時，拉丁美洲大部分農民的消費品都是由農家自己編織的棉織品——特別是毛織品……Morris（1968）在對印度的個案研究中也指出相同的觀點。就這些觀察而言，似乎都說明那些社會的農民生活比中國農民更接近於僅足以餬口的邊緣⑥。而且他們的市場體

⑤例如，在中、南美高地的印地安人那裡，有相當多的手工業製造今天仍然存在（Orlove，1974）。在非洲的整個撒哈拉區（Plumer，1971），在印度尼西亞（Adams，1969），在泰國（Ingram，1955：118-23），在印度（Gandhi，1931；National Council of Applied Economic Research, New Delhi, 1959; Morse, 1908; Raychaudhuri, 1968）等地今天依然有相當多的手工業存在。

⑥雖然這些觀點都是可以爭論的，但是最近的研究顯示，從世界水準來看，「當時」中國的個人平均收入非常高，可能像工業革命前世界上任何社會一樣高。請參考Murphey（1974：32-43），Myers（1970），Perkins（1969）。

系比中國更不發達，那些社會的農民甚至較中國農民更不喜歡消費西方的紡織品。再者，根據民族學的資料，我們有更多理由認為，無論是中國的農民或其他地方的農民，都不會對使用西方的紡織品有好感。例如，我們知道在許多地方，農民社區之間經常使用特殊物品設計來分別他們與其他社區之間的不同（e. g., Primov, 1974）。十九世紀的西方製造者卻未曾充分嘗試去模仿那些設計。

這個解釋似乎更不合理，那麼是否可以假定非西方社會的有錢人（不是窮人）將首先而且繼續成為西方貨品的消費者和愛好者，的確，這個假定與那些觀察在十九世紀誰先穿西式衣服的現象吻合。那些留給人們深刻印象的文獻證據很清楚的指出，在拉丁美洲、土耳其（奧圖曼帝國）、東南亞與日本，都是精英群體的成員（如混血兒，貴族及殖民地的土著領袖）最先穿著西式的衣服（e.g., Halperin-Donghi, 1973：85-90；Yanagida, 1957：9-30）。因此我們可以認為，當西方的紡織品與其他的奢侈紡織品（土布）相比時，西方的紡織品起初是奢侈品，但是比較便宜。因此希求高身分的人（如商人）便會尋求代替，他們很快便穿著代表社會更高階層的衣服②。

如果這個仍有討論餘地的結論正確的話，那麼中國農民不購買

---

⑦從這個觀點，紡織手工業可能因西方的資本主義而荒廢，西方資本主義生產的昂貴紡織品供應了上層階級的消費。這個假設也是根據我們所掌握的資料而來，例如南亞有一個大型的紡織手工業就是因為西方的競爭而受到打擊，因為後者生產上好的紡織品以供應南亞地方精英分子的需要（Chandra，1968：52-62；Raychaudhuri，1968：93-4；Halperin-Donghi，1957：64），經常有人誤把這個手工業等同以農民為消費對象的手工業者，而這些手工業者有些甚至在今日還存在。

西方產品所顯現的事實，是因為西方產品不能經久耐用而且太貴，但這與許多其他非西方社會中農民的消費行為是沒有區別的。因此，這些論點無法解釋何以中國所消費的西方紡織品比其他的國家來得少。事實上，問題比這更為複雜，我們必須解釋，為何中國社會裡的有錢人，他們的衣著與農民那麼不同，但也不願購買西方的紡織品。

(b)中國傳統市場的龐大和西方產品不能到達潛在的消費者之前，可能是解釋何以較富有的人也沒有消費大量西方貨品的一個原因。雖然經常有人在十九世紀的資料（e.g., Cook, 1858：202-6）及現代的研究中找到這種解釋，但從比較的觀點來評估時，這種解釋卻隱含著一些缺點。學者中，Murphey（1974）與Feuerwerker（1969）認為中國缺乏消費外貨的一個重要因素是西方的企業家未能創造一個「現代的」市場體系。當西方的貨品進入一個已經充分發展，並由中國商人完全掌握，且供應系統良好的傳統經濟體系時，西方商人未能取得推銷其貨品的適當基礎，Feuerwerker（1969：57）說「外國（在華）貿易公司於是轉向運用在上海和香港的經紀商所提供之既有的中國商業網之服務」。

這雖然是一個好的解釋，但是對於「中國有效的傳統銷售體系」與「中國對進口貨品有限度的需求」兩者間的關係仍然是不清楚的。在十九世紀最複雜的農業社會中，「非西方」的商業公司在處理紡織品的進口方面逐漸的取代了西方的經濟代理商。中國的情況也不例外。簡單的來說，西方商人並沒有在重要的貿易中心之外建立批發或零售的銷售網。當地的公司常與在西方的商業公司及零售（網絡）聯結起來，並且開始直接與生產公司進行接頭。在奧圖曼帝國，

拉丁美洲、俄國、非洲與東南亞都發生過這些改變（Platt, 1973；Skinner, 1958; Wickberg, 1965）。這一變遷並沒有影響到非西方國家對西方商品的需求，由於非西方商人強化西方棉布的分配而替代了西方商人的角色。其他非西方社會中的這些發展是否就表示開始邁進一個「現代市場體系」呢？或是未經證明而將論點假定為正確呢？

從調查委員會的報告中可非常清楚的知道，在中國各地，甚至在內地的小市場都可以發現西方的棉織品及印度的棉紗。對於其他的進口貨品，全國各地都顯示出相同的消費水準（如煤油、紙煙與洋火）。我們必須加以說明，事實上這個大而有秩序的傳統銷售體系，遠較其他非西方社會的銷售體系更能夠將進口的西方物品放在潛在的消費者前面。對西方人而言，問題不在中國的這個銷售體系是否為一現代市場體系。而是中國人所接受的進口物品並不多。

雖然如此，中國傳統的經濟體系對降低舶來品在中國的銷售總量仍具有直接的效果。這並不是傳統經濟體系限制了消費者的需求，而是它增進了舶來品的供應。中國人所接受的那些進口物品經常與當地的模仿品相競爭，如紙煙、鴉片、火柴、煤油、廠製棉紗、棉布，還有特殊的經濟服務（如輪船運輸）等，中國當地的模仿品在與進口貨品的競爭中，很快的就掌握了相當數量的市場（Murphey，1974；Feuerwerker，1969；Morse，1908：343-50；Liu，1962：151-6）。中國經濟的生產能力確實限制了外國貨品進口的總數，所限制的並非輸入品的種類，因為中國人會在新奇之下接受新產品。

總之，用「商品的缺點」及「市場的解釋」來說明何以中國人不消費西方的貨品，是基於一個普遍的消費者決策模型：經濟人，

理性的滿足他的需要，在相似的物品之間衡量其品質與價格來作出消費決定，再次則受到生產與分配要素的影響。使用這個觀點時，我們可以綜合許多中國人使用西方舶來品的資料。但是，這個觀點卻未能解釋何以中國人沒有廣泛的使用各種西方的產品。這個觀點所提供的只是部分的解釋為何中國人沒有消費更多他們可以接受的西方產品。

　　這個觀點的解釋是有限的，這可能是因為它所要回答的問題根本是屬於一個比較性的問題：何以中國比其他非西方國家，在對西方物品的消費上不但數量比較少，消費的種類也比較少？為了對這個問題提出一個有效的答案，當我們使用消費者決策模型時，必需證明經濟因素在中國及其他社會中對消費者決策之影響是否有根本的差異？但是「商品的缺失」與「市場的解釋」並不能證明這些重要的差異。

四、文化的解釋

　　如果說前面的解釋是一個普遍性的模式，那麼文化的解釋則是一個特殊性的解釋。這個特殊文化模型的建構，只能用於解釋特殊的文化（如本文所指的中國）。在本文所提出的三種解釋類型中，文化的解釋最常被用來說明中國人對西方物品缺乏興趣的原因，也是三種解釋類型中最不清楚的一種解釋。

　　其主要內容是，中國擁有一個博大精深的文化，它包括從儒家的大傳統散發出來的制度化價值的同質性典範。上層階級維護了這個傳統，並接受儒家的經典來教育與考試。上層階級的儒者們以其

規則來教導社會中的其他成員，並為其他群體的競爭建立一個模範的標準。由於儒者階層的廣泛分布，同時因為這個階層不具世襲的特性，使儒家文化成為一個有力的價值整合導向。在這種情形下，儒家所提供的原則，在整個中國社會中發生了相當的作用。

在解釋中國對西方舶來品的消費取向時，經常引用兩個典型的中國文化特性。第一，儒者作為其他中國人判斷行為是否標準的對象。因為在這個團體中儒者的興趣是去消費能夠象徵儒家文化的產品，其他的社會群體則竭力仿效他們。因此，這個消費的標準必然降低中國人消費西方貨品的興趣。在這方面，Wright（1962）認為「在中國，西方的消費品非常的優越，但完全沒有迹象顯示人們對西方奢侈品的趣味，亦無迹象顯示有任何模仿西方型式的熱望……作為非西方的中國的上層階級，根深柢固的喜歡他自己的文化表徵」。第二個與文化差異有密切關聯的解釋，主要是認為中國人相信中國文化的優越性，一個「民族中心」的民族，他們不喜歡所有的外國人及外國製的貨品，因而比較不願消費外國貨品。

調查委員會對於這個解釋給予許多間接支持的證據。他們勸告蘭開夏的紡織業者不必嘗試為貧窮的中國人生產棉布。並認為比較適合他們推銷的對象是上層階級的中國人，因為西方的棉布比絲更便宜，而且比手工棉布更為高級。然而，他們也注意到有錢的中國人將西方的棉布與本地的紡織品相比時，都認為西方的棉布是劣等貨。即使是購買了，也只是當做補充而已，而不是用來替代價格更貴的本土紡織品。其間的關鍵是「高社會地位」與「穿絲織品」之間具有相當的關連性；「如果他的工作性質及他的能力許可的話，每一個人都希望穿絲織品」（Neville and Bell's Section, 1898：216）。

因此，即使本土絲織品的售價比西方的紡織品略高，消費者對它的興趣仍然非常的大。對於絲的這種評價標準，同時也適用於高品質的手工棉織品，尤其是那些完全用中國棉所製成的棉織品（Neville and Bell's Section, 1898：255）。

更重要的是，這個調查委員會向蘭開夏棉紡織業者提供了中國人實際需要的情報。中國人依然保護自己的商品，這並不是因為這些商品是中國製的，而是因為這些商品合乎中國人的文化標準。因此調查委員會極力的建議銷售給中國人的貨品樣式必須正確的重新生產。

編織的模式要完全符合中國文化的表徵，及中國人的心……附有說明的物品分類目錄，要合於中國人本身的穿著藝術。除非我們的廠商廣泛的注意上述細節，不然他們就沒有希望打入中國市場……用三爪龍來代替中國人的五爪龍，或反過來都是沒有用的。還有用反宗教來損害傳統圖案花紋的藝術都是不智的做法。（Neville and Bell's Section, 1898：288）

調查委員會甚至發現中國人將進口布料加以重新染色處理（80至90%的英國製漂白襯衫衣料被加以重新染色處理），至於繼續進口的衣料則用於「當內衣或各種外套的襯裡」（Neville and Bell's Section, 1898：289）。令人沮喪的是，中國人認為「並非這些貨品在漂白或修整方面缺少了什麼——他們與上好的機器一樣好，而且認為要有高度發展的技術才能做得出來，雖然（漂白的襯衫衣料）是我們輸出的產品中最接近中國人所需求的衣料，然而我們仍然無

法確定他們所要的是什麼」（Neville and Bell's Section, 1898：294）。

文化的解釋同樣是令人感到興趣的，他似乎解釋了何以較富有的中國人不消費那些沒有儒家生活方式象徵的物品。而已接受的進口貨品都是不具文化內容的項目（如洋火與紙煙），或者是能夠在中國文化中轉化成具有意義的東西（如進口棉紗變成中國式的紡織品），以及可以隱藏起來的貨品（如以進口布料當做襯裡）。但如果我們從比較的觀點來看，這些文化的解釋似乎也顯得很含糊。

文化解釋的問題是，為什麼在這個時點上中國文化會比其他非西方的文化更加能夠造成民族中心的行為模式呢？是中國文化較其他文化更強或發生更有效的影響嗎？文化的解釋不太能回答這樣的問題，因為文化通常被視為是一個不可分割的整體，諸如禮節和孝行的原則被視為特殊文明的特性。因此，比較兩個文化時，若只把整個結構中的兩個特殊之處拿來做比較，便使得系統的去比較其相似性與差異性的任務成為不可能。相反的，這樣的比較結果只得到「套套邏輯」的陳述（tautological statement），認為某一特定社會的人們這麼做，是因為他們的文化方式使他這麼做。在中國文化的例子中，這種分析所造成的問題會因為對儒家思想原則的信仰而更嚴重，因為儒家思想影響中國人的行為已經持續了二千多年，就這個角色而言，儒家文化變成了「第一因」，成為影響中國最深的因素。如Popper（1964）所言，這種概念化對分析是沒有用的，因為他無法被否證。

有些意見認為，以文化內的比較為基礎的文化解釋有可疑之處⑧。傳統中國早期的一千年間，中國人對於進口貨品的使用比最近的明（A. D. 1368-1644）、清（A. D. 1644-1912）兩朝更為廣泛。

此外，許多研究中國的學者都認為漢（202 B. C.-A. D. 220）唐（A. D. 618-907）與宋（A. D. 960-1279）在中國的政治，社會及文化的成就都達到了顛峰。而明、清在這些方面卻都被視為長期的衰微。

由於一些出色的研究，使我們對於唐朝對外國貨品的消費比對漢朝與宋朝更為了解。唐代與清代完全不同，唐朝人士廣泛的消費各式各樣的進口貨品，這主要是因為他們對外國貨品和他的「外國人」極感興趣。依據Schafer的研究：

中國人對外國貨品的喜好遍及各社會階層及生活的各層面：家庭生活的各種用品中出現了伊朗，印度及土耳其的圖案與裝飾，外國服飾、食物與音樂在第八世紀時特別流行，整個的唐朝都是如此。

唐朝時代外國輸入的商品包括許多不同的香料、藥品、木材、食品與珠寶，另外還有一大堆稀奇古怪的項目，如外國鳥、野獸、奴隸、樂師與舞者。最主要的是在這些舶來品中有外國織品及外國款式的衣裳：「中國兩個首府的衣著形式跟隨著土耳其與東伊朗的模式流行。」男人流行著土耳其的騎服、馬靴與「蕃」帽，婦女則流行面紗，合身的上衣與褶裙，「在頸項圍著長長的圍巾，髮型和化妝都沒有中國人的特色」（Schafer, 1963：24）。

---

⑧在以下的時間性比較中，我並不主張兩個時期的政治、社會與經濟組織在根本上是相同的。雖然有這方面的缺點，時間性的比較仍然是掌握文化恆久性的一條途徑，因此特加以說明。

　　唐朝可能被認為不是正統的中國，因為「非儒家」的影響比統治者的政令影響更大。但是宋朝是新儒家與文人權威的高峰，其外貿卻與唐代一樣的興盛。事實上，只要從Chau Ju-Kua的記載（Hirth and Rockhill, 1970），及南宋有20%的歲收是來自外貿的事實（Ma, 1971），已經可以告訴我們從唐到宋之間，外國貨品的進口可能有增加⑨。

　　面對著唐、宋與清代進口貨品明顯的差異，分析者面臨了兩難的困惑。如果我們使用文化的解釋來說明清代進口貨品的缺乏，那麼何以這些解釋不能同時用之於唐代與宋代呢？是否可以用文化變遷來解釋這其中的差異，而接受文化解釋說明清代對外國貨品的效度呢？或假設影響消費外國貨品的因素並非儒家文化。而另有一些其他的因素，這些因素決定了消費的普遍模式，因此文化解釋無效？認為儒家文化的內容（即主要的教化內容）在我們所比較的這些面向改變了方式，並不是我們所盼望的選擇。但認為儒家文化的價值對中國人的消費行為沒有影響，一樣是站不住腳的。這個兩難困境的可能出路是假定儒家文化在中國社會脈絡中的維繫與詮釋發生了改變。易言之，在兩個朝代之間，中國社會的結構產生了轉變，但中國文化的內容不一定發生轉變，這個假設基本上是「地位競爭」解釋的內容。

---

⑨從Gernet（1962：127-32）對南宋時代穿著型式的簡短描述中可知，外國對宋朝的衣著型式有一些影響，但可確定並不如唐朝之時那麼普遍。

五、地位競爭的解釋

最後一個對消費行為的解釋主要是強調社會結構的特色,而不是強調經濟或文化的因素,雖然在文獻中對中國缺乏西化的記述並不多,但這個解釋對於差異性的比較提供了一個基礎,也對中國人的消費邏輯提供一些了解。

這個模型的解釋是直接的。在某個範圍之內,個人能夠依照社會的期待理性的去購買。社會的盼望乃是一個持續過程的結果,在社會的期盼之下,個人依照(1)在那個脈絡中何者是有用的;(2)他們如何看自己與同伴之間的關係,而選擇其消費的格調與內容。因此,一個人如何決定其特定理念或實質物品的社會期望,有一部分的理由可借用韋伯(1968:937)所謂的「地位群體」之「成員期待的反應」這個理論來解釋。「地位群體的理論是,以消費者對代表他們特殊生活格調之物品的消費來加以分類」。從這個觀點來看,消費是直接與個人的社會地位相關的,同時也可從他支持或反對某種「生活格調」來證實他自己的社會地位。因此,消費的內容與格調可以視為地位競爭的內容,也就是在理念上與實質物品上與他人相競爭。

分析的任務在瞭解特殊脈絡中地位群體的組成與構造,以及這兩個因素與個人消費物品之間的關係。在這方面托克維爾(Alexis de Tocqueville)將貴族社會與民主社會加以區分是有貢獻的。按照托克維爾(1969:530-3)的看法,特殊的消費型態普遍流行於貴族社會之中。

貴族社會裡的富人從未嘗試過另一種生活，更用不著怕自己現有的生活狀況會改變，所以他們從未想到本身生活環境的存在。生活的舒適，在他們看來，並非人生的目的，而只是生活的方式。他們把生活的舒適跟生存本身看為一體……滿足了人類本能地求取美好物質生活的慾望，自然把精力轉移到其他方面，或轉用於更艱巨更崇高的活動。這些活動令他們奮發，也占去了他們全部的腦力。

然而在民主社會中卻出現一種全然不同的生活型態。

一旦等級區分與特權完全消滅，遺產一旦分散，教育一旦普及……窮人也會產生追求現世舒適生活的慾望，而富人對於快樂的生活，則有了朝不保夕的恐懼。許多小康之家出現了；他們在物質方面所享到的部分，已足以使他們興起追求快樂的念頭，這尚不足以使他們感到滿足。他們絕不是不費力就可以追求到手。建造廣廈、巧奪天工、模仿自然、搜劫天下以供一己之享受，都不是民主的民族所敢想像的事。他們心目中的希望，只是添購幾畝良田、闢植一個果園、擴建一所居室，盡力使生活更舒適更方便，避免外來的麻煩，並在不費力或幾乎不費錢的原則下求得生活上一些最微小的滿足。這些都是小目標，但人人卻夢寐以求，而且日日如是，終至除此以外，不作他想，有時甚至把這些目標當為天地間的唯一目標。*

---

*這兩段Tocqueville的引文譯文，參照李宜培、湯新楣合譯之美國的民主（下卷），（今日世界社出版，1985）。

　　我引用托克維爾這麼長的文字，是因為我認為這對我所提出的問題能夠提供一條瞭解的線索。雖然十九世紀的觀察家把中國喻為民主社會（e.g., Cooke, 1858; MacGowan, 1889）。很明顯的十九世紀的中國並不是民主社會。雖然如此，在這個時期，中國社會仍具有許多托克維爾所謂的民主政體社會的結構性特質，中國沒有世襲的精英分子，這個社會的人們經由從教育與私人關係的方式，以取得正式與非正式的權力地位（Ho,1964）。再者，這些精英分子並非全國性的精英分子。地方性精英分子的權力運作是經由非正式的途徑，富有地方色彩（Ch'u, 1969：168-92）。這些精英分子的連結以一個地方為單位——標準市場社區（Skinner, 1964; 1976），地區（Ch'u, 1969）或更小的行政單位（Freedman, 1965）。雖然也有若干的學者不同意以某一地方為單位，認為中國的地方對官僚體制在政治與經濟方面具有相當的自主性。事實上Skinner（1976）指出地方在影響中國社會組織方面，牽涉到各種收入層次的人們，尤其是對其「流動策略」的影響，不同的流動策略，影響人們選擇工匠、商人及官員等不同的職位。這些組織（如血族團體，祕密社會，會館）典型的存在於地方上（但非必然），在如此的區分階級下，我們可以在同一個地方社區的同一個組織中發現最富有和最貧困的成員。

　　在這個地方社會中，一個人對自己的成就之衡量，經常與同一地區的其他人有關。這種影響通常並不十分明確，因為正式的職位沒有嚴格的世襲，成功的象徵不單只是經由在外地取得官位而已（因為有不得在本地做官的限制）。但是一個人的相對成就之評價是非常重要的，因為一個人對地方事務的影響力與其社會地位有密切的

關聯（Ch'u, 1969：175-7）。因此，地位的競爭乃是一個複雜而且非常重要的保證，那些被認為成功，自稱成功，和有可能成功以及那些很清楚的被認為不成功的現象之間的連帶關係是很重要的。證明成功或自稱成功的一個最好方法是，從其生活格調上表現出來，從成功到不成功的生活格調表現也可顯示出其社會地位的高低。在這方面儒家文化是非常重要的，因為儒家文化包括了那些所有被認為成功的象徵——鄉紳生活的穿著。

在這個脈絡中，當地位競爭更加激烈時，地位的象徵變得更加穩固，各階層的地方習慣，變得更加瞭解這些象徵的意義。事實上，可能假定了這個激烈的地位競爭，有助於推動晚清時相當流行的家庭飾品，而這些是更早期的時候所未曾流行過的⑩。這些裝飾品項目（如鼻煙瓶、各種雕刻的小畫、絲織的圖案）都是相當昂貴的物品，但是一般的「中產之家」都可以買得起這些物品，而那些大富人家更可以得到更精美的產品。調查委員會也注意到中國中上層社會對這些奢侈品的喜好，報告中指出「中國到處都明顯的嗜好奢侈品。中國消費者用他們的一切能力去消費奢侈品」（Bourne's Section, 1898：115）。從而調查委員會將這種現象視為中國人會接納西方貨品的證據。但依本文的分析，具有西方象徵性內容的商品並不在代表個人成功的項目之內⑪。因此，消費西方的產品將會使一個人的社會地位遭到非議，包括削弱了個人對地方事物的影響。

---

⑩中國藝術的行家們經常認為晚清的藝術主要是早期各朝藝術的翻版。
而唐、宋時期的藝術相對的較具有自主性與創意，雖然她們的技術不如清代那麼成熟。

　　這條分析的線索，可從泛文化比較中得到支持，在那些大量接受西方貨品的複雜農業社會中（不包括移民性殖民地如南非與紐西蘭），我們可以發現非常相似的結構性架構。在各個社會中，不同等級的社會群體之間有相當大的社會距離。這些群體中的成員傾向於以種族、宗教或世襲的方式來界定。例如，在蘇俄他們接受了大量的西方貨品，其接受的原因是因為這些貨品是歐洲製造的，特別是法國製造的。然而，親法分子（the Francophilia）掌握了俄國後，就把這些西方的商品留給俄國的貴族及其家臣使用。很清楚的，西方的產品有一個象徵性的價值，因為階級的界線是那麼的森嚴。與農民相較，他們擁有非常優越的等級，俄國的精英分子有意藉著把這種貨品集中於君主，特別是凱撒琳大帝，以形成一種消費模式。俄國的統治者與法國的路易十四一樣，都企圖藉著增進貴族的崇高地位，來削弱貴族的權力，這使俄國的統治者在財富上轉向與有閒階級相結合，而不是在責任上相結合（Von Laue, 1961）。

　　相同的，南美的精英分子也消費大量的西方貨品，其理由與俄國相去不遠，在十九世紀初的革命浪潮中，南美的精英分子從西班牙的統治中解放出來。但是，這個精英群體在西班牙統治時期已經

---

⑪這一點在Chen的觀察中有深刻的描述，Chen在1930年代於外國工作多年，並接受西式生活的洗禮，然後回到中國，依照Chen（1940：111）的看法，衣錦榮歸者藉著顯示他們的「嗜好」和文化以「有效的展示出他們的光榮……（他們）對於圓滿幸福的想法……事實上並不是僑民從外國帶回的新東西，而是由鄉村民風來界定的東西。他們的貢獻是提供滿足這些嗜好的經濟能力……」。Watson（1975）在香港新界的村落所做的一個當代單一族村的研究中也有相同的看法。

形成，在人種上屬於混血兒，他們都是說西班牙語，屬於天主教教會，同時也都支持已經深植於新世界的西班牙行為模式，像俄國的精英分子一樣，精英分子之間有明顯的社會內聚，他們與土著的印地安人有明顯的差異。即使他們可能在內地擁有農場，但精英分子乃是世界主義者（cosmopolitan），而印地安人則是鄉下佬。不過南美的社會精英分子與俄國的精英分子不同，南美的社會精英分子也是政治上的領袖，他們保有極大的優異性特點，作為維持他們的領導權的手段之一。十九世紀之時，對西方貨品的消費，尤其是對英國貨品的消費，象徵著一種精英分子的地位。因此importado變成了quality（品質優良）的同義字，相同的，nacional則成為shoddy（不值錢的東西）的同義字[12]。

在印度，使用西方貨品的是特殊分子，例如有知識的行政人員及商人，他們都是服務英國人的。泰國是一個沒有正式被殖民過的地方，但在十九世紀中葉當Chulalongkorn集中他的政府反抗西方

---

[12] 在Halperin-Donghi（1973：82-94）的研究中可以發現這些模式的精彩摘要。在拉丁美洲使用西方紡織品方面，他（1973：86）寫到：「從Mexico到Buenos Aires婦女們已然狂熱的接受流行的浪潮，她們不只是把接受新的格調視為當然，而且還週期性的改變這些形態，這種情形增加了許多進口布料的消費。這種接受潮流的情形並不限於上層階級。即使在殖民時代，一個社會已開始被分成兩個部門，當然這區分不一定只根據經濟來作標準，所有的婦女若不想和低階層發生關聯則須盡其所能追趕流行的變遷」。他的觀點也被應用於日本（Shibusawa, 1988：21-7），這些社會中的人們也快速的接受西式的衣著型式，在墨西哥的轉型期是1824與1827年之間，而日本則是1872至1884年之間。

的壓迫後，泰國的貴族已然西化。在菲律賓及某些馬來西亞地區，西方的紡織品逐漸的變成上層階級的一個重要的消費項目。

在亞洲各地，對西方貨品的消費最為狂熱的是明治時代的日本。在這裡「對進口商品的每一個字均用一種接近於尊敬的感覺來表達，同時使用外國貨品成為高度榮譽的來源」（Yanagida, 1957：288）依據1878年一項日本的報告：「雖然進口貨品在十年前才開始出現，但人們都可以在都市上層階級中每一個成員的身上和家中看到它。人們渴望著任何的舶來品，不論它是否真有價值。」（Yanagida, 1957：289）上層階級所戴的無邊帽及士兵、商人所戴的帽子（Shibusawa，1958：31），手套及西式禮服等各種飾物，都使用西方的紡織品。雖然這些貨品，後來有些流傳到低階層中，但是上層階級（以前的貴族）乃是西方紡織品和流行式樣的首先採用者，也是大宗的消費者。學者們認為這些對西方服飾的使用，「只是為了強調其貧、富之間的差異而已」（Shibusawa，1958：25）。

從這些及其他一些例子中可清楚的看出，在非西方社會未開始西式工業化之前，西方商品的消費經常可反映出內在的分裂，從各個例子中可知，各社會精英分子的消費，在某種意義上並不是受下層地位群體的影響。簡而言之，地位競爭只限於某特定的階級；對精英分子而言，這是士紳之間的競爭。

這些現象也可應用於中國的唐、宋時代，這個時期的中國社會，較清代更具有階級性。在唐代，可以發現具有世襲性的貴族家庭，他們提供朝廷所需的官員，同時也執行社會中其他群體的禁奢法令。誠如Elvin（1973）所言，當時在這一點上農民和精英分子之間的社會距離非常的大，農民就「像」農奴一樣。唐、宋時代的世界主

義（cosmopolitanism）大部分是社會精英主義的反映，但其影響僅及於上層階級而不及於農民。

雖然使用地位競爭的解釋時可用差異比較法，但考驗這種解釋仍然有一些困難。例如，一方面可以認為俄國和拉丁美洲乃是西方文化的一部分，其精英分子易於接納西方的貨品不足為怪，這個推理仍是文化解釋的應用。在另一方面，地位競爭的解釋可認為俄國和拉丁美洲的精英分子與地方社會的連帶性很微弱，因此各方面都容易受到外部因素的影響。在這個面向，拉丁美洲的西化，堪與十八世紀歐洲流行使用中國產品的情況相比擬，那時每個莊園領主的宅邸都有中國的陶器和其他來自東方的奢侈品。可用西方文化以外的貴族社會也喜歡西方的商品這個證明，來支持地位競爭的解釋，但這並非決定性的考驗。很明顯的需要有更多的研究來支持這一比較考察的方法——或許藉著探究精英分子是否繼續穿著本來的服飾（如西非和波斯灣的部落領袖那樣），或藉著探究一個社會之內消費西貨（即西化）的差異性等研究可能有幫助，如在南墨西哥的精英分子在印地安社區中有很強的結合力，他們依然打扮成印地安人等。

雖然對某一特殊事件的發生具有不同的解釋，而考驗這些不同的解釋又具有其困難性，但是沒有其他的方法比用獨立的可能因果關係或對每一種解釋都衡量其重要性的方法更有用。正如這個個案研究所顯示的，各種不同的角度都有其優點，即使捨棄任何一個觀點，仍然能夠解釋何以中國人不消費西方的商品。但把這些觀點放在一起，則能對這個問題提出一種綜合性解答。商品與行銷缺點的解釋，使我們透視到動態的傳統經濟可以有效的生產中國人認為可

以接受的西方產品。對中國人何以不進口更多他所能接受的商品得
到了部分的解釋。地位競爭的解釋提供了一些情境性邏輯的因素，
個人在考慮他在這個社區中相關社會地位的關係下來選擇他可能的
消費範圍。中國人並不尋找在他「地位象徵」中可以接受的外國商
品，這些現象都可以由這個觀點來詮釋。文化解釋對那些反映一個
人的成功或自稱成功的貨品提供了一個瞭解。

六、結論

　　如果我們狹窄的將「西化」定義為對西式格調的採用及對西方
商品的購買——因此在分析上與其他西方擴張過程的面向（例如政
治的現代化與工業化等）有所不同——那麼我們可以提出暫時性的
通則。前述的討論指出，在那些非西方社會中精英地位群體比較容
易接受西化。如果這些精英地位群體在他們社會中能有效的控制政
權，如拉丁美洲，某種範圍的日本和較小範圍的俄國，那麼我們或
能更進一步認為西化可以視為維持現代社會以前的政治與社會結構
的一個指標。因此，修改本文開頭所引用的馬克斯預言是合理的，
他的預言認為購買西方的商品可以用新的面貌來繁衍舊世界。

　　當然，這個結論同意一些最近的研究，這些研究認為現代的日
本和拉丁美洲與其現代以前的社會存在著相當的連續性。然而除了
這種觀點以外，此處要提出的重要論點是，西化不必視為與舊秩序
的保留相敵對，西化可以維持其歷史的持續性。再者，在高度階層

化社會中，西化可能更適於視為傳統社會秩序的新象徵，視為企圖重新肯定傳統社會秩序的新途徑⑬。

在比較之下中國較缺乏「西化」，在其極為不同的階層化體系中顯示出相同的結果，她與其他社會的經驗相同，換句話說，其選擇不可能完全與過去無關。因此最少在理論上，不能只因為中國未曾大量使用西方的產品，而認為中國拒絕了西方的影響，並把中國當作一個反面的例子來看待。西方文明的擴散，甚至只從經濟的意義上來說，實遠比此處所討論的複雜和細微。「西化」（本文特定的意義），雖然有意義而重要，但並不能含蓋所有的現象。事實上，我們或許應該認為中國人對西方經濟擴充的反應採取了遠較其他非西方社會的個別反應更加積極和正面的方式。例如，中國人較任何其他非西方的群體，更能成為西方產品的主要零售商，並且經由東南亞、太平洋和加勒比海的所有地方向西方輸出初級原料。把這個龐大的集體行動稱為「對西方的反應遲緩」的論點確實是可疑的。

因此，如果以上這些意見有意義的話，那麼西方文明的擴張絕不是一個清楚的過程。其分析遠非經濟學、政治學或社會學所能單獨提供。但是，在這些觀點的結合下，我們必須為有利於做差異性比較的架構而努力，只有藉著系統的比較，才能為文明交會中的複雜問題找到一個解決的起點。

---

⑬這個假設對於西方資本主義和未開發的第三世界之間的直接關係（e. g. Frank, 1967）隱含著一個簡單但卻是重要的出路。這其間的關係並不是直接的，而是經由政治和階層化系統之間的調和而發生關連，這一關係的差異性可能會因不同的時間和不同的地方而產生不同的結果。

參考書目

Adams, Marie Jeanne

 1969   *System and Meaning in East Sumba Textile Design: A Study in Traditional Indonesian Art.* Cultural Report Series No. 16. New Haven: Yale University Southeast Asia Studies.

Bournes ' Section, Blackburn Commission

 1898   *Report of the Mission to China of the Blackburn Chamber of Commerce, 1896-7.* Blackburn: The North-East Lancashire Press.

Chandra, Bipan

 1968   "Reinterpretation of Nineteenth-century Indian economic history", *The Indian Economic and Social History Review* 5：35-75.

Chen Ta

 1940   *Emigrant Communities in South China. A Study of Overseas Migration and Its Influence on Standards of Living and Social Change.* New York: Institute of Pacific Relations.

Ch'u T'ung-tsu

 1969   *Local Government in China under the Ch'ing.* Stanford: Stanford University Press.

Cooke, George Wingrove

 1858   *China: Being "The Times" Special Correspondence from*

China in the Years 1857-58. London: Routledge.

Eisenstadt, S. N.

1973 *Tradition, Change and Modernity*. New York: Wiley.

Elvin, Mark

1973 *The Pattern of the Chinese Past*. Stanford: Stanford University Press.

Fallers, Lloyd A.

1966 "A note on the 'trickle effect'" pp. 402-5 in Reinhard Bendix and Seymour Martin Lipset（eds.）, *Class, Status and Power*. New York: Free Press.

Feuerwerker, Albert

1969 *The Chinese Economy ca.* 1870-1911. Michigan Papers in Chinese Studies, No. 5. Ann Arbor: Center for Chinese Studies.

1970 "Handicraft and manufactured cotton textiles in China, 1871-1910," *Journal of Economic History*. 30：338-78.

Frank, Andre G.

1967 *Capitalism and Underdevelopment in Latin America*. New York: Monthly Review Press.

Freedman, Maurice

1965 *Lineage Organization in Southeastern China*. New York: Humanities Press.

Gallagher, John and Ronald Robinson

1953 "The imperialism of free trade," *Economic History Review*. 6：1-15.

Gandhi, M. P.

1931　*How to Compete with Foreign Cloth.* Calcutta: Book Company.

Gernet, Jacques

　1962　*Daily Life in China on the Eve of the Mongol Invasion, 1250-1276.* New York: Macmillan.

Halperin-Donghi, Rulio

　1973　*The Aftermath of Revolution in Latin America.* New York: Harper and Row.

　1975　*Politics, Economy and Society in Argentina in the Revolutionary Period.* Cambridge: Cambridge University Press.

Hirth, Friedrich and W. W. Rockhill

　1970　*Chau Ju-kua.* Taipei: Ch'eng-wen.

Ho Ping-ti

　1964　*The Ladder of Success in Imperial China.* New York: Wiley.

Ingram, James C.

　1955　*Economic Change in Thailand since* 1950. Stanford: Stanford University Press.

Jacobs, Norman

　1958　*The Origins of Modern Capitalism and Eastern Asia.* Hong Kong:Hong Kong University Press.

Liu Kuang-ching

　1962　*Anglo-American Steamship Rivalry in China,* 1862-1874. Cambridge, Ma.:Harvard University Press.

Ma, Laurence J. C.

　1971　*Commercial Development and Urban Change-in Sung China,* 960-1279. Ann Arbor:Department of Geography, University of Michigan.

MacGowan, D.J.

　1889　"Chinese guilds, or chambers of commerce and trade unions",*Journal of North-China Branch of the Royal Asiatic Society* 21：133-92.

Marx, Karl

　1959　*Basic Writings on Politics and Philosophy,* New York:Anchor Books.

Morris, Morris Davis

　1968　"Towards a reinterpretation of nineteenth-century Indian economic history",*The Indian Eonomic and Social History Review* 5：1-15.

Morse, Hosea B.

　1908　*The Trade and Administration of the Chinese Empire.* Shanghai: Kelly and Walsh.

Murphey, Rhoads

　1969　"Traditionalism and colonialism: changing urban roles in Asia", *Journal of Asian Studies* 29：67-84.

　1974　"The treaty ports and China's modernization", pp.17-71 in M. Elvin and G. W. Skinner（eds.）, *The Chinese City between Two Worlds.* Stanford: Stanford University Press.

Myers, Ramon H.

　1970　*The Chineste Peasant Economy.*Cambridge:Harvard University Press.

Nathan, Andrew

　1972　"Imperialism's effects on China", *Bulletin of Concerned*

Asian Scholars 4：3-8.

National Council of Applied Economic Research, New Delhi

1959　*Survey of the Handloom Industry in Karnataka and Sholapu.* Bombay:Asia Publishing House.

Neale, Edward

1862　"Commercial report on British trade at the nine new ports opened to commerce by the treaty of Tientsin", *British Parliamentary Papers.* 1862（2960）LVIII：374-400.

Neville and Bell's Section, Blackburn Commission

1898　*Report of the Mission to China of the Blackburn Chamber of Commerce,* 1906-7. Blackburn: The North-East Lancashire Press.

Orlove, Benjamin S.

1974　"Reciprocidad, desigualdady dominacion", pp. 290-321 in Giorgia Alberti and Enrique Mayer(eds.), *Reciprocidad e Intercambio en los Andes Peruanos.* Lima: IEP Edicions.

Perkins, Dwight H.

1969　*Agricultural Development in China,* 1368-1968. Chicago: Aldine.

Platt, D. C. M.

1973　"Further objections to an 'Imperialism of free trade, 1830 -60'", *The Economic History Review* 26：77-91.

Plumer, Cheryl

1971　*Africa Textiles, an Outline of Handcrafted Sub-Saharan Fabrics,* Michigan State University: African Studies Center.

Popper, Karl

1964　*The Poverty of Historicism.* New York: Harper Torchbooks.

Primov, George

1974　"Aymara-Quechua relations in Puno,". *International Journal of Comparative Sociology* 15 ∶ 167-81.

Reynolds, Bruce L.

1974　"Weft: the technological sanctuary of Chinese handspun yarn", *Ch'ing-shih wen't'i* 3 ∶ 1-19.

Raychaudhuri, T.

1968　"A re-interpretation of nineteenth-century Indian economic history ? " *The Indian Economic and Social History Review* 5 ∶ 77-100.

Schafer, Edward H.

1963　*The Golden Peaches of Damarkand.* Berkeley: University of California Press.

Shibusawa, Keizo(ed.)

1958　*Japanese Life and Culture in the Meiji　Era.* Vol. 5. Tokyo: Toyo Bunko.

Skinner, G. William

1958　*Leadership and Power in the Cineses Community of Thailand.* Ithaca, N. Y.: Cornell University Press.

1964　"Marketing and social structure in rural China", *Journal of Asian Studies* 24: 3-43.

1976　"Mobility strategies in late imperial China: a regional-systems analysis", pp.327-64 in Carol A. Smith（ed.）, *Regional Analysis*, Vol. 1. New York: Academic Press.

Smelser, Neil

1963 "Mechanism of change and adjustment of changes", pp. 32-54 in Wilbert E. Moore and Bert F. Hoselitz (eds.), *Industrialization and Society.* Unesco: Mouton.

1976 *The Sociology of Economic Life.* Second ed. Englewood Cliffs, N. J.: Prentice-Hall.

Tocqueville, Alexis de

1969 *Democracy in America.* Garden City, N. Y.; Anchor Books.

Veblen, Thorstein

1953 *The Theory of the Leisure Class.* New York: Mentor Books.

Von Laue, Theodore H.

1961 "Imperial Russia at the turn of the century: the cultural slope and the revolution from without", *Comparative Studies in Society and History* 3:353-67.

Wallerstein, Immanuel

1974 *The Modern World System.* New York: Academic Press.

Watson, James

1975 *Emigration and the Chinese Lineage.* Berkeley: University of California Press.

Weber, Max

1968 *Economy and Society.* New York: Bedminster Press.

Wickberg, Edgar

1965 *The Chinese in Philippine Life,* 1850-1898. New Haven: Yale University Press.

Wright, Mary C.

1962 "Revolution from without?" *Comparative Studies in Society and History* 4:247-52.

Yanagida, Kunio

 1957 *Japanese Manners and Customs in the Meiji Era.* Vol.
   4. Tokyo: Toyo Bunko.

何以中國無資本主義？

——歷史與比較研究中的反面問題*

韓格理　著

張維安　譯

西方資本主義的理論，如韋伯新教倫理的理論經常被用
來搜檢阻礙中國經濟發展的關鍵性因素。但是像「何以
中國無資本主義？」這種反面的問題卻經常對非西方社
會的瞭解造成誤導。我們無法從有關歐洲的理論中得知
中國何以成為中國。本文對中國近世商業組織之分析，
是以「會館」這種商人組織為基礎，試圖從中國內部的
角度來解釋，而不是將它當做反面的事例來分析。

＊感謝劉廣京先生的鼓勵，並對本文初稿提出批評指正。周啟榮先生協
助中文資料，林鶴玲小姐協助中文譯稿，此外Guenther Roth, Judy Stacey,
Pierre van de Berghe，以及華盛頓大學（Seattle）政治經濟與中國討論
會系列的成員，特別是Elizabeth Perry及Brauce Cumings對本文初稿提
供許多寶貴意見，在此一併致謝。本文譯自 *Journal of Developing Societies,*
Vol. I（1985）：187-211。

一、前言

　　何以中國無資本主義？反面的歷史性問題經常難以獲得令人信服的答案，但這類問題卻經常在比較歷史研究中被提出來。

　　韋伯（Max Weber,1951）對此一問題的回答或許是社會學中人們最熟悉的例子，但他並非唯一質疑何以中國這麼不像歐洲的西方人士。事實上，以中國為標準來評斷西方的發展乃是西方歷史學中，經常使用的方法。即使摒除了馬可波羅（Marco Polo）時代便有的旅遊見聞和傳教士的報告，實際上用中國來檢視歐洲者可以上溯至十六世紀，到了啟蒙時期這種方法更變成一種普遍為人所接受的論證型式，若干著名學者如Leibniz，Montesguieu，Smith, Berkeley，Goldsmith及Voltaire都曾採用過①。中國與印度是黑格爾（Hegel）說明專制的例子，是「世界歷史之外」的社會。這兩個社會也被馬克思（K. Marx）當做亞細亞生產方式的例子，一種沒有矛盾的經濟形式，造成了社會的「恆常不變性」（permanent immobility），為「傳統性統治所支配」。至於傳教士、商人與學者們寫出輕蔑中國的作品是常有的事，例如帕克（E. H. Parker），這位十九世紀的漢學家，他是韋伯在論述中國的文章中所引用的權威。帕克寫道：「通過中國的法律，我們可以說是站在一個能檢視活的歷史並與古人對話的位置上。」（Jamieson, 1921：6）

---

①在Dawson（1967）的書中可發現有關十八世紀歐洲理念對中國很好的討論。

　　當十九世紀的作家們問道中國何以如此落後之時，他們所提供的不是有關中國的評價，而是對西方的詮釋。他們發現了西方在種族構成、基督信仰、自由市場與儘量縮減其功能的政府（minimal government）以及西方社會中的矛盾等優越的根源；同時他們也發現了中國落後的原因在於缺乏了這些特性。

　　今日比較歷史研究中的反面問題，即使不是得到相同的結論，也經常顯現出相同的邏輯。探尋一個獨特事件的原因、一個社會或一個小社群的模式，總是有助於檢視對另一個未曾發生此一事件的社會之詮釋。例如，托克維爾（de Tocqueville, 1955）指出，留意英國與普魯士之所以沒有發生革命〔的原因〕，有助於瞭解法國革命的原因與後果。在這個例子中，提出反面問題的方法是合宜的，是一個好的歷史研究之重要技術，因為這是對獨特性的測試，或許這是史學家唯一能用的方法。而且所謂的獨特性乃是一種比較性的主張，同時也是許多歷史研究的根本假定。

　　但是對反面問題的回答如何能顯示未發生此一獨特事件的社會之特質？例如，人們從托克維爾在《舊政權與法國革命》）*The Old Regime and the French Revolution*）一書對法國的詮釋中，可以瞭解多少英格蘭與普魯士？無疑的，人們可以瞭解許多有趣的事實，但是這些事實整合到一個廣含性的理論中，卻只適用於法國；人們無法瞭解英格蘭與普魯士的獨特性何在？因素間的因果性只對正面的事例有意義，但是卻不適用於反面的事例。一個反面事例的分析性因素變成一些事例類別的例子（例如，農奴制度社會或無中心城市國家等類別），而不是某一社會本身的重要特質。因此，當我們從反面的事例中去瞭解一個社會時，必須格外謹慎。例如，經驗告

訴我們英格蘭之所以成為英格蘭以及普魯士之所以成為普魯士，無法在有關法國的理論中獲得充分的瞭解。

　　相同的，我們無法從一個有關歐洲的理論中去瞭解中國何以成為中國。在與中國社會和其他非西方社會有關的社會學知識方面，絕大多數都是源自這樣的角度，將中國或其他非西方社會當成一些無資本主義社會的例子，以及一些與西方特質不同的刻板對象。

　　本文將從中國本身的角度，而非作為西方經驗的反面事例來分析帝制晚期的中國商業組織。以下的分析中，有一部分我將批判性的檢視社會學家和史學家對於「何以中國無資本主義」這個問題所提出的回答。首先我將概略敘述西方資本主義的理論，這些理論經常被用來搜檢阻礙中國經濟發展的重要因素。其次，我將在描繪近世中國商業的制度性架構中評估這些因素。最後我將指出反面的問題將導致錯誤的答案，如果我們要發展關於非西方社會的理論，不該從這種反面問題的角度來思考。

二、無資本主義的理論

　　從韋伯開始，許多學者基於各種歷史的興趣與理論的信念，尋找中國缺乏資本主義的理由，這些學者中有些研究西方史（如，Moore，1966；Wallerstein, 1974；Braudel, 1982；Wolf, 1982），有些研究亞洲經濟發展（如，Levy, 1949;Jacobs, 1958;Wittfogel, 1957），及研究中國文明者（Feuerwerker, 1958；Balazs, 1964；Needham, 1969；Elvin, 1973；Murphey, 1974；Myers, 1980；Roxman, 1981）。他們提供了許多很不相同但都很出色的答案。此處我不介紹這些答

案的複雜性，因為他們研究之間的差異，就像布勞岱（Braudel）和李約瑟（Needham）兩位學識淵博的學者之間的差異一樣大。我的目的在於概略描述這些作者所認為的妨礙中國資本主義發展的關鍵性因素。雖然可能簡化了他們的主張，但配合這個說明的最好方法是勾勒出三個西方資本主義發展的理論，這是許多學者認為中國所缺乏的。此三者為階級、市場及「新教倫理」的資本主義理論。儘管學者間的詮釋差異很大，許多學者仍選用其中一種或一種以上的西方資本主義理論來解釋，在中國的發展中到底「走錯了那一步」（以Rhoads Murphey（1970）的話來說）。

1. 無資本主義的階級理論

最常被用來解釋中國缺乏資本主義的理論是有關歐洲發展的理論中最不複雜的理論。這是簡化的馬克思主義者的理論，中產階級（bourgeoisie）在封建歐洲形成了資本家發展的主要力量。除了在封建社會中造成緊張之外，中產階級創造了後來導致資本主義發展的物質條件。這個理論強調中產階級的階級組成（商人，工匠及農業資本家），並著重生產因素，商業技術，及其與其他團體之間的關係。史學界長期以來認為商人團體由城市特許狀所得來的政治自主權，是歐洲資本主義發展的一個重要因素。

在運用這種資本主義產生的解釋下，許多作者發現中國缺乏有力的商人階級的弱點。然而對於造成這個弱點的原因，他們的意見並不盡相同。有些學者（Balazs, 1964; Wakeman, 1975：43-4; Jacobs, 1958:84-8, 118-20; Wittfogel, 1957; Weber, 1951:13-20）注意中國的城市缺少特許權以作為商人自主的基礎。另外一些學者（Skinner,

1976; Weber, 1951; Murphey, 1974：54）則注意商人團體依不同地區設立地區性結社團體的特徵，及其以地區為基礎所組成的團體（Landsmannschaften）即「會館」的主要模式。

除了這些次要的因素外，許多學者（Jacobs, 1958; Moore, 1966：174; Wittfogel, 1957：255-6; Braudel, 1972：585-595）認為〔中國的〕商人階級是薄弱的，因為國家組織使然。這些學者相信國家的權力在兩方面具有決定性。第一是國家的直接權力，經由官員們的運作有力的控制著商業，Balazs（1964：41）寫道：國家的權力「無所不在」。第二，國家也對商業具有間接的影響力，因為它設定了名望（prestige）的標準，並引導著有能力的人努力的方向。官方公認士為四民之首，而商人則居四民之末。於是富商及其下一代，特別是下一代總是想離開商人階級；他們將經商所得的財富用來購買土地，甚至買功名，穿著儒者的服飾，蓄留長指甲。而成為非生產性的士紳。Balazs（1964：44）從階級理論（class theory）觀點出發的作品是非常重要且常被引用的作品，在他的作品中他將中國與西方之間的「根本差異」摘述如下：「西方的城市是中產階級的苗牀，後來又成為中產階級的堡壘，中國的城市主要是政府的所在地，官員們的駐所，他們一直對中產階級採取敵對的態度，因此中產階級總是在國家的統治之下。」

2. 無資本主義的市場理論

市場理論不強調任何特定階級的角色，而是強調市場因素的運作力量及其自主力量。各種不同的詮釋強調不同的因素，並對市場經濟的成長給予不同的評價。在馬克思主義者的讀物中可以看到當

經濟部門獨立於其他制度性部門時，當土地、勞力與資本變成商品時，遂而產生資本主義，如Karl Polanyi（1957a; 1957b）的作品便是一例。這種市場經濟力量的成長迫使舊秩序崩解，新的資本主義制度得以創建，在新制度中新階級特權（Privilege）得以建立。結構功能學派的現代化理論家（Smelser, 1959, 1963; Levy, 1972; Eisenstadt, 1973），基本上便是同意Polanyi所主張的市場力量摧毀傳統社會的詮釋，並且進一步主張這個變遷乃是走向工業化的必要前奏。

在探討中國經濟落後的理由時，市場理論對中國在面對資本主義時的頑抗，和階級理論有非常不同的解釋。階級理論強調商人群體的薄弱，市場理論卻把焦點放在市場的限制，放在缺乏自由市場方面。但是，市場理論家之間對於市場限制的原因，以及到底是中國的傳統主義或西方帝國主義造成市場的束縛並阻礙了資本主義的發展等，其看法並不一致。

許多漢學家（Feuerwerker, 1958; Hou, 1963, 1965; Skinner, 1964-5, 1977; Elvin, 1973; Murphey, 1974; Myers, 1980; Roxman, 1981），無論是使用馬克思主義或正統經濟學理論的漢學家，都發現市場傳統主義造成中國的落後。他們認為在市場取向方面，中國的經濟與資本主義的市場經濟大不相同，而且十九世紀西方經濟對亞洲的影響尚不足以破壞傳統的市場買賣型態。這些漢學家發現三個市場傳統主義的來源。第一，傳統主義形成了特殊的商人群體，他們發展出嚴格的，像行會一般的組織以及獨占性的經營，妨礙了自由市場般的貨物流通，同時也阻撓了資本主義交換關係的發展。第二，傳統主義也形成了中國的市場買賣結構，就如Skinner（1964-5, 1977）

所指出，近世中國隨處可見小規模市場以及位於地區性都市階層網中心的複雜分配體系。西方的侵入無法在短期內清除這個廣大而緊密的市場結構，相同的地方文化與習慣也由市場買賣的社區中孕育出來。第三，清代（1644-1911）人口的快速增加造成資源逐漸減少，加速了對有效資源的競爭，相對於現有的工作，就出現了過剩的勞動力。這些條件有助於運用簡單的勞力密集式工具，但卻阻礙了工業技術的採用。這三個因素維持了市場中的傳統主義，並且促使中國近世經濟進入Mark Elvin（1973: 298-316）所謂的「高度均衡的陷阱」（high level equilibrium trap），一種「量的成長與質的停滯」的情形。與西方相較之下，這些學者認為帝權時代的中國經濟是靜止的，是「成長而無發展」的一個例子（Myers, 1974: 77, 1980: 49）。

從資本主義的市場理論觀點來看，與階級理論的學者相當不同，市場理論學者發現中國政府並非中國落後的主要原因。但是Wallerstein（1974）和Fairbanks（1968）兩位知名的學者，在採取更長遠的觀點審視市場的詳細資料後認為，即使政府沒有干預市場，政府依然掌握了中國經濟的命運。依照Wallerstein的看法，中國統治者選擇維持一個世界帝國，而非超越國界以建立一個海外貿易的商業網。然而西方國家地小、競爭性強，它需要依賴國際貿易的收益來維持其政權。征服世界對中國人而言是不足取的，但是對歐洲的統治者而言是非常重要的。結果，就如Wallerstein（1974：63）所言：「中國受到帝國政治結構的束縛。」

3. 無資本主義的新教倫理理論

在三組用來解釋西方資本主義及中國落後的理論中，韋伯的新教倫理的論點是比較不常被引用的，即使被引用，通常也都被置於較階級理論或市場理論為次要的角色。相對於韋伯在《經濟與社會》（Economy and Society）和有關中國的論文中所做中國與西方的複雜的歷史比較，這種理論是一種勉強的比附和簡單的認為中國的價值不適於發展資本主義，沒什麼兩樣。

韋伯對中國的評價遠比這個複雜[2]。韋伯分析許多制度以及市場組織的社會思想與現實。他在論述中國的文章中透過與中國的比較來檢視西方文明的發展趨勢，遠比對中國〔社會〕發展趨勢的關心為重。韋伯花了許多年嘗試去瞭解這些趨勢；因此我們不必對他為了測試其歐洲歷史理論而問道：「何以中國無資本主義」而感到訝異。

就韋伯的觀點而言，中國與現代的西方在所有重要的制度層面都不一樣，如：經濟制度，社會結構，政治組織與宗教制度。有些差別比較小（如城市分工，Weber, 1951：96-97），有些差異則較大而且明顯（如分裂的歐洲與大一統的中國，Weber, 1951：33-62），但是結果正如所有的資料所顯示的，雖然在古代西方與中國有許多相似之處，但是西方已有許多中國所沒有的重大改變[3]。他對於西

---

[2]關於韋伯論中國方面更完整的分析，請參考Hamilton（1984）及該文所引用的參考書目。

[3]關於韋伯對這個效果最清楚的說明，可在其論中國的論文中發現（Weber, 1951：231）：「在與我們相關的特質方面，越回到以前的歷史，我們發現中國人與中國文化與西方越相似。古代流傳的信仰，古代隱士，最古老的詩經，古代勇士王，哲學派別的敵對，封建，戰國時代資本

型態為基礎。但是，在中國，父權式支配卻無法被打破。其次，在問及西方統治的根本邏輯何以發生改變方面，韋伯發現，西方的非正統運動及宗派的生活方式，不斷的向以正統原則為基礎的至高無上的制度挑戰，這些原則是國王與教皇自古便拿來為其行為正當性辯護的工具。在中國，非正統的運動從未對儒家正統提出這麼大的考驗，因為儒家的教義對此世的行為提出相當的指導，但對來生卻甚少論及。但是在西方，韋伯認為（Weber，1951：237）「倫理性宗教（ethical religions），尤其是新教徒的倫理及禁欲的教派，其最大的成就便是粉碎了血族的束縛」。脫胎於父權制，西方社會形成了一種制度背後的新邏輯與正當性基礎。這些制度性的改革創新，變成了發展資本主義的必要前提。然而中國依然是父權體制，而且沒有導致自發性資本主義產生的可能條件。

在韋伯的新教倫理論題中，價值與資本主義之間並不對等。即使如此，許多人仍然誤解韋伯，並在非西方社會中尋找相當於新教禁欲主義的價值信仰，或全然不加思索的認為中國「受制於其價值系統中的『理性』」（Wallerstein,1974：63）。由於這種簡化韋伯論題的傾向，許多學者在解釋中國缺乏資本主義的原因時，將韋伯的新教倫理論題的詮釋置於階級理論與市場理論之後也就不足為方社會趨勢的解釋包括兩個部分，首先，韋伯認為西方的統治結構已經從父權式基礎（Patriarchal foundation）（父權式統治在韋伯的類型畫分中稱為「傳統性統治」），轉變成以法律和形式的推理

家的開始發展，所有這些特徵與西方社會現象的關聯反而更甚於其與儒家中國社會的關係。」另外請參考Weber（1951：242-243）。

怪了。由於韋伯的理論在解釋西方資本主義之源起的理論中是最為複雜的，它應被視為解釋中國缺乏資本主義方面最具挑戰性的理論。然而即使如此，韋伯也只是對歐洲提供一套完整的歷史解釋而已，他所解釋的並不是中國。

　　以上三個有關西方資本主義的理論，各別說明了何以中國沒有像西方一樣的發展過程。雖然這些西方的理論確能幫助我們描繪中國經濟的特徵，但是即使我們將這些特徵擺在一起，也無法對中國帝制時代經濟如何運作的實際情況獲得清晰完整的瞭解。相反的，中國社會被描繪成有著強力政府，傳統性市場以及平靜宗教（pacifying religion），做為西方的反面形象，中國被刻板意像化了。無論這種洞察力可能有多重要，在結論之處我將指出這種從西方理論來看中國的反面觀點，將是誤導大於其正面所貢獻的價值，即便如此，他們也沒有提出一個像資本主義理論詳細說明西方歷史一樣，也能夠詳細解釋中國經濟與社會史的理論。如果要說明中國經濟發展史，政府的角色或市場限制的特性都可能具有分析的重要性，因為它們確實與西方社會相關。但是在西方重要並不意味著在中國也一樣重要，或重要的方式相同。

　　要對中國社會有分析性的理解，如同我們對西方經濟的瞭解一般，我們必須發展出一些概念和理論，就像在西方社會中建立概念和理論一樣，也就是對討論中的社會進行仔細的全面性分析。唯有經由對中國經濟的制度性行為獲得瞭解，用以說明中國經濟的跨文化比較才有其基礎。

三、近世中國商業的組織結構

如何對社會現象得到一個不偏的瞭解？對於這個問題雖然有許多答案，但可以確信的是，在某種程度上，分析者該試著從參與者的觀點去瞭解社會。韋伯稱之為「詮釋性瞭解」（*Verstehen*），是一種具先驅性但也常受到批評的取向。在歷史研究中，許多批評「詮釋性瞭解」的人都認為，離開了主體所處的時間與空間，人們便不可能知道歷史行動者心中的見解。雖然這個主張絕對是正確的，但是卻忽略了韋伯認為一個好的歷史研究所應具備的分析層次。韋伯並不想知道促使人們行動的私人理由；他一向主張這些〔私人的〕理由之間具有多樣性，彼此經常無法一致，所以行動的私人理由無法成為社會學的分析層次④。韋伯以及多數的史學家所努力的分析層次，並不是這種屬於個人的知識，而是參與者所共同接受的社會世界的知識，也就是今天社會學者所謂的規範架構（normative framework）。韋伯所追求的是共通的知識（public knowledge），一種能傳達所有參與者之行動的共同之瞭解。

---

④對於討論「詮釋性理解」（*Verstehen*）的文集，另請參考Truzzi（1974）及Oakes（1977）。至於韋伯區分個人的分析層次與規範性分析層次的例子，特別請看韋伯對權力與支配的討論（Weber，1968：53）。此處他從個人的利益來界定權力，並從規範來定義支配，而後他主張「社會學對權力的定義是不定形的。一個人所有可能的特質和所有可以想像的環境的結合都可能使他站在將其意志強加在既有情況的位置上。因此社會學的支配概念必須更為詳盡……」。

　　將中國商業視為一個對行為有著共同理解的制度性領域時，有三個表面上看起來似乎對立的特徵，依我看來是許多研究者所得到的一般結論。

　　第一，就一般的瞭解，中國的國內經濟在清季時極為興盛。雖然無法詳細加以評價，但是Rhoads Murphey（1974：23）的說明可能並不誇大：「明、清時代商業的絕對水平非常高……我們所掌握的各種證據……告訴我們，即使以平均每個人而論，各省之間的商業交易量，都是相當於或大於歐洲在十九世紀初期的水準。以絕對數量而言，更是無可置疑的遠大於歐洲。」能夠支持這種結論的資料非常的少；在中國我們缺乏像Braudel（1972）用來估計近代歐洲初期那樣既給人印象深刻，又訊息豐富的資料，如有關稅收的帳冊和商人的帳簿。但我們仍然可以瞭解中國在日常必需品，稻米與其他食物、棉布與絲織品，陶器等方面的全國市場交易量非常大。在奢侈品方面的交易也一樣熱絡；這些奢侈品對中國鄉村與都市的士紳是一種非常重要的地位標記，而且這些士紳又分佈在中國各地，而非集中在如倫敦或巴黎這樣的中心城市。即使我們無法詳細的估計清代的商業活動情形，我們仍可接受這樣的結論：清代不只商業繁榮，而且其繁榮還具有連續性和可預測性。

　　如果我們要瞭解近世中國的商業，這種商業活動之連續性與可預測性是必須加以注意的，但是與另一個同樣理由充分的結論放在一起時，反而造成解釋上的問題。第二個廣為接受的結論是，近世中國的商業活動是建立在帝權政府正常管轄權之外的一個複雜的活動領域。Sybille van der Sprenkel（1977：613）對這個結論做了下述清楚的說明：「縣衙門並不是調停商業性爭論的場所。……清

政府〔在商業方面〕的法律,從未超出倫理規範的實行以及公共利
益的保障,讓人民能在最小的干涉之下進行他們的活動,……當然,
同時也就沒有由法律裁判而來的利益。易言之,大部分調節商業活
動的功能都由非官方的社會組織來執行。」當然,在官方壟斷的國
外貿易、鹽業、磁器(官窯所燒),和一些較次要的商業項目中,
政府在調節商業活動方面仍扮演著積極的角色。但是大體而言,除
了官方壟斷的企業外,明、清政府並不決定商品的價值、強制契約
的執行或設立度量衡的標準,甚至也不指定商業交易的媒介。政府
在建立信用制度,開創商業保險,決定可接受的利率方面,甚至在
回收流通的紙幣方面都未扮演重要的角色。除了偶爾對轉運貨物課
稅之外(轉運貨物課稅在1853年之後才制度化),政府並不規範貨
物的分布流通或對貨物銷售加以課稅。帝制政府建立並維護大運河,
確實曾因促使北京與華北更容易接近華中與華南農業富庶區的產物
而刺激了商業。此外,在牽涉到商人的爭論訴訟中,政府官員通常
都支持商人的不成文法。但是即使如此,在與生產、分配和交換之
方法、工具有關的經濟制度及這些制度的建立,執行與維持方面,
近世中國帝制政府並未扮演重要角色。

　　中國政府除了在商業交易制度方面,建樹甚少之外,也很少控
制商業的參與⑤。政府在控制其所壟斷的事業之外,並不刻意去界
定誰是商人,誰是工匠。一直到明初都還嚴格實行的某些行業的世

　　⑤在前現代(premodern)經濟中,政府對商人參與的控制遠較政府對經
　　　濟制度的控制為普遍。一些這種政府/商人關係形式的評論,請參考
　　　Hamilton(1978)。

代繼承法，因「不干涉政策」而取銷。無論是對商業組織的規則、對市場的控制或是對成員與非成員的管理，政府都不干預。

有些學者認為在近世帝制中國⑥，政府官員慣例上把自由商人的賄賂當做對農民壓榨的補充，而且商人又無力對抗這種要求。從這個基礎上來看政府控制了商業。然而，商人定期向官員行賄雖然是事實。但是認為政府對商人階級的控制則太過誇大。事實上，相反的，官員們鼓勵商業活動的說法可能更站得住腳。因為政府在土地稅之外相當倚重〔商業〕稅收來供給地區行政單位，官員們會鼓勵商業貿易，投資商業，作適度的需索以使收入達到最多。但是無論我們支持那一邊的論點，似乎仍然可以確定中國帝制晚期商業制度上的連續性與可預測性，既不是政府透過其政策，也不是官員們透過其非正式的策略所創造和維持的。

將以上兩個結論並置──一邊是商業的繁榮，連續性與可預測性，另一邊是商業活動缺乏政府支持的架構，我們將可發現中國缺乏像歐洲商業所具有的基礎：由法律來界定，並且有國家的法庭所支持的經濟制度。從這個角度來思考，一個社會學的問題於焉產生：這個支持著龐大經濟運作的中國商業制度是如何創造和維持的？

對於這個問題的答案極為簡單。帝權政府沒有做的，都由商人團體做了⑦。商業交易的技術，商業慣例的建立與執行，市場的整頓，商業參與的規範等，都在由地區性商人結社所提供的經濟基礎

---

⑥我將說明有許多學者把這種情形當做明代（1368）以前的情形。在早期，情形完全不一樣，政府事實上盡可能控制商人及其活動。但是，明清時代這層關係已有相當大的改變，這是一個尚未充分瞭解的事實。

上進行。但是這個答案（以下我將詳細加以說明）卻引致一個更複雜的問題，那就是商人結社實際上如何做到這些？

這個問題指出了第三個結論。各式各樣我們稱為「會館」與「公所」的中國商人結社，絕大多數都是出外人在經商所在地組成的。這些都是地區性結社或以地區為基礎的團體（Landmannschaften）。實際上與中國近世商業與都市社會結構有關的所有研究都指出，這種地區性結社是最顯著的都市組織型式，也是主要的商人組織型式⑧。事實上無論在中國任何地方，很少證據顯示，有由本地商人組成的重要團體，大小城市皆然，無論北京或汕頭商人結社都是非本地人所組織。關於這一點，中國沒有像歐洲的住民行會（denizen guild）或日本的cohnin associations這種結社。

非當地商人的鄉親連帶為中國商業的重要特徵似乎已相當確定。然而，思考中國商業之連續性與可預測性的社會學問題時，若同時慮及這項特徵，將使其答案更為複雜。現在問題變成了：這些大量靠鄉親聯帶關係所組成的商人團體，如何創造並維持那支持中國龐大商業體系的經濟制度？

---

⑦Fewsmith（1983：618）甚至進一步將商人結社團體描寫為「一個官僚體制之外的團體，在官僚體制正常可及的範圍之外完成其規則性功能」，也視為「其權威從政府而來並輔助政府的結社團體」。雖然政府確實允許這些結社團體的發展，但是認為商人結社團體的權威是由政府所賦予，便是誤解了近世帝權中國的政治制度，這點我將在結論中加以闡述。

⑧有關「會館」的主要資料請參考He Bingdi（何炳棣）（1966）及一般都市結社團體的討論，Skinner（1977）。

關於這個答案的第一條線索就是，對商人團體成員之間的鄉親連帶做實際的分析。

四、鄉親連帶與團體的界線

最近有關地區性結社的小團體特質（particularism）來源的研究，指出了與市場買賣社群有關的生活特質之來源。第一，地區性結社是基於Skinner所謂的「地方一體系忠誠性」（local-system loyalities），以同地區或同鄉的連帶為基礎。這個團體因同鄉的親近而產生，並且做為在較大的城市中促進地方體系目標的「流動策略」（mobility strategies）。G. William Skinner（1977：613）首先明確的表達這個詮釋，他寫道：「經濟中心的同鄉結社是（地方體系）努力於壟斷或控制職業活動機會的表現。」——鄉親連帶因而產生。第二，從小鎮旅居到更大的商業市場，旅居異鄉的商旅希望從某些團體尋求保護及協助，就產生了對某些結社的需要。依照Golas（1977：556）的看法，「做為一個陌生人與外地人，（商人們）經常為當地民眾所歧視，很自然的傾向於與具有共同苦難的人結合在一起」。因此，與地方體系動力結合在一起，遷移過程本身也增強了地區性結社團體的特殊性。

然而，有關商人團體的資料並不支持鄉親連帶的這個特性。就像Skinner所假定的，如果都市中的地方性結社團體是市集地方根性，或「地方——體系的忠誠性」之主要表現，那麼人們可能預測有凝聚性的地區性結社團體之穩定網絡將分布在全中國各地。例如，人們可能期盼從汕頭、廣州或廣東省其他城市來的商人，已在整個

中國與東南亞他們經商所到的所有地方,建立了有組織的結社網絡。於是這種網絡很容易被視為「流動策略」(mobility Strategies),一種提高地方市集社區(local market communities)利益的工具。但是如果不拒斥鄉村銷售群體中地方根性的重要性,我們可以發現許多支持另一假設的證據,即鄉親連帶在都市及商業活動中,比在地方體系的活動中植根更深。證據告訴我們,大體而言地區性商人結社在每一個新的地方便會組成,而且用來揀選團體成員的地區性標誌也很容易改變。易言之,雖然地區性結社可能具有鄉親的關係,但是諸如「同鄉」這種鄉親連帶關係的地區性定義卻有極大的差異,而且受其所在地的商業交易情況所影響。

理論上,一個人的故鄉是某一特定的地方,通常這便是一個人具有地方血緣關係的地區。但是,人們在離鄉背井之下來認定自己時,其故鄉的界定是非常有彈性的。例如,廣東商人的認定便是如此,Peng Chang(1975)認為這是十九世紀末中國最有力的商人團體。

然而,在廣東省內是找不到任何團結的省內商人團體的。每一個主要城市的商業都被來自鄉村腹地並與該地區保持密切關係的商人所控制。例如,在通商口岸汕頭,汕頭行會(萬年豐)便以幾乎控制了全市的貿易而聞名於西方(More, 1909:53-57)。雖然行會由地方人士所組成,但行會組織主要是以同鄉連帶為基礎。汕頭行會是一個由來自港口城市附近六個地區的商人所組成的聯盟。這個行會的管理組織分為二部分——其一代表城市南邊與西邊等三個地區(如揭陽、普寧及潮陽),另一則代表城市東部與北部等三個地區(如海陽、澄海及饒平)。除了這個行會外,在汕頭另有由廣

東商人所組成的二個較小的地區性結社，其中之一是「八屬會館」，
這是由客家商人及幾個從更偏遠的地區來的商人所共同組成的團體，
有些地區甚至在福建省（興寧、長樂、平遠、鎮平、大埔及廣東省
的豐順，福建省的永定）。另外一個在三個會館中影響力較少的會
館，是由廣州地區商人所組成的「廣州會館」（Decennial Reports,
1882-1891：537-540）。

在廣州，相同的情形非常普遍。廣東商人分成許多與周圍地區
不同的群體，每個群體多少各有其所專長的生意。在不下於十八個
從外省來的商人所組成的「會館」組織之外，廣東省內以正式「會
館」組織出現者最少包括十七個不同的地區（Rhoads, 1974：103
-108）。除了這些「會館」外，廣州另有一百個以上的各種行會，
分別代表各種特定的行業。這些行會中有許多又再分成特定地區性
的次團體（sub-groups）。例如當地銀行家的行會（中興堂）便包
含了十四個以上不同的次團體，這些次團體最少代表了廣州腹地的
十七個地區（Anonymous, 1932：187-190）。

廣東省之外，相同的情形也非常普遍。十九世紀的香港，中國
人的社區中領導權都受富商控制，這些富商大部分都來自廣東的兩
個地方：東莞和中山。這些人組織了職業性行會外，又組織了互助
及慈善的結社團體（Smith, 1971; Lethbridge, 1971）。即使是在
香港附近的鄭州這樣的小島上，都有代表廣東省四個不同地區（中
山，惠州，潮州和四邑）的三個地區性結社團體（Hayes, 1963：
96）。在廣西省的梧州市有一個廣東「會館」分成數個行會（guilds），
有些（即使不是全部）行會代表一個地區的技藝或商業（Decennial
Reports, 1892-1901, Vol. 2：333-334）。在諸如蘇州、上海、漢

口、北京和桂林這種重要的商業及行政中心，從廣東來的商人分成四個以上不同的地區性結社團體[9]。在較不受重視的商業中心或離廣東較遠的商業中心，「同鄉」的定義變得更為籠統。在天津，來自福建與廣東的商人屬於同一個組織（Decennial Reports, 1892-1901, Vol. 2：592），亦即同屬「閩粤會館」，而在南京，廣東和廣西商人共同組成一個結社團體，稱為「兩廣會館」（Decennial Reports, 1892-1901,Vol. 1：434）。在福州、台灣和蘇州也同時可以發現「兩廣會館」[10]。在許多地方，如鎮江、牛莊、蕪湖、寧波、廈門、海口和龍州，都有一個屬於廣東商人的結社團體。但是在同一個地方，人們也有可能發現另一個從廣東某一特定地區來的商人所組成的「會館」，而且在「會館內部」，從廣東不同地區來的商人之間，彼此仍畫分界線。

這個例子加上其他許多類似的事例，都指明商人與零售商用「故鄉」界定自己的方式，有極大的差異[11]。在解釋這種差異時，有兩個因素似乎特別重要。第一，一個結社團體的所在地與組成分子的故鄉有關。一個人越接近其本鄉，其認同的地區標記就越特定、越

---

[9]蘇州：Decennial Reports, 1892-1902, Vol. 1, pp.：552-553；上海：He, 1966, p.49；Decennial Reports, 1892-1901, Vol.1, p.525；漢口：Decennial Reports,1882-1891, p.191；He, 1966, pp.42-43；北京：He, 1966, p.32；Guilin：Decennial Reports, 1892-1901, Vol.2,p.292。

[10]福州：Decennial Reports, 1882-91, p.428；臺南：Decennial Roports, 1882-91, P.494；蘇州：Decennial Reports, 1892-1901, Vol.1, p.552。

[11]經由有關商人與工匠的文獻考察，地區性團體中從未出現其組織界線不具相當變移性，而且由某一特定地區的移民所建立的案例。

狹窄。例如，一個住在其故鄉地區省城的人，會認同與他來自同一個村或同一標準市集的人。就此而言，地區性結社可能以姓氏的結社團體或職業行會的型式出現，甚或兩者兼具。一個人遷到省城，可能認同那些來自同一地區，同一縣或同一市集區的人。離開其故鄉更遠時，個人可能認同於該省的會館，在會館中，成員們所指的故鄉乃是省。對於故鄉的認定存在著這麼大的差異，因此組織本身的地區性名稱，幾乎都並不代表一個人的故鄉之既有團體。

第二個因素似乎一樣重要，那便是結社團體成員的業務。如果我們注意上述通則的許多異例（即一個結社團體離其故鄉越遠時，其地區性的界定便越概括），便出現二個假設。第一，從有資格被僱用的人數來看，越特定或越壟斷性的職業，其結社團體的地區性則越特定[12]。第二，越能吸收不同職業者移入的城市（例如，商業上極活躍或快速成長的都市地區），其結社性團體的名稱則越特定。

例如，浙江紹興人以行政能力聞名，經常受僱為行政官員的師爺（Skinner, 1976）。於是在重要的行政中心，如九江，上海，漢口，廣州，杭州，天津與蕪湖等處，我們可以發現專屬於紹興人的

---

[12] He（1966），Skinner（1976）及其他學者都正確的將這個論點當做解釋「會館」起源的重要論點。無疑的許多商人結社團體的形成，是因為銷售故鄉的產品，而跨越非常不同的地方。但是此事的重點是澄清差異的原因。例如，Zhuang and Chen（1941,1947）指出，在較大的商人結社團體及工人結社團體中，通常有許多較小的同鄉「會館」，同時在較大的同鄉結社團體中，通常也因(1)同一行業的商人；(2)同行的手工工人；(3)同一類工作的工人等情形，而組織成更細的單位。本文往後將解釋其間的一些差異性。

地域性結社（He, 1966）。在次要的行政中心，紹興人便與其他浙江人加入同一個地區結社。但是在北京這個最重要的行政中心，紹興縣八個地區中有四個組成獨立的地區結社（He, 1966：28）。同樣的例子還有安徽徽州（Skinner, 1976），及山西票號的商人們（N. Y. Yang, 1937）。

典型的情形是，城市的腹地是城市各種小買賣生意人和大多數計件工作勞工最可能的來源，因此從這種地區來的人們經常組成地區性結社，以便與來自同一腹地的其他地巴的人有所區別。在華南的海口（瓊州）和北海兩個通商口岸，從高州的腹地縣來的人們組織了一個排外的地區性結社。在海口這個口岸，他們專長於進出口業；在一封信中記載著：

> 高州行會的成員乃是……一個低下的階級，他們主要是由小商人、挑夫和苦力所組成，交易的利潤屬於個人的事情。這個行會本質上是一個工人的「俱樂部」，在其直接活動範圍之外，幾乎沒有什麼影響力（*Decennial Reports,* 1882-1891：635, 652）。

位於山東省的華北大港煙台也有類似情形，從煙台港腹地各縣及各地區來的人，在許多行業中都占了優勢的比例，從鐵工廠工人到當地的進出口生意，這些都是不易為小團體所壟斷的行業。能被壟斷的行業則都操縱在外地人手中，特別是汕頭的商人。

這些例子支持了以下的結論：地區性結社團體在界定「同鄉」時差異甚大，用商業條件（commercial conditions）來解釋，比Skinner

所謂的「地方體系忠誠性」（Local System Loyalties）的解釋更好。地方根性如果真具有如此積極的力量，這些地區性團體理應有差異較小的，與更精確的地區性認定。支持這個結論的一項證據是，極少例證顯示來自同一個地區，在不同地方組織的地區性結社團體之間，有組織性的聯絡⑬。

五、鄉親、信賴與市場穩定性

在不否定故鄉地方根性（Parochialism）或Skinner所稱市集結構特徵之重要性下，我相信其他因素如都市和經濟方面的因素，一樣有助於更充分的解釋商人結社團體的鄉親連帶，並能在解釋中國商業的連續性方面提供重要的線索。都市的因素通常都被忽略，即使注意了，也只是一筆帶過。要瞭解這些都市因素，應考慮商人結社團體在創造及推動一個有助於連續、可預測的商業環境中的角色。對於那些來自鄉村並以賺錢為唯一目的人而言，這是一件非常重要的事情。

如果人們相信現存的成文規定以及地區性團體的法規，那麼有一件事情是可以確定的：商人與工匠都瞭解其社團角色是藉著奠定可信賴的基礎以穩定市場。分析一下MacGowan所蒐集的「會館」規章。關於商業基礎沒有什麼能夠比在北海的廣州「會館」的規章說明得更為清楚：

---

⑬有關此點可參考名聲不好的「汕頭鴉片行會」的紀錄。North China Herald, 1879年10月17日,pp.385-388。

希望我們所採用的規則能使我們的成員之間行動畫一、感受一
致，成員們受到同鄉人的情誼所約束，經由這些規則的執行，
既可使內部成員免於逐漸腐敗頹廢，同時也可以讓行會外的人
明白，我們決意反對行為不當的商人，以免使自己困窘（MacG-
owan, 1886：136）。

在結社的規章中一再提及，商人與工匠規畫、執行社團的法則
和規章是為了「保障所有與其交易對象的信賴，使所有的顧客樂於
與其做生意」，「謀取利潤的原則統一而不變」；規章絕不可違犯，
以使童叟無欺，要獲得買賣雙方長久的和諧；無需動用法律，「在
建立商業性法則時，買賣事宜的約定應有永久性」（MacGowan,
1886：146-148）。

值得注意的是，這些結社團體的規章並非只是成員之間流通的
私人文件。相反的，這些規章都是公開的文件。結社團體通常將其
規章呈送給當地的縣官，所以爭訟涉及有關成員時，官府便參考這
些文件來判決⑭。再者，結社團體也經常將其規章刻在石頭上公開
示於眾人。事實上，近世中國一些較大的石刻版印集中，都是關於
商人與工匠團體的活動（Jones, 1976）。

---

⑭Peng（1957：28）從武陵商人結社團體中引用了一些商人將結社團體
中的規則呈送給地方衙門的例子。以下取自馬口鐵器具店：「現在我
們邀集我們的同行商人討論選擇性重建以前的規則，官員們仁慈的允
許將我們的規則記錄在案以供參考。」另外請參考Tou（1972：30）。

從這些結社團體的法規中清楚可知，經由規範其成員的商業性行為，結社團體企圖對他們灌輸誠信的信念。他們以兩種互補的方式來進行這項工作，一方面設立可靠的經濟標準，一方面建立地方性的聲望。在這裡，我們應該區別地區性結社團體之階級的及地位的不同面向⑮。一方面，對於個人在特定職業中角色的表現，地區性結社團體確立了管理的規章；這些規章可稱為階級規範。另一方面，結社團體要求個人服從規定的行為標準，不論其職業為何；這些可稱為地位規範。階級規範可以提供可靠的經濟制度，地位規範則是限制特殊類別以外的人的參與，以提高其可靠性。前者明白的說明了行動的準則；後者則說明了個人從事此行動的態度。

商人行會的階級規範非常明確。銀號的行會對銀的「硬度」有明確的規定：「銀兩的標準成分為千分之九百九十二的純銀加千分之八的合金，任何人不得以其他成分、比例鑄造（*Decennial Reports,* 1882-91：35）。」茶商行會對於茶的數量與品質的歸類，也都設定了標準（MacGowan, 1886：151-156）。木匠行會對顧客所希望的品質與型式加以固定。理髮師行會則統一其服務的方式（如，「年終的最後六天不替客人掏耳朵」）（MacGowan, 1886：177-178; North China Herald, Nov. 24, 1893：823）。連北京的盲眼藝人行會也有一整套，Burgess（1928：103）稱為「比城市中任何

⑮我以韋伯（Weber, 1968：926-39）的定義使用「階級」和「地位」二字。階級是相似經濟角色或關於市場的相似地位的分類。地位群體（Status Group或Stände）是真正的團體，他們分享一特殊的「榮譽的尊重」及「特殊的生活型態」。

行會的規定都還要來得複雜而詳盡的規章」。

如果我們瞭解中國帝制晚期政府在度量衡或貨幣的標準化方面未加操作，那麼很明顯的階級規範對商業的連續性與可預測性扮演了很重要的角色。不同地區之間度量衡差別很大。同一地區，不同行業間的度量衡又有差別⑯。當作量器的「斗」，全國上下有從176立方英寸到1,800立方英寸的規格差異。測量長度的「尺」則因不同的行業而不同，有木匠的尺、裁縫師的尺和量土地的尺等等。而其長度又分別因地區而有差異。

根據More的計算，中國的「尺」可以從8.6英寸一直到27.8英寸。測量面積的「畝」可以從3,840平方呎到9,964平方呎。但是他也指出，在不同的地方，商人結社會在其行業內將其常用的度量衡標準化，因此各種度量衡標準為一種當地行業的習慣，可以完全被使用者承認和接受（More, 1908：171）。

地位規範，雖然通常不如階級的規範那麼詳細，但卻較之更具涵蓋性。他們區畫出作為其中一分子的準則。雖然規定因地區而有不同，但任何一個地方對於成員的資格都有清楚的說明。例如，根據重慶海關委員的說法，一個希望成為會員的人，必須向「他所想要加入的行會證明他們是該省土生土長的人士，而且必須證明他確實屬於其故鄉某一較小的地區會社」（*Decennial Reports,*1882-91：120）。在杭州的「萬壽同鄉會」便有相似的規定，並且明訂「在本省的所有萬壽同鄉，只要正直誠實……有正當的職業，並且繳交

---

⑯有關度量衡的討論，請參見"Abstract of Information on Currency and Measures in China"（1889-90）。

固定的年費，都能成為該會的一員」（ Zhuang and Chen, 1941：
60-61 ）。這種特殊的限制可能是建立經濟可信賴望的基礎。

　　除了成員的資格之外，地位約束建立了組織內參與的資格要求。
這種組織內的參與起碼可以分成財務的和裁決的兩種。我手邊的資
料顯示，對結社團體的財務捐獻乃是其成員入會的一個條件。有些
要交會費，有些要求會員收益的一定百分比，有些則是對其資產加
以課徵。無論那種方式或合併實行，捐獻的舉動可刺激成員更積極
的參與各方面的團體活動，同時也是使既有成員去設法徵募新成員
的工具。例如，在宜昌的「漢陽會館」便對所屬成員的船隻加以課
稅，要求「工人，如裁縫和木匠」的學徒們除最初的入會費之外，
還要繳付月費，並對這些工人的師傅之收益加以課稅，此外還責成
僱主負責其僱員的捐獻。其規定明訂為：

> 任何未捐獻的成員都將根據其所觸犯的嚴重性來處理，並對其
> 處以罰款或報官處罰。支持這種成員者同樣受罰（ *Decennial
> Reports,* 1882-91：158-159 ）。

　　金錢方面的捐獻是維持結社團體成為一個獨立經濟組織的主要
方法之一。這個獨立經濟組織是一個目的在於建立經濟秩序的自我
規範之自主性組織。這種型態的約束所意含的是，地區性結社團體
的成員有義務留意其同胞的行為，無論他是不是社團的成員。雖然，
有時結社團體會直截了當的提出這一點，例如蕪湖錢莊行會的情形：
「任何人向行會揭發錢莊老闆違反了規則，他將獲得一百兩罰金的
一半，另一半則做為行會的基金。」（ *Decennial Reports,* 1882-

91：289）

　　組織內參與的另一個必要的情形是，所有的爭論與非法行為在採取任何其他行動之前，都需先由結社團體來判決[17]。通常最初及最後的仲裁權都屬於結社團體。結社團體通常也是「立法」的單位，其法則的限制不僅適用於商業性爭論，通常也適用於刑事案例。例如，福州的廣東「會館」其規則便指出：「會館的成員觸犯了公共法律必須提交執行委員會調查，其罪行若經證明，則交由當地官府處理」（*Decennial Reports,* 1882-91：429）即使是當地的縣官在執行判決時，通常也都會接受會館的建議。

　　這兩種組織內參與的型態有助於創造並維持一個結社在地方上可靠的聲望。對外而言，藉由證明該團體適當地執行其階級角色（如山西銀行家的誠實），或該團體的貨物品質（如福建紙品的優良）來獲得聲望。對內而言，團體的聲望則來自對其會員的控制，寧波的廣州會館對此有清楚的說明：「我們從海道長途而來，如果我們不在此處建立良好的正直聲望，我們就無法成功致富。」（MacGowan，1886：148）

　　這些為奠定信賴基礎所作的努力加強了都市的地位群體。個人在市場中的可靠性決定於一個人的可信任度，而這個可信任度又決定於他所屬於的，能夠強制其成員遵守既成規範的團體。因此，一個人的可靠性乃是在這樣的一個團體之中，維持其個人誠信的一個要素。因此個人的可靠性乃是他在組織團體內誠信的一個要素，就

---

[17]在有關這一點的許多討論中，Morse（1909）和van der Sprenkel（1962, 1977）的討論最為重要。

如他對顧客的誠信一樣。他的可靠性變成其在當地地位的一面，變成他與同伴互動的一種姿態和「面子」。在歐洲，誠實具有法律和道德的雙重意義，法律可以保證人民不敢違犯。但是在中國卻只能由個人所屬的團體來保障維護。因此，可信賴度乃決定於「實際」團體的凝聚性和認同性，這是會員置其個人榮譽於其中的那個團體。就這層意義而言，使人覺得可靠從而達成商業上的信賴乃是同鄉族黨的關係。

六、鄉親、凝聚與競爭

由於需要有團體來確保個人的信用和市場的穩定，於是產生了所謂的「負責的壟斷」（responsible monoplies）——經濟組織獨占性的控制市場中的特定範圍，唯其方式卻是對社會負責的。推動團體形成的動力是團體凝聚力，商業／機會的平等性，及提供一個可預測的市場之相互信賴。這個目標只能經由取得經濟權來完成。但是取得經濟權的目的並非全如機會壟斷般的只是圖最大利潤。任何人進入商業界都會被迫經由行會之門這樣做。任何外地來的人尋找工作，都會被環境所迫而加入當地的地方結社團體。就此而言，行會與地方結社團體等於是一個組織，一個有效壟斷某一行業機會的地區性團體。

機會的壟斷使地區性結社團體能設定標準並固定價格，但他們並不能因此將利益增加到最大。雖然結社性團體的競爭可能很激烈，但是在市場方面的競爭卻轉弱。「一位中國的旅行者提到一個十九世紀的居民」（Jernigan, 1905：244）：

通常會驚訝於全市甚至全地區的價值之一致性。某種商品的成本在大商號和小零售店中完全一樣，但是其解釋卻相當簡單，因為所有的價格都由當地的公會所決定，而經營同一類商品的商人都必須隸屬於公會。

因此，工作機會的壟斷自然削弱了價格的競爭。這兩者之間的關係始終是此消彼長。

七、鄉親連帶：一個評價

「鄉親連帶」這個字眼，或許有助於整合截至目前為止我們所討論的地區性結社團體之經濟角色。這個字經常被用來描寫地區性結社團體的特徵，在都市中尤甚於在鄉下。確實，父系血緣關係及其他鄉間生活特色，強化了一個人對其故鄉的認同，並使一個人認同他的故鄉於鄉村的某處而非城市。這些因素加在一起使他們在都市中的生活保持一種旅居的特性，只在一段時間內進行其都市冒險。然而，地區性結社團體的團結和成員們對非當地制度所表現的自豪，乃是一種提供市場可靠的經濟制度並吸引顧客的方法。地方根性的展現有一部分是做作的，為的是讓其顧客相信其公平與可靠。

就這一層意義而言，鄉親連帶做為中國商業成就的要素，就像美國拓荒時期商業成功的要素是宗教性聯盟一樣[18]。關於後者，韋

---

[18]韋伯（Weber, 1951：99）也對中國與美國的情形討論過其相關性，他

伯（Weber, 1958：305-306）說：

> 允許進入宗教的集會，便是一個紳士道德特質的絕對保證，尤
> 其是那些在商業事務方面所需要的特質……。宗教集會團體的
> 成員資格亦即道德資格的保證，尤其是個人的商業道德之保
> 證……。原則上，宗派是對那些宗教上及道德上都夠資格的人
> 而言，才是自願性結社。

相同的情形，地方認同乃是作為結社性團體成員的一種功能，不見
得是認同故土。對於其主顧和顧客而言，這是一個保證，而且是唯
一的保證，結社團體的個人將可靠的扮演其階級角色（class role）；
這是一個強制性網絡及束縛性關係對外的表態。經由這層網絡，個
人的貪婪受到節制，個人的道德得以維持。這種關係本身是一種榮
譽的象徵，一件穿著足以傲人的毛皮大衣，因為它對外，即使是隱
晦地，提醒所有具有或不具備這種身分象徵的人，眼前的種種細心
謹慎都將從別處得到最後的報酬。

　　對於成員而言，地區性認同含有許多層意義。對於沒有工作的
人而言，這意味著尋求協助的管道。對僱主而言，是一個招募工人
的途徑，工人們的要求將被限制；對於新遷來的人而言，這意味著
朋友；對於較早遷來的人而言，意味著給予他人幫助從而建立關係。
對於窮人而言，意味著慰藉和賺錢的可能管道；對於有錢人而言，

　　說「現代，在平等主義的中國就像在民主的美國一樣，成功的人都努
　　力於使自己正當的參加被高度尊重的俱樂部」。

這是增加財富、聲名的途徑。就此而言，商人認同乃是由個人在結社團體中的成員資格而得以確保，結社團體的地區標記意味著機會更甚於順從。但是，機會卻只有經由順從才能取得。而順從則必須有鄉親連帶為基礎。

八、結　論

　　這個商人組織的分析是邁向瞭解中國經濟制度不同於西方經濟發展理論的第一步。這個研究最重要的意含不在於解釋何以中國無法發展出資本主義，而是企圖解釋何以中國發生了社會主義的革命。這是一個正面的問題，其重要性及答案的可能內容都比反面問題來得廣大而豐富。傳統中國經濟的命運，也在此一問題中凸顯出來。傳統中國經濟並不穩固；「會館」商人組織在廿世紀於戰爭，革命和社會主義政府的重壓之下已然崩潰。清代形式的「會館」，雖然在台灣和東南亞仍然盛行，但是卻已從今天的大陸上消失。一個近世中國商人組織的分析性研究，諸如這裡所提出的分析，增加了對十九世紀中國的認識，這對瞭解廿世紀的大變動是很重要的。

　　只從中國未能發展資本主義的角度來解釋近世中國的經濟，是忽略或根本誤解了最有利於瞭解近世中國經濟的問題。事實上，即使像這裡所指出的中國商業的制度性動力，這樣局部性的分析也無法經由反面問題來掌握。再者，前面所提的這個反面問題的答案中存有不少錯誤的結論，更糟的是，我認為這種結論對中國經濟的制度性特質有兩個根本的誤解。最後，我將以討論這兩個誤解做為本文的結論。

　　第一個誤解是帝制中國政府的特性，依照不同的西方經濟理論，分別認定帝制中國政府或強或弱。然而，在比較近世中國與西方時，一個較妥當的觀點是，中國與西方國家政府之別並非在於強弱之別，只是彼此不同而已。中西政府在許多方面全然不同，把中西政府對商人控制的強弱做比較分析，是真正的誤解了中國政府的制度性重點。中國政府不只沒有要求對商業和商人的管轄權，就如我在他處所提到的（Hamilton, 1984），中國政府根本沒有建立像西方政治哲學核心中那樣的司法管轄觀念。更甚於西方者，中國政府的基礎在於Geertz（1980：13-15）所謂的「模範中心的信條」（doctrine of exemplary center），這是一個建立道德而不是建立法律的信條，其秩序以角色和義務的理念為基礎，不是以管轄和意志為基礎。在近世中國社會中，政府放手讓商人界定並維持商人自己的角色和義務，在這個範圍內，控制其數量的方法和定義並不違害到政府本身的角色，因此官員們支持商人及其所訂的規則。所以，在缺乏城市特許權和缺乏商人自主性中去尋找中國經濟的「落後」，便是對中國政治秩序的本質，和在這個政治秩序中商業地位的一種誤解。不同的政府在概念基礎上差別甚大，基於不同的概念，人民將權力正當化並建立各自的秩序，忽略這些差異便是問何以蘋果樹不長橘子，進而用不同顏色的花來解釋蘋果樹和橘子樹的差異一般。

　　第二個誤解是在西方理論中，中國經濟的特性是「傳統的」，存在著許多不當與不自然的限制。這也是西方經濟理論的偏差，這種理論是奠基於自由市場的觀念和供需「法則」的基礎上，其結果常是誤解中國的商業。契約，財產權，商業法，和與商人有關的特許權，權利（rights）和自由等在中國均付諸闕如，但是在西方這

些卻是其市場可預測性和連續性的基礎。這些也是被西方思想家描述為自由市場的條件，但是這些只在「供需法則」的脈絡中才有意義。在近世中國社會中，鄉親連帶不但沒有束縛中國的市場，反而成為中國市場自由的真正基礎，此處市場的自由意指允許貨物「自由」流通的可預測性。正如本文所主張的，鄉親連帶是市場穩定性的重要資源，因為鄉親連帶提供了商人們將可靠的扮演其市場角色的保證，而且商人們也有意以這種方式組織並提供這樣的保證。

前述兩項誤解都源於西方觀念中將市場視為由法律界定的活動範圍。但是就像其他的生活領域一樣，近世中國的市場是從道德的角度來界定的。工商業者的誠信是商業活動的基石。做好商人的誠信與道德，就是做為一個團體的分子並支持團體的規範。團體本身是一個地區性結社團體；其約束有二，將人們與結社母體連繫在一起的，與界定其道德品行的都是其鄉親連帶；而鄉親連帶則基於中國的道德觀念中對同類的認定──一個人以同鄉的情誼與他人相聯結。正如**Tou Jilian**（1942：58）所言，「故鄉結社團體的集體象徵，在一個重視倫理關係的社會中滋長，因此故鄉結社團體乃是這些關係在倫理上的表現」。藉此倫理特性，鄉親連帶為中國近世商業及其所享有的可預測性與連續性提供了基礎。

此處我所說明的誤解是我們將中國視為一個未能發展出資本主義的社會之反面事例所產生的誤解。但是中國並不只是西方的倒影，它代表一個有關於社會如何組成的獨立見解，而且這是應該就其本身來加以理解的，要建立這樣的理解，跨文化的比較是一個重要的方法，但是中國必須被視為一個正面的事例，而且分析的概念和理論必須要從中國歷史經驗中去探求意義。

參考書目

"Abstract of Information on Currency and Measures in China."
1889-90 *Journal of the China Branch of the Royal Asiatic Society,*
New Series 24:48-135.

Anonymous
1932 "Native Banks in Canton", *Chinese Economic Journal* 11 (3):187-190.

Balazs, Etienne
1964 *Chinese Civilization and Bureaucracy* New Haven: Yale University Press.

Braudel, Fernand
1972 *The Mediterranean and the Mediterranean World in the Age of Philip* II. New York: Harper Colophon Books.

Burgess, John S.
1928 *The Guilds of Peking.* New York: Columbia University Press.

Chang, Peng
1957 "The Distribution and Relative Strength of the Provincial Merchant Groups in China, 1842-1911", Unpublished dissertation. Seattle: University of Washington.

Dawson, Raymond
1967 *The Chinese Chameleon,* London: Oxford University Press.

Decennial Reports

   1882-1891, 1892-1901, Imperial Maritime Customs, Shanghai.

Eisenstadt, S. N.

   1973   *Tradition, Change, and Modernity.* New York: John Wiley.

Elvin, Mark

   1973   *The Pattern of the Chinese Past.* Stanford: Stanford University Press.

Fairbank, John K.

   1968   *New Views on China's Tradition and Modernization.* Washington, D. C.: American Historical Society.

Feuerwerker, Albert

   1958   *China's Early Industrialization: Shen Hsuan-huai (1844 -1916) and Mandarin Enterprise.* Cambridge: Harvard University Press.

Fewsmith, Joseph

   1983   "From Guild to Interest Group: The Transformation of Public and Private in Late Qing China", *Comparative Studies in Society and History* 25 (4, October):617-640.

Geertz, Clifford

   1980   *Negara.* Princeton: Princeton University Press.

Golas, Peter J.

   1977   "Early Ch'ing Guilds", pp.555-580 in *The City in Late Imperial China,* edited by G. William Skinner. Stanford: Stanford University Press.

Hamilton, Gary G.

   1978   "Pariah Capitalism: A Paradox of Power and Dependence",

Ethnic Groups 2 (Spring):1-15.

1984 "Patriarchalism in Imperial China and Western Europe: A Revision of Weber's Sociology of Domination." *Theory and Society*13（3, May).

Hayes, James

1963 "Cheng Chau, 1850-1898", *Journal of the Hong Kong Branch of the Royal Asiatic Society* 3:88-106.

HE Bingdi

1966 *Zhongguo huiguan shilun*（An historical survey of landsmannschaften in China）. Taipei: Xuesheng Shuju.

Hou Chi-ming

1963 "Economic Dualism: The Case of China, 1840-1937", *The Journal of Economic History* 23（3, September）: 277-297.

Jacobs, Norman

1958 *The Origin of Modern Capitalism and East Asia.* Hong Kong: Hong Kong University Press.

Jamieson, George

1921 *Chinese Family and Commercial Law.* Shanghai: Kelly and Walsh.

Jernigan, Thomas

1905 *China in Law and Commerce.* New York: Macmillan.

Lethbridge, H. J.

1971 "The District Watch Committee: The Chinese Executive Council of Hong Kong", *Journal of the Hong Kong Branch of the Royal Asiatic Society* 11：116-141.

Levy, Marion

1949　*The Rise of the Modern Chinese Business Class.* New York: Institute of Pacific Relations.

1972　*Modernization: Latecomers and Survivors.* New York: Basic Books.

MacGowan, D. J.

1886　"Chinese Guilds, or Chambers of Commerce and Trade Unions", *Journal of North-China Branch of the Royal Asiatic Society* 21：133-192.

Moore, Barrington, Jr.

1966　*Social Origins of Dictatorship and Democracy.* Boston: Beacon Press.

Morse, Hosea

1908　*The Trade and Administration of China.* Shanghai: Kelly and Walsh.

1909　*The Guilds of China.* London: Longman Green.

Murphey, Rhoads

1970　*The Treaty Ports and China's Modernization: What Went Wrong?* Michigan Papers in Chinese Studies. No.7 Ann Arbor: University of Michigan Center for Chinese Studies.

Myers, Ramon H.

1974　"Some Issues on Economic Organization during the Ming and Ch'ing Periods: A Review Article", *Ch'ing-shih wen -t'i* 3（2, December）：77-97.

1980　*The Chinese Economy, Past and Present.* Belmont, California: Wadsworth.

Needham, Joseph

1969　*The Grand Titration.* Toronto: University of Toronto Press.

Oakes, Guy

1977　"The Verstehen Thesis and the Foundations of Max Weber's Methodology". *History and Theory* 16：11-29.

Polanyi, Karl

1957a　*The Great Transformation.* Boston: Beacon Press.

1957b　*Trade and Market in the Early Empires.* New York: The Free Press.

Rhoads, Edward J.

1974　"Merchant Associations in Canton, 1895-1911", pp.97-117 in *The Chinese City between Two Worlds*, edited by Mark Elvin and G. William Skinner. Stanford: Stanford University Press.

Roxman, Gilbert（ed.）

1981　*The Modernization of China.* London: The Free Press.

Skinner, G. William

1964-5　"Marketing and Social Structure in Rural China", *Journal of Asian Studies* 24：3-43, 195-228, 363-399.

1976　"Mobility Strategies in Late Imperial China: A Regional Systems Analysis", pp. 327-364 in *Regional Analysis*, edited by Carol A. Smith. New York: Academic Press.

1977　*The City in Late Imperial China*, Stanford: Stanford University Press.

Smelser, Neil

1959　*Social Change in the Industrial Revolution*, Chicago: The University of Chicago Press.

Smith, Carl T.

1971 "The Emergence of a Chinese Elite in Hong Kong", *Journal of the Hong Kong Branch of the Royal Asiatic Society* 11： 74-115.

Tocqueville, Alexis

1955 *The Old Regime and the French Revolution*, Garden City, N. Y.: Anchor Books.

Tou Jiliang

1942 *Tongxiang zuzhi zhi yanjiu*（Research on Native Place Associations）. Chongqing Zhengzhong Shuchu.

Truzzi, Marcello（ed. ）

1974 *Verstehen.* Reading, Mass.: Addison-Wesley.

van der Sprenkel, Sybille

1977 "Urban Social Control", pp. 609-632 in *The City in Late Imperial China,* edited by G. William Skinner. Stanford: Stanford University Press.

Wakeman Frederic, Jr.

1975 *The Fall of Imperial China*, New York: The Free Press.

Wallerstein Immanuel

1974 *The Modern World System*, New York: Academic Press.

Weber, Max

1951 *The Religion of China,* New York: The Free Press.

1958 *From Max Weber.* New York: Oxford University Press.

1968 *Economy and Society,* New York: Bedminster Press.

Wittfogel, Karl

1957 *Oriental Despotism*, New Haven: Yale University Press.

Wolf, Eric R.

　　1982　*Europe and the People without History,* Berkeley: University
　　　　　　of California Press.

Yang, N. Y.

　　1937　"The Rise and Decline of the Shansi Native Banks", *Central
　　　　　　Bank of China Bulletin* 3 ︰ 301-316.

Zhuang Zexuan and Chen Xuexun

　　1941　"Zhongguo tongxiang tuanti di yanjiu", （Research on
　　　　　　Chinese native place associations）. *Lingnan xuebao* 6（4,
　　　　　　June）︰50-73.

中國近世的「品牌」和「商標」：資本主義出現之前的一種消費主義*

韓格理　黎志剛著

黎志剛　馮鵬江譯

一、前言

從目前已有資料顯示，宋代（960-1279）一些商人就懂得運用「標記」來突出他們的商品。明（1368-1644）、清（1644-1911）兩代，很多在區域市場流通的商品都有「標記」，我們就稱它為「品牌」（Brandname）和「商標」（Trademarks）。中國的消費者，從一些鄉居地主至官、紳、商階層都能識辨他們在市場內購買的商品。本文是解釋宋以後中國消費者為什麼具有這種區別商品的能力。

我們界定「品牌」為所有在商品上可看見的記號和式樣，是商

---

*這篇短文收入本杰明・奧爾洛（Benjamin Orlove）和亨利・拉思（Henry Rutz）合編的《社會經濟組織的消費形態》（*Social Economy of Consumption*. University of America Press, Forth Coming）一書中，在撰寫時，曾得到劉廣京、林滿紅、Ben. Orlove和E. L. Jones等學者提供很多寶貴意見，謹此致謝。但一切疏忽，完全由筆者承擔，中文譯本較原文增加了一些材料和修訂了部分內容。譯稿由馮鵬江及劉榮方詳加校對，並提供很多寶貴意見，謹此致謝。

人用來區別同類型別家商品和服務的一種「標記」。這些「標記」由文字、店號、圖案、數字、符號和包裝標籤等組成，有多種設計式樣，可能由上述符號單獨組成或混合使用。商標是取得法定使用權的「標記」，這種使用權只能由「商標」的擁有者專用，未經許可，任何人不可在同一類商品或類似商品上使用這些「標記」。在美國，「商標」與「品牌」是一同義詞。「品牌」和「商標」可以是商品的「標記」，製造商或代理商的「標記」[①]。近世中國（960-1911）商品之「品牌」雖未受到特定法律保障，但一般來說「品牌」受到習慣法所認可，在這一意義上，近世中國的「品牌」是具有商標特質的。

　　許多學者認為「品牌」和「商標」是資本主義發展之產物，這雖然符合大部分歐洲地區的經驗，但這一通則卻不符合中國的實情。近世中國沒有發展到類似十八世紀歐洲一些地區出現的資本主義體系。雖然從宋代開始，一些富裕地區已出現商品化的經濟型態[②]。中國經濟史學者多用「商品經濟」來概括這個時期[③]。很多類型的商品，例如米、茶，甚至棉布和鐵的產品都有不同等類和品牌標記[④]。

---

①有關品牌和商標定義的討論，參看Jessie Coles, *Standards and Labels for Consumer Goods*（New York: Ronald Press, 1949）。

②中國最晚從宋代開始，經濟已有飛躍的發展。參看斯波義信，《宋代商業史研究》（東京，風百書店，1968）；G. William Skinner, ed., *The City in Late Imperial China*（Stanford University Press, 1977），pp. 23-31; Jacques Gernet, *Daily Life in China on the Eve of the Mongol*

　　本文集中討論這一商品經濟的二種面向，我們先分析近世中國商品的分殊化（differentiation），特別是一些「品牌」和「商標」的出現，這類「品牌」是用以促進商品在市場上流通的，這有異於中世紀歐洲行會「標記」的功能，後者主要用來管制生產者和商人銷售活動。接著我們要申論「品牌」是商品生產和銷售的一種市場策略，它與中國社會結構有直接的關聯。並闡釋近世中國社會不是一固定的、貴族化社會，而是一流動的開放社會。個人與家庭在這一結構上是相對和複雜的。我們認為這不明確的身分地位容許「品牌」成為身分的象徵，因此促成某一程度上中國經濟的商品化，消

　　Invasion, H. M. Wright, tr.（New York: Macmillan, 1962）；Mark Elvin, *The Pattern of the Chinese Past*（Stanford University Press, 1973）；李東華，《泉州與我國中古的海上交通》，（台灣，學生書店，1986）；林正秋，《南宋都城臨安》（上海，西泠印社，1986）。這一經濟發展表面類似中國資本主義已進入了萌芽的階段，參看Robert M. Hartwell, "Markets, Technology and the Structure of Enterprise in the Development of the Eleventh-Century Chinese Iron and Steel Industry", *Journal of Economic History,* 26.1（1966），pp.29-58。

③參看傅衣凌，《明清時代商人及商業資本》（人民出版社，1980）；吳承明，《中國資本主義與國內市場》（中國社會科學出版社，1985）；許滌新、吳承明編，《中國資本主義的萌芽》（人民出版社，1985）；來新夏，《結網錄》（南開大學出版社，1984）；劉永成，《清代前期農業資本主義萌芽初探》（福建，人民出版社，1982）。

④參看黎志剛、韓格理，〈近世中國商標與全國都市市場〉，收入中央研究院近代史研究所編，《近代中國區域史研討會論文集》（台北，1986），頁69-84。

費者常依據「品牌」來分辨商品的差異。為了確立這一解釋,有必要作一比較分析。所以我們先簡略論述歐洲「標記」的歷史。

二、西方經濟體系的「品牌」和「商標」

　　一般學者很少研究和提及商品標記的問題。在稀少的研究中,主要是在市場和廣告的研究[5]及論述有關商標法的歷史著作中,有一些有關「品牌」及「商標」的記載[6]。目前一些歷史學家和社會科學者也開始關注西方社會的消費模式[7]。他們一致認為「品牌」是資本主義發展的產物。

---

[5]Coles前引書;Neil H. Borden, *The Economic Effects of Advertising* (Chicago, Richard D. Irwin, 1947);Alec Davis, *Package and Print, The Development of Container and Label Design* (New York, C. N. Potter, 1967)。

[6]Frank Schechter,*The Historical Foundations of the Law Relating to Trade-marks* (New York: Columbia Univ. Press, 1925);H. I. Dutton, *The Patent System and Inventive Activity During the Industrial Revolution, 1750-1852* (Manchester, Manchester University Press, 1984)。

[7]E. L. Jones,"The Fashion Manipulators: Consumer Tastes and British Industries, 1660-1800" pp.198-226 in Louis P. Cain and Paul J. Uselding, eds., *Business Enterprise and Economic Change* (Ohio, the Kent State University Press, 1973);Stuart Ewen, *Captains of Consciousness* (New York, McGraw-Hill,1976);Neil McKendrick, John Brewer and J. H. Plumb, *The Birth of a Consumer Society: The Commercialization of Eighteenth-Century England* (Bloomington: Indiana University Press, 1982);Richard W. Fox and Lears, T. J. Jackson, eds., *The Culture of*

　　其中兩類研究最為重要。很多學者認為在中世紀歐洲沒有商標的存在。謝克德（Schechter）是上述研究的奠基者。他在《商標法歷史》一書中強調商人和工匠的「標記」並不足以構成現代社會中「商標」一詞之涵義，他指出：

> 典型中世紀工匠「標記」的特質有：(1)這記號是強制執行而非可隨意選擇的；(2)它的作用是維持行會中產品的質量，並且是由同業行會或其他地方壟斷組織所強制執行，並非由於優質產品已深入購買者的腦海中所形成的一種對該商品的心理需求；(3)在現代社會，「商標」是擁有者的一種資產，而中世紀（歐洲）的工匠「標記」實質上是一種強制的義務和責任。⑧

　　謝克德認為現代和中世紀商品「標記」的主要區別是在這兩個時期生產方式和分配制度不同，其中關鍵是生產者和消費者之關係。在中世紀社會裡，普羅大眾之消費「慾望」是相當有限和不常變換的。商品多由鄰近工匠所供給，消費者與生產者都居住在同一地區。每一個鎮，不論大小都有本身的商人和工匠，他們組織同業行會來壟斷生產和商業。這些行會盡一切努力去阻止外來者——離鎮五里之外的商人——與他們競爭⑨。商人和工匠之標記是一種策略，同

Consumption: Critical Essays in American History 1880-1980（New York, Pantheon Books, 1983）；Roland Marchand, *Advertising the American Dream: Making Way for Modernity, 1920-1940*（California, Univ. of California Press, 1985）。

⑧Schechter，前引書，頁78。

業行會企圖用它來阻止外來者之競爭和控制本地的經濟活動。現在看來，謝克德的理論雖然過於簡單⑩，但最少有四位研究市場和廣告學的學者都依據謝克德的觀點來論證「品牌」及「商標」只出現於現代社會⑪。

這一觀點與近期研究現代社會消費模式之一般論點是一致的。最近大量研究顯示，在十八世紀消費產品已出現分殊化，這一現象是西方資本主義成功的主要因素。例如近期出版的一些新書即討論消費模式的轉變如何促使十八世紀英國經濟轉變成商品化⑫。根據他們的分析，中產階級的大量湧現，工人工資的上升和家庭成員就業人數的增加，使合於時尚和舒適之商品需求量相對的激增；而流行雜誌和傭人階層的中介作用更促使普羅大眾熱烈仿效上層人物的

---

⑨同上，頁41—42。

⑩目前對中古歐洲市場研究指出在鄉村中已湧現了一些比較大的市集。參看Ronald M. Berger,"The Developement of Retail Trade in Provincial England, Ca. 1550-1700." *The Journal of Economic History* 40（1980, March）：123-128；R. H. Hilton,"Medieval Market Towns and Simple Commodity Production. "*Past and Present* 109（1985, November）：3-23；Kathleen Biddick, "Medieval English Peasants and Market Involvement." *The Journal of Economic History* 45（1985, 4, December）：823-831。這些著作雖然提出了一些新觀點，但不能從基本上修正謝克特的類型。

⑪參看Borden,（1947）；Coles,（1949）；Davis,（1967）。

⑫例如Joel Mokyr, "Demand vs. Supply in the Industrial Revolution", In *Journal of Economic History* 37（1977,4.December）：981-1008；Jones（1973）；McKendrick, Brewer and Plumb（1982）。

服式⑬。麥肯德克斯（McKendrick）認為這一需求轉變宣布了十八世紀的英國是一「消費者革命」。「消費行為的這麼蔓延和商業心態的這樣普遍，使人們不再懷疑世界上第一個消費社會是在一八〇〇年代出現」。這一對時尚商品的需求開闢了一條推廣商品到市場的渠道。在這一時期，英國的大規模陶器製造者，好像約舒亞韋奇伍德（Josiah Wedgewood），開始創立他們的「品牌」，並加以廣泛宣傳，目的是用來區別其他相類競爭者的陶器⑭。

有關西方資本主義晚期的研究⑮，一致強調大眾消費市場、大公司的發展、宣傳廣告「品牌」和銷售市場的相互關係。這正是我們目前所知道有關「品牌」、消費主義和資本主義生產的理論。

雖然上述研究所述西方「品牌」和「商標」之重要性是有爭論的⑯，但「商標」是西方資本主義的重要特徵這一點則是很難加以

---

⑬見McKendrick, Brewer and Plumb（1982）p.13。

⑭見Jones（1973）；McKendrick, Brewer and Plumb（1982）。

⑮例如Ewen（1976）；Fox and Lears（1983）；Marchand（1985）。

⑯在有關名牌的經濟學文獻中，大部分是與市場研究有關的。參看James Piditch, *Communication by Design: A Study in Corporate Identity*（London, McGraw-Hill,1970）。然而，對商品分殊化的研究是有一些相關的經濟學文獻。經濟學家曾在理論上去研究商品分殊化產品的條件，參看 F. M. Scherer, *Industrial Market Structure and Economic Performance*（Chicago, Rand McNally and Co., 1970）；Edward H. Chamber, *The Theory of Monopolistic Competition*（Cambridge, Harvard University Press,1950）。Scherer之研究提出：「廠商為了與其他商行生產的同類商品競爭，因此力求以名牌來分辨他們所生產的貨品和服務。」參看 Scherer（1970：324），因為這種競爭，廠商有一理性的策略設計，用以創造生產者購買該商品的條件。

推翻的。我們質疑的卻有兩點：英國究竟是否為世界上第一個消費者社會，此外，消費主義是否只在工業資本主義的條件下才會誕生？

三、中國工業化前的品牌和商標

「品牌」和「商標」在近世中國的出現，不管是什麼因素，正顯示當時中國已出現一高度發展的經濟體系和有一大群熱愛消費之階層存在。在論述產品分殊化之前，我們先簡述這一經濟型態和那群有潛力的消費者。

費維愷（Albert Feuerwerker）指出：「從世界史觀點來看，近世中國（從十世紀到十九世紀）出現過一可觀和持續近千年之前現代經濟成長；（但）政府所採取的直接和間接干預措施，並不足以影響這一前現代經濟成長的本質和速度。」如何去解釋這一成長和日常的經濟運作呢？費維愷的結論是「其絕大部分的經濟成果取決於私有經濟部門的種種決定和措施」[17]。費氏在另一文章中估計，從宋朝開始，一直到十九世紀，中國一直比其他社會享有較高的平均人值商品流通量，只有十八世紀的西歐是例外[18]。

這一占優勢的私營部門有什麼顯著特徵呢？史堅雅（G. William

[17]Albert Feuerwerker, "The State and the Economy in Late Imperial China." *Theory and Society*, 13,3（1984），pp. 321-2。

[18]Albert Feuerwerker, "Qing Economic History and World Economic History. "（A Paper Prepared for the Symposium on the Occasion of the Sixteenth Anniversary of the founding of the First Historical Archieves of China, Beijing, 1985）。

表一 鴉片戰爭前主要商品市場估計

	商　品　量	商　品　值 銀（萬兩）	比重(%)	商品量佔 產量(%)
糧　食	245.0億斤	16,333.3	42.14	10.5
棉　花	255.5萬擔	1,277.5	3.30	26.3
棉　布	31,517.7萬匹	9,455.3	24.39	52.8
絲	7.1萬擔	1,202.3	3.10	92.2
絲織品	4.9萬擔	1,455.0	3.75	
茶	260.5萬擔	3,186.1	8.22	
鹽	32.2億斤	5,852.9	15.10	
合　計		38,762.4		

註：棉布按標準土布計，即每匹重20兩，合3.633平方碼
淨進口棉花60.5萬擔、淨進口棉布（折標準土布）26
7.2萬匹，未計入。
出口絲1.1萬擔、出口茶（折干毛茶）60.5萬擔，包
括在內。
資料來源：吳承明《中國資本主義與國內市場》（中國社
會科學出版社，1985）頁251。

Skinner）曾指出近世中國經濟是連繫在一層級分明的市集體系
（hierarchies of marketplaces）中[19]。史堅雅的研究顯示中國的市
場結構，從底層的基層集市開始，一直伸展到更高層的各級經濟中

---

[19]G. William Skinner, "Marketing and Social Structure in Rural China"
Journal of Asian Studies, 24, 1,（1964-65），3-43；*The City in Late
Imperial China*（Stanford Univ. Press, 1977）。

心，這些複雜的分配組織是由各地區體系所構成。史氏相信近世中國沒有一個完整的全國市場，卻有十個主要的區域市場[20]。在這十大地域市場體系中，有很多很多的各種不同類型的市場，根據他的估計，在1893年中國的經濟中心地區數量如下：基層集市（27,712），中層集市（8,011），高層集市（2,319），地區城市（669），大城市（200），區域城市（63），區域性都市（20）和中央都會（6）[21]。

這是一繁多的各類型市集，絕大部分的市場沒有受到政府正式之管制。這可引伸出近世中國為具有數量可觀的消費者和一有活力的「商業世界」。表一是根據吳承明對1840年前主要商品量的估計。

上表所列「雖只七種商品，已足代表整個市場結構」。除了絲織品之外，所列各商品都不屬奢侈品，均是農民和工匠在市場出售的日常用品。其餘較大宗的商品為藥材、鐵、瓷器、銅、烟、糖、紙和木材等[22]。這些商品有一些是奢侈品，但大部分是一般之必需品。

那一階層是主要的消費者呢？假使暫時不處理社會結構和消費模式的關係，單單都市人口已具有龐大的市場潛力，這現象足以說明「品牌」和「商標」存在的條件。1820年左右，中國只有百分之七的人口（350,000,000）居住在基層集市以上的都市中，然而這

---

[20]G. William Skinner, "Presidential Address: The Structure of Chinese History." *Journal of Asian Studies* 46, 2,（1985），pp. 271-92。

[21]Skinner, 1977：286。

[22]吳承明，前引書；許滌生與吳承明，前引書。

一比率偏低的都市人口比同時期整個歐洲都市人口總數為多。霍亨堡（Hohenberg）和李爾（Lee）的新著是一本對歐洲都市人口估計偏高的作品，依據他們的研究，在1800年歐洲人口約為205,000,000人，當中約有百分之十二強之人口（大概24,600,000人）居住在都市中[23]。在進一步比較之前，首先要指出上述中國都市人口比例實在偏低，這由於在十九世紀前，有一部分宗族團體之領袖（包括一些士紳分子）是居鄉地主，他們是多類奢侈品之消費者[24]。這一群本地精英在人口總比率中占一定比例。無可置疑，這一群鄉居精英和富農構成鄉鎮地區的主要消費者，他們給中國「基層市集」帶來活力。

　　繼而是深一層探討市集中商品分殊化的程度。我們新近的研究顯示，近世中國已出現類似現代西方社會的商品標記。很多產品，特別是糧食，即有不同的品類。原則上，這些品類是區別商品質量的一種指標[25]。舉例來說，清代的消費者可享用不同等類的米糧、茶葉、藥材、酒和各類其他商品[26]。與西方社會一樣，這些商品標記不一定就是「商標」。其次，一些手工業製品就出現了名牌標記，

---

[23]Paul M. Hohenberg and Lynn Hollen Lees, *The Making of Urban Europe 1000-1950*（Harvard University Press, 1985），p. 84。

[24]Ch'u Tung-Tsu, *Local Government in China Under the Ching*（Stanford University Press, 1969），pp. 168-199。

[25]一般來說，一些普通質量的等類商品是不宜包括在名牌及商標定義中的，但在類似Coles（1949：6）有關研究商標的典範中，清楚顯示製造商和銷售商也用一些等類的普通商品來推廣他們的業務。因此，這些等類商品也具有商標的特性。

這是用來區別生產組織或著名工匠的產品,有些是用以識別產品的
原產區。還有一些店號標記,是用以區別銷售店舖或商人,還聯繫
到店舖和個人身上,這與現代歐洲的「品牌」和「商標」的性質一
樣,更有些「標記」是反映和保證產品的質量。原理雖然很顯明,
但如何清楚界定上述三類「標記」則十分困難。例如,茶很細緻地
分成很多不同的等類,比起歐洲的酒,以原產地和年代來分辨該酒
的優劣[27]。茶葉的選擇則更複雜和講究了,這由於茶在市場出售時,
同時擁有生產和銷售單位的標記。不單茶葉是如此,棉布、絲和大
量的其他商品也有同樣的現象。

在《近世中國商標和全國都市市場》一文中,我們曾根據狹義
的商標定義,基於一些考證,指出在十九世紀中葉以前,中國最少
有二十多類商品是有商標的。這包括:棉布、棉衣、陶器、靴、鞋、
茶葉、酒、藥材、剪刀、針、銅鎖、銅鏡、金、銀條、髮飾、珠寶、

---

[26] 參看全漢昇,〈清康熙年間(1662-1722)江南及附近地區的米價」,《
中國文化研究所學報》,第十卷,上冊,1977,頁63-103;林滿紅,
《清末社會流行吸食鴉片研究——供給面之分析(1773-1906)》,(國
立臺灣師範大學歷史研究所博士論文,1985);陳椽,《茶業通史》
(農業出版社,1984);《明史資料叢刊》,第二輯,(江蘇人民出
版社,1982);曾縱野,《中國名酒志》(中國旅遊出版社,1980),
頁78。

[27] 用現代葡萄酒來作類比是十分合適的。通常葡萄酒是用製造者標記來
出售,但有時銷售商也藉他們的聲望,加上該店的標記在市場出售。
此外,葡萄酒的消費者,也常以等類酒來決定他們的選擇,例如,該
酒是那一年製造的。這些消費者知道在相同商標的酒類中,不同等類
也區別了該酒的質量。

玉器、文房四寶、書籍和莊票等。這些標記主要是用來區別競爭者的相同產品，而不單是附加的一些簽蓋。這類的商標商品很多是在超區域的國內市場，甚至在國際市場上出售。

　　早期很多中國商標是與商品的原產地有關的。有很多著名特產可在大城鎮中購買。最為中國消費者熟知的有：紹興酒、建州茶、潞州絲、湘繡、粵繡、蜀繡、蘇繡、蜀錦、湖州墨硯和毛筆、福州紙、蘇州年畫、宜興茶壺、景德鎮瓷器、常州梳子等㉘。這些特產不單在產區內可購買，而且也在全國各地的大城鎮，特別是一些富裕的地區內流通㉙。江西在明清兩代絕不如江南及廣東地區富裕，但也有很多別區的特產在這一區內流通。有一條史料記載明代江西的外來紡織品的情況：「絲非本省所產，必於浙杭等處收買。……木棉之利，亦非本地所饒，必於湖廣等處販買。……民間所用細布，悉以蘇、松、蕪湖商販貿易。」此外明代萬曆時期的《沿書、食貨》中所羅列的江西省一個城鎮沿山的棉布品種就有四十多種。《沿書》作者的按語還指出：「此皆商船往來貨物之重者。」㉚ 這按語說明上述四十多種的特產都是大宗商品，其他小量的尚未計算在內。

　　這些地域標記也具有品牌的功能，因為上述特產的運銷通常由一群特殊商人集團所控制。這些商人集團常用特有的市招來推廣他

　　㉘鄧之成，《骨董瑣談》（1926年，自印），頁6-10；《中國傳統名產》（福建科學技術出版社，1985）。

　　㉙有關中國商標商品在市場流通的情況，參看黎志剛及韓格理，前引文。

　　㉚轉引自，李仁溥，《中國古代紡織史稿》（岳麓書社，1983），頁198—99；傅衣凌，《明代江南市民經濟試探》（上海人民出版社，1957），頁15—16。

們壟斷地區的產品,這些市招的宣傳手法可在宋代的《清明上河圖
》和清代的《徐揚盛世滋生圖》等都市寫實畫中反映出來㉛。因為
商人集團控制了產銷網,區域來源和產品的質量就從特產的名稱中
分辨出來。因此這種特產的地域標記也可視為一種推廣產品的宣傳
策略。

　　宋、明、清時期,有很多品評特產的著述,這是商品分殊化的
有力證據。在各地方志中,《物產志》常有很大篇幅記載當地的特
產,這包括一些手工藝品。例如1817年出版的《松江府志》所列各
種特產中,即包括有布、氈、鞋、紙、燈籠及酒等㉜,在清代官員
之奏章中,常可找到他們向中央報告市場價格之變動,糧價之陳報
更是定期性的㉝。筆記小說、遊記、日記之類的著述亦可找到有關
特產的描述。而內務府的名冊更為重要,這反映皇室的御用項目㉞,
在很多這類記載中,常可找到著名店舖的名字。清代乾隆二十三年
(1856年)刊印的潘榮陛《帝京歲時紀勝》是一個很好的例子,在
〈皇都品彙〉一節有如下的記述:「帝京品物,擅天下以無雙;盛
世衣冠,邁古今而莫並。金銀寶飾,開敦華元吉之樓;綵緞綾羅,
置廣信恆豐之號。貂裘狐腋,江米街頭;珊瑚珍珠,廊房巷口。靛

㉛黎志剛和韓格理,前引文。

㉜《松江府志》(台灣成文出版社重印1817年版),卷六,頁19—23。

㉝參看,Han-Sheng Chuan and Richard A. Kraus, *Mid-Ching Rice Markets and Trade, An Essay in Price History*(Harvard Univ. Press, 1975);王業鍵,「清代的糧價陳報制度」,《故宮季刊》,第十三卷,第一期,頁53—66。

㉞例如,《清史資料》第二輯(中華書局,1981),頁190—236。

青梭布，陳慶長細密寬機；羽緞羶氊，伍少西大洋青水。冬冠夏緯，
北于僑李齊名；滿襪朝靴，三進天奇並盛。織染局前鞓帶，經從內
府分來；隆福寺裡荷包，樣自大宮描出。馬公道，廣錫鑄重皮鈕扣；
王麻子，西鐵銼三代鋼針。粃奩古玩，店開琉璃廠東門；鞍轡行裝，
舖設牌樓西大市。……蜜餞糖棲桃杏脯，京江和裕行家；香櫞佛手
橘橙柑，吳下經陽字號。欲識真誠藥餌，京師地道為先。毓成棧、
天彙號，聚川廣雲貴之精英；鄒誠一、樂同仁，製丸散膏丹之祕密。
史敬齋鵝翎眼藥，不讓空青；益元堂官揀人參，還欺瑞草。劉鉉丹
山楂丸子，能補能消；段頤壽白鯽魚膏，易膿易潰。更有遼陽口貨，
市歸振武坊頭；閩海雜莊，店在打磨廠裡。」㉟ 這一名單不僅包括
當時北京著名店舖的名字，而且從帶有敬意的描述中，可體察到一
些「商標」商品的質量。能進入御用品的名冊中，是反映商品的高
質量，也可間接證明經營該商品的店舖是繁榮興旺的。正如英國商
人一樣，他們若可在其商品上刻上「皇室御用」的標記，則一定身
價十倍。從眾多的品評商品和特產之著作可證明近世中國商品的多
樣化。

　　下面三種不同類型商品的個案研究，可幫助我們進一步瞭解商
品分殊化及市場的動力。第一個案例是藥店，它是區別銷售天然產
品店舖的一種標記。中國藥品中的藥丸、膏藥、生草藥等品類繁多，
其中有不少是深受消費者喜愛的名藥㊱。例如上海的雷允上六神丸
在清康熙年間（1661—1722）盛行，到現在還是暢銷國內外的名藥。

㉟潘榮陛，《帝京歲時紀勝》（北京古籍出版社重印，1983），頁41—42。
㊱參看黎志剛和韓格理，前引文，頁56—58。

　　有關藥品與商標的例子很多，其中北京的同仁堂藥舖最著名。在雍正年間（1723—1735）同仁堂成為內務府的御用藥店。並預領官銀作為資本。每當京都會試時，藥店東主邀請來自各地的應試考生，給他們一些樣辦。藥店東主希望這批考生回到原居地時，為同仁堂藥品廣為宣傳。並希望這些考生在比較其他藥店之同類產品時會推介同仁堂的優質藥品。由於聲名大振，同仁堂在中國的很多大城市中開了一些分店㊲。

　　大多數中國藥材是天然產品，雖然如此，店舖的「字號」是產品品質和信譽的主要保證。手工藝品銷售店舖的標記對該產品的流通也很重要，從下面鐵器的例子中可以找到證據。

　　北宋（960—1126）山東濟南劉家針舖的白兔商標是目前所發現的最早而且也是最明確的商人標記。這家針舖用一兔兒標記刻在店舖外的招牌上，以此作為店的字號，在該商標上有二十八個字描述該店產品的質量，這是推廣商品的一種手法。即「收買上等鋼條，造功夫細針，不誤宅院使用，客轉為販，別有加饒。請記白」㊳。劉家的針就以這一白兔商標而出名。

　　其他很多鐵器也以標記來分辨製造和銷售產品。剪刀是一個很好的例子。清順治年間（1644—1661），王麻子在北京開設了一間剪刀店。除了製造剪刀外，他還收買其他高質量的剪刀。該店所出售的剪刀都刻上王麻子的名字。因為高質量的關係，北京居民，

㊲參看樂松生，〈北京同仁堂的回顧與展望〉，《工商史料》第一輯（文史資料出版社，1980），頁152—174。

㊳劉果毅，〈我國商品廣告史話〉，《求索》，1982年第二期，頁64。

包括皇室都選用刻有王麻子標記的剪刀[39]。

張小泉剪刀有如王麻子剪刀一樣深受消費者愛戴。在1663年張思家在杭州開設了一家剪刀店，他用張大隆作為店鋪的招牌和字號，在剪刀上刻上張大隆剪刀以區別其他同類型的商品。因為張氏剪刀品質好，而他的標記成為杭州及其附近地區的一種流行產品。張思家死後，很多假冒張氏的剪刀在市場上流通，這些剪刀也印上「張大隆」的名字。張思家的兒子張小泉想阻止別家盜用張大隆的牌子，所以張小泉決定把店鋪改上另一名字。他改了以自己「張小泉」的名字作為招牌和刻在剪刀上。因為他改良了該店剪刀的品質，所以張小泉剪刀不單在本地風行，甚至流通全國各地[40]。

在這些例子中，商標是用以識別產品標記上製造者的名字或出售商的字號。棉布的標記顯示另一種型態。根據吳承明的估計，棉布占了國內市場整個商品流通量的百分之二十五（見表一），因此它是一個很重要的例子。

松江縣位於長江三角洲上，它是棉布的集散地。根據一位十七世紀松江學者葉夢珠的研究：「松江布是從闊度分為三種類型。最闊的稱為標布，通常運去陝西、山西和北京。中等的是中機，流通於湖南、湖北、江西、廣東及廣西等地。最窄而不及一尺闊的稱小布，只在江西之饒州等處銷售。松江布是根據不同種類的紡織式樣

---

[39]潘榮陞，《帝京歲時紀勝》，頁42。

[40]彭澤益編，《中國近代手工業史資料（1840—1949）》第一卷（中華書局，1962），頁171。張小泉小刀的故事可參《浙江名產趣談》（中國旅遊出版社，1983），頁22—25及《中國傳統名產》，頁99-101。

和商人的標記來區別」[41]。這不特在富裕的江南地區是如此，甚至在偏僻的貴州，有些絲織品的廣告也直接織在布匹上。例如1980年在貴州思南縣出土的一條烟色朵花緞巾標出「良貨通京」的廣告字樣[42]。根據1512年出版的《松江府志》：「每一鄉村和市場都有該地出產棉布的種類和名稱，品種是無窮無盡。」[43] 在該方志上絲布是一特別項目，共有十五類。除了識別製造地區之外，標記也反映紡織品質量的多樣化。最貴的棉布是「三棱布」。一匹「三棱布」可以換一匹絲綢，這兩種紡織品每匹值二兩錢，而普通棉布一匹只值三至四錢[44]。

除了製造商的標記之外，也有一些是銷售商的商標。通常收買商從本地市場的一些機戶中收買高品質的棉布。坐賈把收購回來的棉布再賣給行商，通常會在布上加上該店號的機頭商標，以資識別。

從一清代小說《三異筆談》中可找到機頭標記的重要性和利用機頭來致富的例子，汪益美是有名的徽州商人，他是資本雄厚的布匹批發商，「益美」為該布店的字號，若機戶在布匹上配上「益美」的機頭，他會給回一些佣錢。用這種方法，汪氏的布匹便流通全國

---

[41]葉夢珠，《閱世編》（上海古籍出版社，1981），頁157-58。

[42]黎志剛及韓格理，前引文，圖三。

[43]Sadao Nishijima, "The Formation of the Early Chinese Cotton Industry" In Linda Grove and Christian Daniels eds.*State and Society in China：Japanese Perspectives on Ming-Qing Social and Economic History*（University of Tokyo Press），p.45.

[44]同上，頁17-77；居蜜，〈明清棉紡織業與農村社會經濟的變化〉，《香港中文大學文化研究所學報》，第七卷，二期，1974，頁515-34。

各地，年銷竟達一百萬匹[45]。汪益美並非小說虛構的人物，在碑刻史料中可找到他的名字。行商是依據商人的標記來選購布匹的，附上忠實、品質優良和聲譽良好字號的機頭之布匹會壓倒品牌不好的紡織品[46]。毫無疑問，附有著名字號機頭的布匹價值特別高。碑刻上記載了一些商人冒牌藉此出售劣等布匹的案件[47]。

藥品、鐵器和棉布之商標形式雖然不一致，但這三種例子的主要意義是產品各有自己的標記以識別同類型的商品。和西方商標一樣，中國近世的商標也可用以識別商品製造商和銷售商，有些商品，例如藥品，同時也是該商品的品牌。不論這是不是普遍的現象，產品的廣泛使用商標就足以證明商標和品牌在近世中國商業史上的重要。

由於商標具有增加市場需求和加強商品分殊化的功能，因此商標與促進商品流通各地的關係是可信的。舉例來說，1533[4]出版的《松江府志》中描述松江布「比織錦還精細」[48]，所以行銷全國各地。根據趙岡和吳承明的研究，松江布在十九世紀外銷至日本、東南亞、歐洲和美國等市場[49]。吳承明估計明代松江布有二千萬匹在國內市場流通，而清代則有三千萬匹[50]。

---

[45]許仲元，《三異筆談》，卷三，頁19，（收入《筆記小說大觀》）（江蘇廣陵古籍刻印社出版，1984，第二十冊，頁468）。

[46]《上海碑刻資料選輯》（上海史料叢刊，1980），頁84-88。

[47]同上，頁202-3。

[48]轉引自Nishijima前引文，頁30。

[49]Kang Chao, *The Development of Cotton Textile Production in China* （Harvard University Press, 1977），p.50.

　　上述例證清楚顯示「老字號」對消費者之選擇有很直接的影響，因此商標商品的流通和字號的關係相當密切。在宋代以後，城市的街巷胡同中有許多遐爾聞名的老字號，例如清人錢冰在《履園叢話》中記載的蘇州孫春陽老字號是一天下聞名的老店⑩。北京的例子更多，如上面所提及的王麻子刀剪舖、同仁堂藥店等。《帝京歲時紀勝》一書中「皇都品匯」篇裡還記有聚蘭齋糕點舖、花漢沖香粉店等老字號的名字。著名的北京老店還有很多，例如樂家老舖、鶴年堂老藥店、全聚德烤鴨店、六必居老醬園、榮寶齋文具老店等。最近出版的《老北京店舖的招幌》一書提供了許多實物證據⑫。從一些宋、明、清時期的寫實畫中可以看出這些老店常以貨真價實和講求信譽來贏取消費者的稱譽。

　　資料顯示各地的官、紳、商和地主有選購商標商品和老店服務的傾向，這些消費者大多住在城鎮中。當然標記是為了識別同類商品而設的，因此品質高、信譽好的名牌商品或單憑老店的字號，商品的售價就可以很高。茶書對官、紳、商們選茶之影響很大。最少有一百多種茶書在宋、明、清時期出版⑬。這些茶書品評各類茶葉的優劣，並有建議某一類上品茶葉適宜餽贈官員，被記載的名茶品種會身價十倍，在一些大城市中，受到消費者之愛戴。這些名茶售

⑩吳承明，前引書，頁232-34。

⑪錢冰，《履園叢話》（中華書局，1979），頁640-42。

⑫邢渤濤，《全聚德史話》（中國商業出版社，1984）；《馳名京華的老字號》（文史資料出版社，1986）；《老北京店舖的招幌》（博文書社，1987）。

⑬黎志剛及韓格理，前引文。

價會比次等茶葉高。茶書與商標商品的關係就好像英國十八世紀時期，一些時裝雜誌對消費熱潮推動的作用一樣。其次在《金瓶梅》和《紅樓夢》等小說中，就有傭人穿上名貴衣飾的記載。英國十八世紀時的傭人，在帶動下層人士模彷上層消費行為的過程中曾扮演了十分重要的角色[54]。中國官、紳及富有人家的傭人在這方面是否曾扮演相類的角色呢？這方面有待進一步研究。茶葉的這些消費形態，在名酒、絲和上等棉布商品中亦呈現出來。

有部分商標商品的價格很高，富有人家才有購買力。這樣商標商品就成為不同階層人士選擇取向的識別。同仁堂的上等人參、鹿茸和麝香及松江地區的「三梭布」就是最高級的消費品之一，這些物品的消費者特別講究最好的品質。在近代前經濟社會（Pre-modern economics）中，奢侈品主要供給上層人士的消費，他們擁有特權和財富，因此與其他消費者的選擇十分不同。但在近世中國產品的分殊化只決定價錢、品質和消費者不同的需求偏好，法律雖對百姓（特別是商人）的服飾有種種限制，但最少在明末這種限制已不能發生作用。因此最晚在十六世紀以後，中國消費者可依隨自己的價值取向、身分地位，甚至基於他們對將來的期望來選擇不同品類的物品消費。這一商品分殊化現象是中國出現一「消費社會」的標誌。

四、消費主義的結構性根源

十八世紀英國開始從個別老主顧（individual patrons）型態轉

---

[54] Neil McKendrick, John Brewer and J. H. Plumb，前引書，頁五九-六〇。

化到一個具有消費階層的經濟社會。然而在數個世紀之前中國經濟已發展為一消費社會。如上所述，很多經濟史學者，都把資本主義與消費主義等同起來，但這顯然不符合中國的具體情況。雖然中共史學家三十多年來一直探求中國過去是否有資本主義萌芽的出現[55]，但正如吳承明和徐新吾等學者的研究指出，明清時期的商品經濟也是依附在小農經濟為主導的基礎上[56]，商人致富後會變成地主。手工業作坊和商號還是家庭式，規模通常很少，而且生產運作上沒有出現高度的產銷整合。目前漢學界多認為現代前的中國經濟並沒有向著工業資本主義之路邁進[57]。

---

[55]對中國資本主義萌芽的討論，參看Yeh-chien Wang, "Notes on the Sprouts of Capitalism." In Albert Feuerwerkeroed., *Chinese Social and Economic History From the Song to 1900*,（Ann Arbor, Center for Chinese Studies, The University of Michigan, 1982）, pp.51-57。這一方面的文章很多，重要的有《中國資本主義萌芽》上、下及續編（三聯書店，1957、60）；《明清資本主義萌芽研究論文集》（上海人民出版社，1981）；《中國資本主義萌芽問題論文集》（江蘇人民出版社，1983）。

[56]吳承明，前引書；徐新吾，《鴉片戰爭前中國棉紡織手工業的商品生產與資本主義萌芽問題》（江蘇人民出版社，1981）。

[57]近期對這一課題討論的西方學者主要著述有Feuerwerker 1984; William T. Rowe, *Hankow: Commerce and Society in a Chinese City: 1796-1889*（Stanford Univ. Press, 1984）; "Approaches to Modern Chinese Social History." pp.236-296 in Olivier Zunz, ed., *Reliving the Past: The Worlds of Social History*（Chapel Hill,The University of North Carolina Press, 1985）; Ramon H. Myers, *The Chinese Economy, Past and Present*（Belmont, California: Wadsworth, 1980）; Gary G. Hamilton, "Why No Capitalism in China?" *Journal of Developing Societies* 1, 1985, 187-211。

　　假若中國式的消費主義不是由資本主義因子所引起，它的原因又是什麼呢？十九世紀一位法國政治家托克維爾（Alexis de Tocqueville）指出結構性因素對日常行為的影響。他提供了一消費者取向的生產型態之結構性解釋。這對解釋中國的案例十分有用。

　　工匠在貴族社會裡只為很小數主顧服務，這些主顧很難侍候的。精美的工藝技術會帶來很大的利潤。……當特權廢除和階級融合時，情況會有很大的變化。個人在社會中不斷起落……（家庭財運的不穩定創造了）一群市民，他們對消費的渴望遠遠超過其能力，因此這群市民樂意忍受不完美的代替品，不然他們的願望就落空了。工匠很容易就瞭解這種感受，也分享這一想法。在貴族社會裡工匠要很高的價錢，但只有很少數的顧客。工匠在現今社會會明白，如果他們減價傾銷，會很快致富。目前只有兩條路去製造便宜產品。第一種方法是要找出一種快、靚和熟練的做法。第二種方法就是大量生產，品質不需要很好，一般質量就可以了。在民主社會裡，每一個工人應用他的機智在這兩種見解上……在民主時代中，工匠不單要創造有用的東西給每一個公民，也要試圖把每種商品都加上輝煌的外表，這些包裝不一定是反映內在的真正價值。⑱

　　托克維爾的引文很長，因為他的分析可幫助我們對中國和歐洲

---

⑱Alexis De Tocqueville, *Democracy in America*（New York, Doubleday, 1969），pp.466-467。

經濟體系之複雜和結構性歧異有所理解。托克維爾提供了一結構性解釋,他指出經濟活動是一可觀察的有機體,牢牢地與社會秩序結合起來,在這篇文字和其他作品中,他指出生產與消費只有間接的因果關係,它們透過其他一組特定的社會關係緊密地相連起來。生產和消費會因情境內在邏輯(Situational logic)的轉變而產生另一結構性外形。在這一段引文內,托克維爾用類型學的方法對比兩類商品生產的策略,一種發現於貴族社會的階級結構,另一類則是在一沒有階級定型的開放社會。

這兩種商品生產策略有助於說明中國與歐洲在結構上的區別。中世紀歐洲是一封閉的階級社會,社會階層流動的機會很少,這是托克維爾對貴族化階級社會結構的定義。這一描述參與者的情境邏輯結構性類形之主要特點有:(1)階級界線非常嚴明;(2)各階層間財富和特權享用十分懸殊,導致法律上嚴格規定社會各階層的消費形態。這一情境邏輯支持一個階級嚴明社會的特殊消費模式。財富集中在一小群相對穩定的貴族手中,最好的工匠是替這一貴族階層服務。工匠們特別為這階層製造精美和名貴的物品,他們並不為其他階層人士服務。只要記得意大利佛羅倫薩雕塑匠切利尼(Benvenuto Cellini, 1500-1571)自傳中的敘述就足以令人信服,他自稱:「總是想用大理石造出一些傑作。」你可知這是為誰而創作和出售的?固然,有些工匠是為其他階層人士服務,但其他階層分子不會享用精良工匠所創造之貨品。大體上,貴族社會好像促進了商品個人化的生產策略。在這一結構下工匠只替他們所熟識的顧客製造商品[59]。

---

[59]R.H. Hilton, "Medieval Market Towns and Simple Commodity Production." *Past and Present* 109,(1985, November):3-23。

特殊階層的消費模式，直至法國大革命前夕，仍然盛行於大部分歐洲地區[60]，在某種程度上只有英國及蘇格蘭低地區是例外。這些國家由於一般人民生活水平的提高，造成一種對奢侈品的有效需求[61]，但在其他大部份歐洲地區，這類有效需求都不明顯[62]。甚至在英國，在中產階級還沒有達到足夠人數，及在他們擁有較高之生活水平，並足以影響生產部門之前，大部分工匠仍然集中在城市中心，為有錢的老顧客服務。這一生產形態的結構性根源來自有勢力的都市行會。這些行會受到皇室法律的保護[63]。布勞岱（Braudel）指出從十七世紀開始，由於區域間和國際貿易的大量增加，改變了這一工匠形態的經濟結構[64]。從此貴族只能在擴大的區域市場網中享用到超地域的商品，這一發展間接擴大了中產階層的人數，並促進農村手工業的發展[65]。從這一點就可知西方標記所呈現的現代意義。

中國社會的分層化與歐洲顯然有所不同。當然，中國並不是一民主社會，甚至不能應用托克維爾之廣義的定義。但在結構上，托克維爾筆下的美國和近世中國有很顯著的類似。這兩個地區，社會

---

[60] Charles Sabel and Jonathan Zeitlin. "Historical Alternatives to Mass Production: Politic, Markets, and Technology in Nineteenth Century Industrialization." *Past and Present* 108（1985, August），133-176。

[61] Jones, 1973; McKendrick, Brewer and Plumb, 1982.

[62] Sabel and Zeitlin, 1985。

[63] Hilton, 1985; Berger, 1980。

[64] Fernand Braudel, *The Structures of Everyday Life*（New York, Harper & Row, Publishers, 1981）。

結構所塑造的情境邏輯是相似的，這一類同足以影響近世中國和十九世紀美國生產和消費形態的相像。

在政治和社會結構上，近世中國和十九世紀美國基本上是一分權社會；當然中國的中央政府透過禮教有效的控制各地區是一個不容忽視的歷史事實。在美國十九世紀一個以市場為主導的東北區中，它主要的政治和社會單位是區（township）。除了美國南部地區之外，這個以財富來分等第的社會階層模式散落在規模比較小及中等比例的城市中；無論是一事實或社會信念，從最貧窮到最富有，社會身分地位是很不明確和經常在變動的。根據托克維爾和其他有關美國人生活方式的深入研究[66]，從某人所選購的東西、居住的地域、衣著的款式，以至於所信仰的宗教派別就表明這個人之生活方式和社會地位了。此外，至少在托克維爾的時代，所有外國和美國的觀察家都大致相信美國是一高度商品化的消費者社會。因此，資本主

[65]對西方農業在資本主義發展的角色，參看E. L. Jones, "Agricultural Origins of Industry", *Past and Present* 40, （1968, July）：58-71；*Agriculture and the Industrial Revolution*（Oxford, Basil Blackwell, 1974）；L.A. Clarkson, *Proto-Industrialization The First Phase of Industrialization*（London, MacMillian, 1985）；Peter Kriedte, *Peasants, Landlords and Merchant Capitalists: Europe and the World Economy, 1500-1800*（Cambridge Univ. Press, 1983）；Peter Kriedte, Hans Medick, Jürgen Schlumbohm, *Industrialization Before Industrialization*（Cambridge Univ. Press, 1981）。

[66]Richard Taub, *American Society in Tocqueville's Time and Today*（Chicago, Rand McNally, 1974）；Kenneth A. Lockridge, *A New England Town*（New York, W. W. Norton, 1985）。

義生產方式的一種主要策略——「品牌和商標」就成為這一社會分層化的象徵[67]。

和美國社會差不多，近世中國基本上是一比較開放的社會。科舉制度在某一程度上打破了高門望族對「財富」、「權力」和「地位」的壟斷。套用何炳棣的術語，中國的階級結構是「不固定的」（Fluid）[68]。權力結構更是層疊式的；正式和非正式的士紳團體——包括鄉村和宗族大會、廟宇、公所和會館、同鄉會、學社等——影響本地社會，並承擔部分政府的責任。在十九世紀初，只有約兩萬的政府官員，管理約四億的人口[69]。此外，大部分地方官員二至三年便需輪換。所有地方官員基於「迴避」的規例，禁止在本籍省區內工作。以上兩種措施是防止地方官員在當地社會生根。相對的在縣以下的地方社會中，雖有秉承中央意旨的地方領袖，但畢竟中央政府的實際行政力量和對地方的監督都比較薄弱，在這一層次上，中國地方上是有一定程度的自主權。

這一地方社會的階層結構是不明確的。在近世中國沒有歐洲式的地主階層[70]。在中國北方，大部分農民是自耕農，擁有自己的土

---

[67] Ewen, 1976；Jr, Alfred D. Chandler, *The Visible Hand:The Managerial Revolution in American Business*（Cambridge, Harvard Univ. Press. 1977）。

[68] Ho Ping-ti, *The Ladder of Success in Imperial China*（New York, John Wiley and Sons, 1964）。

[69] Marianne Bastid, "The Structure of the Financial Institutions of the State in the Late Qing", pp.51-79 in S. R. Schram, ed., *The Scope of State Power in China*（Hong Kong, The Chinese University Press, 1985）。

地。而中國中部和南方,佃農的比例很高,但地主是沒有田面權的。根據歐洲的標準,中國最大的地主只屬很小型的地主。此外,在中國,土地擁有不會合併成采邑,只散佈於小塊土地上。因此,大部分地主很少作生產的決定。所有的生產和其他經濟決定都由佃農和自耕農自行判斷。大部分地主都移居到鄰近城鎮中。由於分產制,每一個兒子在父親去世後平分家產。這一分產制造成土地所有權的不斷分割,並包括佃農的田面權和其他各類形式的財富。分產制就成為眾所周知的三代循環式的家族興衰模式。

大多數中國人都全神貫注於獲得和維持其財富及地位[70],有些家族,特別是商人子弟多分散其進取策略,一些兒子投身科舉,以進入仕途,其他的兒子則繼續成為商人。家族有時會與一些宗族親戚為了宗族資源的分配而互相對抗[72]。宗族間也會為了地區資源的分配進行激烈的競爭[73]。

家族財富與地位的不斷起落和個人在家庭中的不明確地位,促成社會上流行以物質象徵來表示個人的身分[74]。中國人特別留心日

---

[70] Mi Chu Wiens, "Lord and Peasant, The Sixteenth to the Eighteenth Century", *Modern China* 6（1,January 1980）:3-39;Rowe, 1985。

[71] Ho, 1964。

[72] Hugh D. R. Baker, *Chinese Family and Kinship*（New York, Columbia University Press, 1979）。

[73] Harry Lamley, "Lineage and Surname Feuds in Southern Fukien and Eastern Kwangtung under the Ch'ing", In Kwang-ching Liu ed., *Orthodoxy in Late Imperial China*,（Forth coming）.

[74] Gary G. Hamilton, "Chinese Consumption of Foreign Commodities: A Comparative Perspective," *American Sociological Review* 42,1977,877-891.

常衣飾，精細藝術品更廣受大眾所選購。上文描述近世中國消費者對商標商品的熱愛足以說明大眾消費的存在。其他惹人注目的揮霍消費的例證有很多[75]。最突出的是纏足的習俗。由五代南唐後主開始直到明清時代，這一陋習普遍流傳於社會上層間，但有些富農或渴望與平穩樸實的人家通婚的家庭中，也強迫女兒纏足[76]。

在這地位競爭的環境中，中國經濟被調整到專供大量不知名潛在買家消費的生產策略。隨著高門大族在宋代的消失，因此專為貴族服務的良匠生產策略也沒落了[77]。近世中國的經濟體系顯然與中世紀及現代前期歐洲的經濟形態完全不同。在我們上文討論商標時，發現近世中國經濟與托克維爾所提出民主社會中的消費形態有相像的地方。手工藝部門再不單為一小數、本地富有的大家族服務。製造商在這一不定型社會中推出另一生產策略。目標是為中等階層人

---

[75]Carl Crow給我們很多中國二十世紀早期消費主義的例子。見Carl Crow, *Four Hundred Million Customers: The ExperiencesSome Happy, Some Sad of An American in China, and What They Taught Him,* （New York, Harpes & Brothers, 1937），而Hamilton（1977）給我們一些近世中國的例子。

[76]Howard. S. Levy, Chinese Footbinding (New York, Bell Publishing Co., 1967), pp.37-63.

[77]對唐代工匠經濟的討論，參看Denis S. Twitchett, "The T'ang Market System", *Asia Major* (n. s.) 1966, 12：202-48; "Merchant, Trade, and Government in Late T'ang ", *Asia Major* (n. s.) 1968, 14：63-95，對宋代商業的轉變可參看Laurence J. C. Ma, *Commercial Development and Urban Change in Sung China, 960-1279* (Ann Arbor, University of Michigan, Department of Geography, 1971）。

士生產商品，在這一形態下，消費者也包括一些很富有的人和少數
窮人。手工藝製造者在這不間斷（continum）的消費階層中傾銷他
們的產品而獲利不少。

商標在這一類社會的重要性是用來分辨不同製造者之間各種相
類似的產品。製造商會試圖比其他製造者獲得較大的利潤。製造商
會推出一些潮流或特別款式以刺激消費，不論是富有或貧窮的消費
者，只要對商品喜好和有購買力就可以了。生產策略伸展到製造具
有特色的商品上，貨真價實十分重要，這可獲得並保持良好的商品
形象。中國經濟在十九世紀時，在對抗西方商業勢力入侵中扮演了
一個十分重要的角色。有數位學者注意到，當時中國的經濟在劇變
的環境中，中國製造者還能供應買家的普遍需求[78]。這足以證明近
代前的中國經濟體系是十分成功的，已經是一個受消費者需求支配
和以消費者為取向的經濟體系。

歐洲與中國工業化前經濟的這種差異，使一些十六世紀西班牙
旅客十分驚訝。他們發現中國都市的主要街道完全是貿易店舖和工
匠作坊。麥節倫（de Magaillans）神父有如下的記載：

這習俗是為了公眾的方便，因為在我們的都市中（在歐洲），
富有人家的房子是排列在最好的街道上；消費者因而被迫從很
遠的地方到市場或港口處購買日常必需品。但在北京或其他中
國城市中——消費者都可在相鄰店舖中選購各種日常必需品、
雜糧、甚至一些娛樂物品。因為這些小屋包括有各類店舖、菜

[78]Crow, 1937; Hamilton, 1977。

館及雜貨店。

近世中國城市確是一消費者社會，與現代的西方社會類似。

五、結論

消費主義是一個很重要的課題，但包括近世中國，這類型的經濟體系很少學者研究。有關傳統和現代經濟形態的著作多集中在生產環節上。目前史學家、人類學家和社會學者對工廠的勞資關係、地主和地方社區對農民生產的影響，及工業化前夕家庭手工業等課題比較關心。只有少數學者注意到銷售和分配的環節，通常這些稀少的銷售課題只在一些對少數種族商人團體研究的著述中找到。雖然，消費在供求關係中佔一半的比重，但幾乎沒有人去研究。生產及偶然有關銷售的課題是教科書的對象，而消費則只是註釋的一部分而已。

消費課題之不被重視是可以理解的。在理論上，生產被認為是比較有意義，在經驗上也有比較完整的定義。另一方面，消費之研究難度很高，而且在理論上不見得很有意義。研究人員比較容易找到商人生產方面的資料。而消費卻是無數的和短暫的消費者行為，並散布在那些不可計量的交易中，這方面的資料就十分缺乏了。因此，多數分析者毫無保留地把經濟體系簡化為生產和銷售兩方面。有些研究把現代前期的農民經濟，例如明清時期中國的經濟形態等同於農業經濟[79]。最近有關工業化前夕的研究伸展多一步，包括了

[79] 例如Philip C. C. Huang, *The Peasant Economy and Social Change in North China* (Stanford University Press, 1985)

手工藝作坊及對男耕女織的小農經濟形態有比較具體的研究⑧，但這些嘗試，並沒有跳出生產為主的架構之外。當學者應用「中心地域理論」（Central Place Theory）於現代前期經濟之研究時⑧，已走向「銷售」研究的範疇中，但消費課題依然未被學者重視。

這偏重生產之研究有兩個主要缺點，我們在這篇短文中曾有論述。首先，偏重生產的論點是人為的把生產和消費兩個環節分開。生產和消費與該社會秩序是緊密連繫起來的⑧。同時也是受一批和他們所以為的社會參與者的行動所影響。這雖是一生產策略，但會受該社會和經濟效益的支配。可是很多分析家卻認為生產和消費不是互相依賴的。這產生一種消費是追隨生產的邏輯謬誤。根據這一推理，消費是直接受生產所影響。這一因果律依然否定了製造商是依據消費者選擇來生產的事實。生產些什麼和如何生產是受生產者對消費潛在市場之估計所決定的。

另一被大多數人誤解的消費觀念是一種心理學上的偏見。把消費歸類到個人主觀決定上——根據消費者的心理——這種分析有如把一些個人說話的意願歸納為一種語言的特質。雖然這一類比有時很有用，但對大多數的論題，並不準確。

消費和語言一樣，是一種傳達訊息的符號表徵，形式和內容是

---

⑧例如Feuerwerker, 1985。

⑧例如Skinner, 1977; Carol A. Smith ed., *Regional Analysis,* 2 Volumes, (New York: Academic Press).

⑧經濟活動與結構有機連繫的理論性討論，可參考Mark　Granovetter, "Economic Action, Social Structure, and Embeddedness", in *American Journal of Sociology* , 91, 1985; 481-510.

不能從個別例子中歸納出來的。兩種都是典型的社會現象。馬利・道格拉斯（Mary Douglas）在一相關但比較籠統的文章中亦提及這論點[83]。本文的主要貢獻是申論連繫在商品市場上的價值表徵與資本主義生產方式及消費者心理學是沒有必然關係（該消費心理學是指工場東主為了增加本身利潤和刺激市場需求，因此創造並控制一些消費價值表徵）。總括來說，近世中國的消費主義存在於一資本主義還未出現的社會裡。不同類型的消費主義與該社會的結構有關。一些社會的獨特形態會導致該社會分子對某一種生產策略的偏好。在近世中國，大量的商標商品在都市市場湧現與中國這不固定社會結構有關的。這一消費主義最少已有一千年的歷史，從宋代開始逐漸的發展。

---

[83] Mary Douglas and Baron Isherwood, *The World of Goods* (New York, W. W. Norton & Company, 1979）

市場、文化與權威：遠東地區管理與組織的比較分析[①]

韓格理　畢佳特（N. W. Biggart）　著

張維安　譯

有關產業計畫與推行有三個主要的解釋架構：市場的研究取向（approach），強調經濟的特質；文化的研究取向，把組織視為模式化價值的表現；以及權威的研究取

①本文的意見曾經發表在下列地方：韓國漢城的「汎太平洋會議」；台灣東海大學的討論會系列；史坦佛大學的組織討論會系列；加州大學，柏克萊校區中國研究的地區性討論；以及在Asilomar召開之加州大學（All-University of California）經濟史討論會。我們非常感謝給我們寶貴意見的與會人員以及詳細的閱讀初稿給我們意見的人士：Howard Aldrich, Mauel Castells, 鄭敦仁, Donald Gibbs, Thomas Gold, Chalmers Johnson, 高承恕, Earl Kinmonth, John W. Meyer, Ramon Myers, Marco Orru, Charles Perrow, William Roy, W. Richard Scott,以及Gary Walton。我們也要感謝下列人員對本研究的協助：張維安，翟本瑞，陸先恆，彭懷真，Cindy Stearns, Moon Jee Yoo, Shuenn-der Yu以及陳巨擘對中文譯稿的意見。Hamilton也希望感謝Fulbright Foundation和National Science Foundation (SES-8606590）的支持。原文刊載於*American Journal of Sociology*, 94（Supplement）：52-94.譯文曾刊於《中山社會科學季刊》，4卷1期。

向，將組織視為由歷史發展出的統治結構。本文將個別
檢視這三種研究取向對於日本、南韓與台灣三個快速發
展的東亞國家的解釋效力。從比較分析的角度，我們認
為組織的「成長」可從市場與文化的因素方面得到相當
的解釋，但是權威模式與正當性策略（legitimation
strategies）乃是解釋組織（結構）的最佳因素。

一、前言

許多社會科學一直對經濟組織的結構與功能深感興趣。這個普
及的興趣大致可從三個觀點來加以分類。人類學（Orlove, 1986），
社會學（White, 1981），但特別是在經濟學（Chandler, 1977, 1981;
Teece, 1980; Williamson, 1981, 1985）方面，學者們研究以市場為
中介的交易過程，影響企業公司之興起及其運作的經濟決策。我們
把這種一般性觀點稱之為「市場的研究取向」。第二個分析經濟組
織的觀點是「文化的研究取向」。此一觀點認為，文化模式影響了
經濟行為，這個觀點曾為人類學家所留意（如Benedict, 1946; Douglas,
1979; Orlove, 1986），但是今天已為許多不同背景的學者所廣為
接受。法人組織文化的研究（Deal and Kennedy, 1982; Peters and
Waterman, 1982; Kanter, 1983），以及有關日本（Ouchi, 1981, 1984;
Pascale and Athos, 1981; Vogel, 1979），瑞典（Blumberg, 1973;
Foy and Gadon, 1976），南斯拉夫（Adizes, 1971）及其他國家的
產業計畫的比較文化研究，在過去十年中已增加了好幾倍。第三個
觀點是政治經濟的觀點，我們稱之為「權威的研究取向」。社會科

學各領域的學者們已經以這個具有廣闊視野的觀點去研究經濟組織，從早期馬克思（1930）與韋伯（1958, 1978）的啟發性著作至最近的研究，如Granovetter（1985），Perrow（1981, 1986），Portes及Walton（1981），Haggard及Cheng（1986），Reynolds（1983），及Mintz與Schwartz（1985）等均是。

本文底目的，在於評估這三個研究取向在解釋太平洋地區三個快速發展國家（南韓、台灣與日本）的工業安排與策略的相對效力。我們認為，市場與文化的解釋對此三國的瞭解都有重要的貢獻，但是只用其中任何一個解釋都是不足的。市場解釋正確的引導我們注意政府的工業政策及企業的責任。但是市場解釋無法說明這三個國家之組織安排上所顯現的特殊性和實質上的差異。文化解釋，可使我們正確的將日本、南韓及中華民國台灣的組織運作視為歸屬感、忠誠和服從等重要社會因素的一般性表現。但是只有考慮文化本身，無法瞭解，雖然企業組織也會配合其文化信仰，但基本上乃是對市場機會與市場條件的一種反應。企業可能具有其文化性，但是企業仍然是企業。再者，文化因素在清晰解釋的要求下，無法做到有效的區別。

本文中，我們認為強調韋伯學派觀點的政治經濟研究取向，是三種解釋中最佳的解釋。這個研究取向與市場、文化等兩種解釋要素結合，並從每一個社會中個人與制度的權威關係之歷史發展觀點來看。我們認為市場機會確實會導致組織設計的創新，但是這些創新並非只是有效的組織方式之理性計算。反而是組織的運作代表著提供支配結構正當性的控制策略，而且還經常運用其文化的瞭解。這種運作並不是隨意發展出來的，而是由已經存在的互動模式所造

成。這些互動模式有許多形成於工業時代來臨之前。因此，工業組織乃是一個先存模式之複雜的現代適應，這個先存的模式支配著經濟的情況，舉凡利潤、效力和控制常構成既存的真正條件。

下面數節中，我們將繼續討論這個主張。首先將介紹我們所感興趣的三個國家最近的經濟史，並描述其最近的工業組織模式。南韓、台灣和日本提供了難得的比較分析機會。三個國家的經濟都受到戰爭的破壞，如二次世界大戰對日本和台灣的破壞，還有韓戰對南韓的破壞。最近幾年中，三個國家都重建了他們的經濟，並達成非常高的經濟成長率，但是他們的主要組織結構卻不相同。其次我們將依次運用市場、文化和權威關係的解釋，提出三國之獨特貢獻和限制並解釋其不同的成就。最後我們提出對這三個東亞國家的經濟分析，並說明權威關係相對於其他兩種解釋取向的長處，這些對工業的分析，包括對美國當前情形的了解，都具有特殊的意義。

二、日本、台灣與南韓最近的經濟發展

四十年前，二次世界大戰結束之時，日本一片荒廢，工業中心被粉碎，其殖民地韓國與台灣都脫離了。台灣主要是一個農業社會，也受到戰爭的破壞，「台灣四分之三的工業力全遭破壞」（Little, 1979：454）。再者，台灣承受了隨著蔣介石的軍隊和政府及從中國大陸轉進的人口。台灣的人口從1944年區區六百萬人到1950年時突破八百萬人，五年間約增加了三分之一的人口（Kuznets, 1979：32）。三十二年前韓國因為內戰，經濟遭受破壞，而且有一百三十萬韓國人死於戰爭。戰後，農業南韓與工業北韓發生了分裂，南韓

表一　日本、南韓與台灣的出口值*

	日　　本 a	南　　韓 b	台　　灣 c
1965	8,452	175	450
1970	19,318	835	1,481
1975	55,753	5,081	5,309
1980	129,807	17,505	19,810
1984	170,132 d	29,253 d	30,456

（＊上述資料美金百萬元為單位）

a資料來源：Abstract of Statistics on Agriculture, Forestry and Fi
　　　　　　sheries, Japan 1982.

b資料來源：Korea Statistical Handbook, National Burea of Statis
　　　　　　tics, 1985.

c資料來源：Statistical Yearbook of the Republic of China, Direct
　　　　　　orate General of
　　　　　　Budget, Accounting, and Statistics, 1984.

d資料來源：United Nations, Monthly Bulletin of Statistics, 1985.

喪失了工業產品的供應，水力發電及鐵路所需的煙煤也都無法從北韓獲得供應（ Bunge, 1982：24 ）。

　　然而，在1980年代的今天，這三個國家已成為快速工業化的亞洲的中心（ Hofheinzoand Calder, 1982；Linder, 1986 ）。他們不只重建經濟，而且成為開發中國家和已開發國家行列中的佼佼者。日本的成就，已為歐美諸國所嫉妒，1984年日本的國民生產毛額名列資本主義世界中第二位（ Economist Intelligence Unit, 1985a ），其成長率和投資率為美國的兩倍（ Vogel, 1979 ）。1963年至1972年十年間，台灣的GNP每年成長10.6%，1973至1982年十年間，正

是世界蕭條期，但其GNP每年仍成長7.5%（Myer, 1984）。1949年台灣每人收入還不到五十美元。但1970年已提高到三百五十美元左右，1984年更達到二千五百美元（Minard, 1984：36）。南韓的經濟一直到1960年代尚未起飛，但在1963至1972這十年間，其工業產品出口每年成長52%（Little, 1979：482），1962年至1984年間工業產品的平均成長率是17%（Economist Intelligence Unit, 1985b）。1962年南韓每人的GNP為八十七美元，1980年為1503美元（Bunge, 1982：109），1983年時則高達1709美元（Montly Bulletin of Statistics, 1985）。這三個國家的經濟成長都奠基於出口貿易。從表一可知三國出口部門的驚人成就。1984年，日本對美國的貿易盈餘約為四百億美元（Direction of Trade Statistics, 1985：242）；台灣對美貿易盈餘則接近百億美元（平均每人來算，則為日本的兩倍）（Taiwan Statistical Data Book, 1985：205）；南韓則為32億美元（Direction of Trade Statistics, 1985：248）。無論用何種經濟指數，這幾個東北亞國家經濟的成長都是空前的，許多人把這個經濟成就的事實視為「亞洲的奇蹟」。

　　日本、台灣和南韓的相似之處不止於他們都從戰爭的廢墟中重建經濟；事實上，其他相似性似乎可以解釋其共同的經濟發展（Cumings, 1984；Hofheinz and Calder, 1982）。此三國都缺乏自然資源，尤其是礦產。他們的成功無法像中東發展中國家那樣，用石油儲藏量的發現來解釋。此外，土地也不是財富的來源。以可耕地與人口的比例來算，台灣、南韓和日本的人口密度幾乎都高於世界上其他國家，「比埃及和孟加拉共和國都高，甚至比印度高出四倍」（Little, 1979：450）。很清楚的，這些國家都是依賴工業

而致富。這三個國家在經濟的復原和重建方面，都曾接受美國的經濟援助和指導，但是這只是援助而已，跟美國在其他國家的援助並無差異，因此美援不能做為解釋這些國家快速發展的原因（Amsden, 1979: Haggard and Cheng, Forthcoming; Little, 1979: Hofheinz and Calder, 1982; Barrett and Whyte, 1982）。在歷史上和文化上，這三個國家是相互關聯的。日本曾在1895年殖民台灣，1910年殖民韓國，都貫策了相同的殖民政策（Cumings, 1984; Myers and Peattie, 1984）。但這三個國家在語言上和種族上都不一樣。從歷史上來看，中國對整個地區有很大的影響。韓國和日本都像台灣一樣，深受儒家與佛教傳統所影響。三國都依賴出口來發展其經濟。

總之，他們之間有相當的類似性。事實上，由於其相似性很大而且在歷史上三國的命運也唇齒相依，Bruce Cumings（1984：38）頗具慧見的指出「日本、韓國和台灣的工業發展，不能視為個別國家的現象；應該視為一個地區性現象……」。他進一步指出，「就此三國之間來比較固然可以凸顯其間的差異性，但是若把他們與世界上其他國家相比較，則其相似之處昭然可見」。

雖然我們發現三國之間有這麼多相似之處，但是日本、南韓與台灣在企業型態和公司組織方面卻有相當的差異性，尤其是在經濟出口部門方面。再者，每個國家的公司各自有其制度性關係的網絡，這些構成了其經濟特性[2]。這裡要指出的重點是，如果一個人只考

②雖然三個社會皆如此，日本特殊的公司網絡尤為有名。有關這些網絡在日本的普及性及重要性，Clark（1979：95-96）指出它們構成了「工業社會」：「討論日本的公司無法忽略這個背景。工業環境的社會，例如，公司的組織與管理。」

察公司的組織，那麼他將忽略整合整個經濟的社會制度與政治制度的文化基礎。從Granovetter（1985）的討論中，我們認為公司的型態「奠基」於制度化關係的網絡，這些網絡在每個社會中都不一樣，但卻直接影響到公司型態的發展、公司的管理及組織策略。在每個社會中，經濟所植根（embeddedness）的特殊形式，特別是與政治制度的關係，影響達成工業化的不同設計。

三、三種工業組織的模式

在日本，公司與公司之間有兩種交結相連的聯絡系統，這對於瞭解日本經濟的運作具有重要的地位，尤其是在出口部門方面。這些網絡表現出二種Caves和Uekusa（1976）所謂的「企業集團」型態。其中一種企業集團由大公司之間的連合所形成。這些連合通常是比較鬆弛的連合，基本上是由一定數目的大公司所形成的水平連合。雖然這種公司在規模和聲望方面都有所不同（Clark, 1979：95），他們之間的連合乃是Dore（1983：467）所謂的「同輩之間具有關係性質的契約行為」。這些公司所形成的團體乃是一種跨市場（intermarket）的集團，它們分布於不同的工業部門（Vogel, 1979：107）。第二種企業集團的型態是中、小型公司與大公司的連合，這造成了經濟學家（如Nakamura, 1981; Ozawa, 1979; Patrick and Rosoveky, 1976）所謂的「兩元結構」，這是一種「不平等的連合關係」（Dore, 1983：465）。兩種企業集團的型態，使得位於中心位置的大公司及大公司之間的聯合，成為日本經濟的主角。這些企業集團中，不同公司型態的資產分布如表二。

表二　日本大財閥的資產分布*

關　係　企　業　集　團	總資產的百分比		
	1955	1962	1965
公營公司（部分或全部資產為政府所有）	62.2	50.1	38.3
長期貸款銀行的關係企業（其部分資產為政府所有）	2.1	3.3	4.3
財閥及大規模私人銀行的關係企業	23.3	28.4	29.2
三井	6.1	3.8	5.0
三菱	5.0	6.4	7.2
住友	3.2	5.9	5.4
富士銀行（安田）	2.9	3.6	3.8
第一銀行	3.1	3.5	3.2
三和銀行	1.4	2.2	2.6
巨人工業公司（關係企業與子公司的垂直聯合結構）	5.6	9.5	8.8
外國人持有的公司	1.0	1.4	1.4
關係企業體系之外的公司	5.8	7.3	18.0
總　　　　計	100.0	100.0	100.0

（＊ 以關係企業分類，1955，1962，1965）

資料來源：Caves and Uekusa（1976：64）。

最為知名的大公司網絡（或「集團」），便是企業集團（Kigyo Shudan），或跨市場集團，這些乃是二次世界大戰之前財閥的後代。通常這些網絡是在不同企業的公司集團之間，藉由中心銀行或貿易公司而形成（Clark, 1979; Caves and Uekusa, 1976）。在戰前的日本，這些集團由握有其他公司股份的公司所組成，這些握有其他公司股份的公司，分別由一個家族所控制。「財閥」家族透過各種金融及管理的方法來控制該集團內的個別公司。在美軍佔領期

間，這些握有大股的公司被解散了，各集團所屬的小公司因而獲得
自主（Bisson, 1954）。但是占領期間之後，許多公司（如三井、
三菱及住友）本身又重新集結，不過這一次只允許銀行可以有限度
的集中金融資源，其他家族所經營的股權公司都一概不准（Johnson,
1982：174; Caves and Uekusal, 1976）。除了前述的「財閥」之
外，在戰後興起了另一種不同的跨市場企業集團。這便是Clark（1979：
72）所說的「銀行集團」，它由「依賴主要銀行財源的許多公司」
所組成（如富士，第一及三和）③。

　　第二種企業集團則是由主要的製造商（會社，kaisha）及其相
關衛星公司之間的垂直連合所形成（Abegglen and Stalk, 1985; Clark,
1979：73），這種連合產生了日本經濟中的兩元結構（Yasuba; 1976,
Nakamura, 1981）。日本的主要公司直接與一系列較小的獨立公
司連合在一起，這些較小的獨立公司在整個生產的體系中扮演著重
要的角色④。依照Nakamura（1981：171-193）的分析，除了一

---

③通常，以銀行為基礎的重疊網絡是由一般貿易公司（sógó shósha）連
　合的公司網絡（Young, 1979；Kunio, 1982）。這些貿易公司運銷它
　們關係企業公司的產品。有些公司經營兩萬種以上的產品，在海外一
　百個以上的地方設有辦事處（Krause and Sueo, 1976：389）。每一個
　以銀行為基礎的網絡都有他自己的貿易公司支持其關係企業。沒有關
　係企業的公司，通常都是中、小企業，他們組織自己的貿易公司，聯
　合在日本和海外銷售產品。

④這些大公司中有許多獨立於已經穩固的Keiretsu。Abegglenc和Stalk（1985：
　189-90）的觀點認為，這些公司代表日本經濟中成長最快的部門。當這
　些公司更大時，也變得與Keiretsu相似：「有些變得規模大而成功，透
　過子公司和關係企業控制他們自己的集團。」

些裝配工業外（如汽車業），「普遍的模式是小公司將這些原料轉變成製成品，大公司負責供應原料」。這種轉包的契約，允許大公司在擴張之時多運用小公司，在不景氣時則減少對小公司的運用。大、小公司之間的關係非常普遍，以至於小公司被大公司「承包商化」（subcontractorization）已被視為日本經濟所面臨的「最大的問題」，因為這個關係滋生了不均等和二元工資體系（Nakamura, 1981：175）。

總之，日本的經濟是由大型，有勢力及較為穩定的企業集團所控制。這些集團構成了一個「工業的社會」（Clark, 1979：95-6），「此處財閥和其他加盟的工業、商業和金融公司聯結成一種其他國家無法比擬的密切而複雜的關係」（Caves and Uekusa, 1976：59）。

與日本那種具有多樣性的企業網絡不同，在南韓，其主要的工業網絡是大型、有階序關係的公司組合，稱之為「財團」（Chaebol）。「財團」在規模和組織結構方面與戰前日本的財閥很相似。1980年至81年間，政府核准了二十六個「財團」，他們一共控制了四百五十六個較小的公司（Westphal, et al., 1984：510）。1985年，五十個「財團」共控制了五百五十二個公司（Hankook Ilbo, 1985）。其成長率非常驚人。1973年，前五大「財團」共控制了GNP的8.8％（Koo, 1984：1032），到了1985年時，前四大「財團」便控制了45%的GNP（Business Week, 1985：48）。1984年，前五十大「財團」控制了GNP的80%。

雖然韓國的「財團」與日本的企業集團有些相似，但是「財團」的子公司同樣接受中心公司強烈的控制，這些中心公司通常只由一家族或個人所擁有。「財團」的中心公司並不具有日本企業集團所

表三　南韓「財團」對國內製造部門的貢獻*

「財團」數目	1973	1975	1978	1984-5
前四大 a				45
前五大 b	8.8	12.6	18.4	
前十大 b	13.9	18.9	23.4	
前二十大 b	21.8	28.9	33.2	
前五十大 c				80

（*百分比）

a From Business Week（1985）

b Form Koo（1984：1032）

c From Hankook Ilbo（1985）

擁有的行動的自主性。這些中心公司直接受到南韓政府經由計畫部門和金融控制的管理。日本的跨市場企業集團以其中心銀行和貿易公司為基礎，南韓的「財團」卻依賴政府銀行的融資和由政府控制的貿易公司。因為這種支助的形式，韓國的「財團」出現了如表三所指出的驚人的成長率。另外，相對於日本，在「財團」的網絡之外，很少大型而且成功的獨立公司，大小公司之間也很少存在轉包契約的情形⑤。

---

⑤韓國的國營企業很重要，甚至是在外銷的製造業方面。這個部門僅次於「財團」逐漸增加其重要性，同一時期日本與台灣的國營事業在規模及外銷製造業方面卻逐漸減低其重要性。跟日本一樣，韓國也有大型的公司聯合：「韓國小企業聯盟」、「韓國貿易商協會」、「韓國工業聯盟」。但這些協會卻不像在日本那樣有影響力，而且「被指責說他們溫馴的服從政府的指導」（Bunge, 1982：122）。

　　在台灣，家族企業和集團企業是其經濟活動的主要組織型式，特別是在外銷部門。與日本、韓國不同，台灣的水平連合及垂直連合的程度都比較低，同時也比較缺乏寡頭集中現象。家族公司占優勢，而且這些家族公司通常都是中、小規模（例如，員工不到三百人或總資產低於二千萬美元）。依照趙既昌（Zhao, 1982）的分析，1967年中所登記的六萬八千八百九十八家公司，有97.33%是中小企業。這些公司大約僱用了台灣60%的工人，並且占GNP的46%及台灣出口的65%（參閱表四）。這些公司中有些自己形成生產、裝配或行銷的網絡，並且經常以非正式的契約連合在一起。而其他的公司則向大公司承攬轉包工作。

　　集團企業或大企業集團，攏括家族公司。大部分集團是由一個單一的家族所控制的公司網絡（中華徵信所，1985）。但是，這些網絡的規模無法和日本及韓國的財團相匹敵。多數集團是由中、小型和少數幾個稍具規模的公司所組成。如表五所示，1973年至一九八三年間所做的台灣一百大企業集團的調查指出，這些集團在整個經濟領域裡的表現非常穩定，尤其是和日本公司股權的不斷擴大與南韓「財團」的異常成長率相比，更為明顯（中華徵信所，1985）。

表四　台灣公司規模與全國生產量*

公司數目	1980	1981	1982	1983
前 五 大	5.52	4.90	5.02	5.45
前 十 大	8.70	7.91	9.69	8.23
前二十大	12.66	11.73	10.96	11.85

（＊百分比）

資料來源：天下雜誌（1983,9,1：63-84）

表五　台灣百大企業與全國生產量

	1973	1974	1977	1979	1981	1983
ＧＮＰ	34.0%	29.5%	29.1%	32.8%	30.0%	31.7%
受僱人員的比率	5.1	5.1	5.0	4.9	4.6	4.7

資料來源：中華徵信所（1985：46-47）。

在運用市場、文化和權威的解釋來分析這些差異中，我們將進一步詳細說明這些企業網絡模式。

四、市場的解釋

以市場來解釋組織結構的最重要作品，乃是Alfred D. Chandler對美國企業公司的分析。Chandler在《一隻看得見的手》（*The Visible Hand*, 1977）一書中有意去解釋現代公司的發展與快速散布。現代公司的發明（Chandler稱之為「多單元」（multiunit）商務企業），加速了美國工業化的速度，而且當美國的管理觀念傳布到國外時，也普遍的推動工業國家的工業化速度。Chandler（1984）雖然承認，在「多單元」公司傳布到西歐和日本時，有地區性差異，但他主要還是將這種差異歸之於市場的特性。美國（不是歐洲）是由經理人才來經營的資本主義的「苗床」，主要是因為受其「國內市場的性質與規模」所影響（1977：498）。

Chandler的分析邏輯，乃是把制度的變遷當做一種以市場條件的改變為基礎，一直向前發展的現象[6]。Chandler指出，前工業社會的美國經濟主要是以小型、傳統的組織為主：生產量有限的合夥

企業或家族企業。典型的傳統企業是從一般商人那裡取得其所需的
原料與工具，商人又以批發的身分從企業那邊購買製成品，並以零
售價格把商品銷售到臨近的市場。一般商人乃是美國初期經濟的主
要人物（1977：18）。殖民時期之後，鐵路時代來臨，傳統的商業
變得更為專業化，一般商人漸為代理商所取代。然而雖有這些轉變，
傳統公司組織的本質卻依然存在。在這些公司裡「小型而個人式的
管理繼續存在，因為即使是最大的企業，其規模仍不足以促成一個
大型而永久的管理科層制度」（1977：48）。

　　1800年代中期，全美鐵路網的發展，對工業組織而言，有兩個
重要的結果（1977：79-187）。第一，鐵路是第一個在地理上廣布
的企業，不得不發展創新性的管理策略；於是他們發展出第一個「多
單元」公司組織。第二，比前一項更為重要，鐵路使小型及傳統企
業在更大的市場中進行買賣成為可能，而更大的市場又使他們增加
各式產品的數量。現在新擴大的企業發現，在一個公司的屋簷底下，
由不同的代理商來從事多元的服務會更有效率。每個事業各自安排
其原料的購買，債務的融資，貨品的生產，以及市場分布與行銷。
並且以經理管理或行政的方式來協調這些多角活動，比透過「市場
機轉（mechanism）來協調更能獲得較大的產量、更低的成本，以
及更高的利潤」（1977：6）。Chandler認為，在藉著系統的網絡

---

⑥在一個私底下的評論中，William G. Roy提醒我們Chandler的解釋只是
　狹義經濟的解釋。Chandler的考慮主要是在公司之間與公司之內的商品
　流通。貨幣與金融上的變動並不包括在其解釋中。通貨膨脹和緊縮，
　瞬息萬變的商情，貸款和資金，在他解釋現代企業的興起中沒有用到
　其中的任何因素。

發展而造成的大眾市場裡，行政的技術優於市場的協調。

Chandler的論點，主要著重在技術上的原因。Oliver E. Williamson（1975,1981,1983,1985）則發展出另一個相關但較屬於經濟取向的主張。以較早的經濟學家之研究為基礎（Commons 1934; Coase, 1937），Williamson認為經濟分析的基本單位是經濟交易——在一定技術條件下的物品或服務的交易（如，原料變成製成品，或者為賺錢而購物）。所有的交易都包含成本，特別是為確保交易雙方遵從所達成的協議而花費的那些成本。Williamson（1985: 30-32,47 -50,64-67）認為市場越不確定，有些人越可能欺騙，越可能有「狡猾的投機行為」。越多這種投機行為發生，市場將變得愈不可靠，愈低效率而且愈低利潤。此時，企業重新組織來改正市場的缺失：他們透過垂直或水平的整合擴展他們的組織，藉此創造了一個將交易行為內部化（internalize）的「管理結構」（goverance structure），以便減低交易成本和增加效率（1985：68-162）。

運用交易——成本（transaction-cost）理論，Williamson發展了一個現代企業組織的理論。當組織內部所進行的交易成本低於以市場為中介的交易成本時，多單元公司便會應運而生。經濟環境越複雜和越不確定，越容易使企業擴展其組織。擴展會減低不確定的情況，降低交易成本，並使效率增加。對Williamson而言，能在一個特殊經濟領域中保留下來的組織，便是能最有效生產的組織⑦。

---

⑦在其他經濟學家的研究中這也是一個重要的論題：「沒有嚴格的命令，積極經營的組織形式是，以可以支付成本的最低價格交付顧客所需要的產品。」（Fama and Jensen, 1983：327）

對Chandler而言，多單元公司提供了卓越的協合功能；對Williamson，則是降低了交易成本。Chandler承認，歷史因素對於解釋組織的重要性；Williamson則以交易來解釋組織的差異性：「因為交易那麼的不同，所以才有這麼多種組織，唯有裁剪管理結構來配合每一種交易形式的特殊需要，才能有效率。」（1981：568）然而，兩位都是效率的理論家，而且把組織結構，視為具有經濟理性的個人在追求利潤時的一種合理的計算的表現（Perrow, 1981；1986：219-257）。

Chandler所主張的多單元公司之市場解釋，或許可以直接的應用到日本、韓國和台灣，但是卻只能得到模糊的結論。Williamson的中心概念更難訴之於實際操作。特別是「交易成本」和「契約」（Perrow, 1986：241-247）。雖然Chandler和Williamson的理論在許多方面都有其獨到之處，但卻把他們的解釋限制在幾個重要的經濟變數上[8]。因此，組織結構的差異必須從三國之間的根本差異之處來尋求解釋。然而我們發現，Chandler所指出的重要變項在三個國家中都非常相似。再者，即使不求嚴謹的加以運用，Williamson的理論似乎也無法妥適的解釋三國之間的差異。

首先，三國的內部運輸與交通體系都非常現代而發達，而且遠超過十九世紀末的美國（Ranis,1979：225）。對外的運輸與交通體系也非常發達。第二，三國都擁有相當大而且逐漸增加的國內大

---

[8]在與Ouchi合寫的文章中，Williamson承認不同的社會對「軟性的」或「硬性的」契約型式可能有不同的偏好（Williamson and Ouchi, 1981）。Chandler（1977：498-500）從注意其他社會中有些社會因素阻礙了管理資本主義的自然發展，而暗中限制他的理論。

眾市場。其程度已超過了二十世紀初的美國。但更重要的是，三國都擁有廣大的外銷市場。第三，日本、南韓和台灣在各個工業部門都擁有或發展出很先進的技術。當然，其技術水平也遠超過Chandler所討論的。第四，三國的企業公司都以在市場中爭取利潤的原則在運作。不論用何種定義，它們都是資本主義的企業；他們實施成本會計，依靠自由勞工，經由投資而發展，同時如果失敗的便會破產⑨。

　　然而，儘管這三國在鉅視的經濟變項方面，除了前面所提的共同點之外，還有這麼多的相似性，但是企業公司的組織結構卻迥然不同。再者，不考慮另二個國家只考慮其中之一，企業的結構也只有一部分可以由市場的研究取向來解釋。

　　表面上，日本企業似乎相當合乎Chandler的解釋條件。現在跨市場集團包括世界大企業排行中的公司。他們是範圍廣，組織複雜的多單元企業。在世界經濟中很成功，在相關部門中的市場占有率相當高。再者，眾所皆知這些企業企圖就其可能的範圍內透過行政手段（如企業聯合壟斷）控制市場（Johnson, 1982；Vogel,1979）。當美國人談到學習日本人的管理之道時，他們所指涉的是跨市場集團如三井及住友，或大商社如豐田等的管理技術。實際上，Chandler（1977：499）認為日本的企業符合他對當代管理企業所下的定義。

　　南韓的情況不如日本適合市場的解釋。但是如果將政府視為一種企業組織，那麼南韓的情形便可勉強放入市場解釋。當然，幾世

---

⑨雖然韓國、日本的政府／企業合作比美國更緊密，但這些國家並不保護企業在商業方面的失敗。

紀來東亞政治組織已是多單元組織，但是如果忽略了這個事實，有人可能辯稱，由於這個開發較晚的經濟環境與市場條件，使南韓的快速工業化有利於一種國家資本主義（state capitalism）的形成⑩。南韓的「財團」與政府等兩個層次均有垂直的整合，而且這兩種整合均具有結構上與因果上的關係。因此不像美國的公司，也不太像日本的公司，南韓的多單元企業公司並不是獨立於政府組織。而且公司一些重要功能的運作受政府官僚部門所控制，後面我們將會再討論。即便是政府組織與「財團」的企業團體有意以行政手段控制市場，公司仍然不是市場力量所獨力創造的。

如果南韓的情形適用於Chandler的論點，台灣的情形很明顯的並不適用⑪。我們發現，比較之下台灣很明顯的缺乏像美國、日本，特別是韓國那樣的垂直整合與寡頭壟斷。台灣企業家不願意（或無力）發展大規模組織或集中的企業，即便是政府加以鼓勵也沒作用。Ramon Myers（1984）曾經引用一個例子：當政府說服成功企業家王永慶設立塑膠工廠時，中國人的反應是立刻抄襲王氏的模式。「有三位沒有任何經營塑膠經驗的商人便快速的建立起類似的工廠，後來還有更多人加入這個行業。1957與1971年間塑膠業每年成長45%。1957年時，只有一百家小製造商由王永慶的公司供應塑膠，但是1970年時卻有一千三百個以上的小廠商向塑膠供應商購買原料」

---

⑩現在這是討論Gerschenkron（1962）論題的一個相當重要的著作，在開發中社會裡，強有力的政府比其他類型的政府更能推動工業化。參閱Evans, Rueschemeyer,及Skocpol（1985）對這個著作的研究。

⑪至於把台灣當作一個特例者，參見Barrett及Whyte（1982）頗具洞察力的用台灣的資料來批判依賴理論。

（ 1984：516 ）。

在台灣私人企業中塑膠業是最集中的行業之一。這個行業的趨勢也可適用於其他行業：「台灣製造業與服務業公司的不尋常特質，就是其規模相當有限——通常每個經營單位只為單一財主或家庭所擁有。」（ Myers, 1984：515 ）再者，這種公司的組織通常都是單獨的一個單位，從功能上來看他們都與產品的完成有關。這些小單位以衛星工廠的形式連結在一起，衛星工廠體系是將相關衛星工廠連結在一起生產一個最終的產品。這種組織網絡以非契約的承諾為基礎，有時是由擁有相關工廠的家庭成員來設定，但通常是建立在無親戚關係的商人之間，這些承諾常透過私人的關係，以非正式的方式來交涉諸如產品品質與數量的問題。例如，腳踏車外銷王國台灣，它的腳踏車業是由許多獨立的零件製造商與腳踏車裝配工廠所組成[12]。相同的，Myers指出台灣的電視工業由二十一個主要工廠，及數以百計的衛星工廠所組成：「因為這個工業需要數以千計的小零件，諸如映像管、調整器、變壓器、擴音器、線圈及天線等，無數中國工廠機動的供應所需的大量零件」。（ Myers, 1984：517 ）

雖然也有例外，但中小規模、單一的工廠仍是台灣企業的主導形式，當一個家族企業成功時，不是從垂直整合的投資模式來控制市場，而是朝向多元化，設立不同的帳簿，不同的管理，開始投資與原有企業無關的事業。在一項有關台灣九十六家集團企業的調查中，我們發現有59%的集團企業為家族所控制（中華徵信所，1985）。王紹倫（ Wong Sui-lung，1985 ）指出，非親戚關係的合夥企業，

---

[12]以面談的資料為依據。

在下一代約有30%轉變成以家族為基礎的企業組織。近年來在台灣排行第二大私人企業的蔡氏家族企業，便是這種企業集團的一個例子[13]。其家族企業包括一百個以上獨立的公司，其管理分成八項彼此無關的企業，由不同的家族成員經營，彼此之間帳簿分開（Chen, 1985：13-17）。

台灣並不適於Chandler所提出的演化的、以企業技術為基礎的現代組織模式。但也不適用Williamson的企業組織模式。雖然交易成本理論變項比Chandler理論的變項更難以操作化（operationalize），它似乎指出，台灣大企業集團的成長無法由交易成本的降低，或市場的不確定性這兩個因素來解釋，但有兩個關鍵因素對解釋公司範圍的擴張有幫助。

第一，企業集團取得公司的一般模式，是從正在發展的經濟領域中開創或購買企業。通常這些公司保持在中小規模，不必然與集團的其他股權公司整合在一起（即便是為了會計上的目的），而與企業集團外的單位廣泛的合作。如此，公司的取得是依新的市場中的機會而定，而不是要去減低與原有契約工廠間的交易成本。

第二，不確定性是台灣經濟環境一向存在的特性[14]。家庭工廠，

---

[13]家族企業在1985年前幾月曾因醜聞事件而動搖。這個事件迫使家族公開其帳冊並解釋其經濟的成就。有關蔡家企業的最佳描述，請參見Chen（1985）。

[14]對於台灣中小企業經營的環境作過很小的研究。從Myers（1984），Peng（1984）及DeGlopper（1972）獲得一些啟示。在一般性刊物上，這個主題常被討論，特別是在台灣擁有眾多讀者的商業雜誌中。下面的討論主要取自Chen（1983）。

大多是等於一個大家庭的範圍，通常沒有能力與方法去預知外貿市場需求的訊息。他們為廠商生產商品或零件，通常與這些廠商有長期的生意關係，可以繼續從這些廠商得到訂單。他們的產品需求情報來源，都是二、三手的，而且限於當下的訊息。對於計畫組織未來的能力很有限，也無力確定其產品是否能找到市場和繼續得到訂單。實際上，錯誤的訊息與差勁的市場預測在台灣是普遍的現象，高破產率便是明證。

從Williamson的觀點，這些情形應該造成垂直整合。在像1974至78年及1980至1981年世界經濟不景氣時，這些情形應該非常普遍。但是表四及表五並未指出這種趨勢。無論如何，有人可能認為台灣經濟環境的不確定性所帶來的是分散投資風險的策略，而不是垂直整合的策略。

Chandler及Williamson的理論都無法解釋台灣企業的組織結構。但是如果進一步檢視日本與南韓的情形，一樣可以發現他們也不完全適合市場的解釋[15]。跨市場的企業集團始於日本工業化初期或更早。因此，技術的成長、交通的普及和製造業交易量的增加，都不是影響日本工業結構的原因，因為這些結構的發生先於經濟成長。

在德川幕府時期（1603-1867），新興商人階級在封建領主的勢力範圍裡，為自己開發了一塊地盤。商人家族服從於既有的權威，不向傳統權威結構挑戰。確實，有一些家族順利的在明治維新時留存下來，特別是三井，它日後成為財閥的原型（Bisson, 1954：7）。明治初期興起的財閥，以前是為封建諸侯（大名，daimyo）謀利

---

[15]參見Dore（1983）對Williamson理論用之於日本的精闢批評。

的企業。明治時期，這種諸侯領地（藩，han）裡的企業控制權轉移到私人部門；就像三菱的情形，以前的武士變成老闆及經理（Hirschmeier and Yui, 1981：138-42）。始自明治初期的所有財閥，其結構都是一種跨市場的企業集團。子公司都是法人，是大型的多單元經營企業，而且可以經由共同資產而累積資金。就如Nakamura（1983：63-68）所言，「日本先引進工業社會的〔組織〕體制，而後引進其內容」。

很清楚的，日本財閥源自於其傳統的企業型式。雖然對國際資本主義經濟適應得很好，但它們並不是為此而發展。因此，Chandler提出美國是「經理人才資本主義的苗圃」（1977：498），並且將這種組織型式「傳布」到日本（1977：500）的主張，是值得懷疑的，最少需要經過實際的檢證。

在南韓，經濟發展之前的組織結構也是如此。「財團」和一般國家資本主義的組織結構，雖然受到世界經濟條件的激勵與鼓舞，更可以堂堂的追溯到前現代的政治策略、二次世界大戰之前日本人的工業政策（Myers and Peattie, 1984： 347-452）、和從日本人那裡學來的工業化組織結構。而不是Chandler或Williamson指陳的那些因素。即便一切都說得通，其因果關聯仍然不清楚。

市場的解釋未能解釋三個國家的組織性差異，但也不能說他對這些國家提供不適當的解釋。在某一層次，市場的解釋仍然是有道理的。運輸系統、廣大的市場、先進的科技，以及利益的考量全都影響現代企業的組織，我們無法想像現代企業如果缺乏這些因素，是否還能發達成像今天的成就。雖然如此，將這些因素等同於組織結構，並認為這些因素是影響組織設計的唯一原因，不但在理論上、

實質上都誤解了企業組織，而且犯了嚴重的方法論錯誤。Chandler
與Williamson以各自的方法，將整個因果的論證集中在時間上較近
的因素。他們的情形就像主張Archduke Ferdinand的被刺，造成第
一次世界大戰，或持有手槍造成犯罪一樣。毫無疑問的，重要的因
果關連都出現在這些關係中，但是塑造一個不斷在發展的事件模式
時，次級的因素卻扮演著最重要的角色。忽視所有的次要因素（如
政治結構與文化模式）便掉入David Hackett Fischer（1970： 172）
所說的「化約的謬誤」，「將複雜化約為簡單，將多元化約為單
一……。這種錯誤出現在一些因果解釋的建構上，它們就像意圖強
行拉緊一條鍊索來橫跨一廣袤的複雜斷層一般」。這便是Chandler
與Williamson企圖只從經濟原則推演組織結構時所犯的錯誤。

五、文化的解釋

　　對於組織結構及其運作的多樣性之文化解釋有許多種。Smircich
（1983）認為使用文化架構的研究者不下於五種。例如，有些分析
者將文化視為一種獨立變項，影響組織的結構，（如Harbison and
Meyer, 1959, Crozier, 1964），有些把它視為比較管理研究中的依
變項（Peters and Waterman, 1982）。最近較為重要的研究方式，
是將文化視為社會所創造的「表現方式，人類意識的顯示，並非以
經濟和物質的角度為主來瞭解、分析組織」（Smircich, 1983：347）。
市場分析將組織當作為了達到最大的效率而存在，文化理論家則探
究組織生活中主觀與非理性的面向。
　　文化研究傾向於將組織的模式與大社會的文化習慣關聯在一起。

例如，Nakane的經典之作，《日本社會》（1970），結合了文化與結構的分析，指出日本家庭的團體關係如何影響更大的社會制度，包括日本企業：「日本企業作為社會團體的特徵有二，第一，企業團體本身像家庭一般，第二，企業團體的影響伸展到公司職員的私人生活，因為每個家庭都多方面的參與到企業團體中。」（1970：19）瑞典由工人基層研商而定的民主型式（shop-floor democracy），可以追溯到鄉村強烈的社會主義感情（Blumberg, 1973）。南斯拉夫的工人自治與社會所有權的意識型態有關（Tannenbaum, etal., 1974）。美國人強烈的個人主義與自由企業的中心信仰，導致各自為政的組織形式（segmentalist organizations）（Kanter, 1983），並且不喜歡以政府為中心的計畫經濟（Miles, 1980）。

　　大部分文化研究，除了一些較暢銷的著作表示關心外，並不關心公司文化所隱含的經濟解釋，但經常也是為了批評以經濟學立場來研究管理學的方法。Peters and Waterman的《追求卓越》（In Search of Excellence, 1982：29-54）一書不接受組織的「理性模式」，他們舉了一些例子說明，較成功的組織是透過以人為中心的政策，來促進共識和增加生產。

　　William Ouchi最近的著作（1980, 1984）是文化研究與經濟學傳統之間的重要橋樑[16]。Williamson認為組織結構（管理結構）源自於市場交易，Ouchi卻認為，文化價值如「信用」，影響到個

---

　　[16]Williamson及Ouchi（1981）兩人的共同研究是很重要的，它想要將與信用有關的文化變項介紹到Williamson的「交易理論」與Chandler的「看得見的手」的理論中。

人是否願意依賴契約及其他控制交易的工具（Maitland, Bryson and Van de Ven, 1985）。如果市場解釋的錯誤在於強調時間上較近的因素，組織的文化解釋則錯在另一個方向。由於專注次級的因素，或是作為一切事務的初級常數，當人們想要檢查一個變遷的組織環境，或分析同一文化中組織間的差異時，文化的解釋便相當不足。因此，用這個解釋來說明日本、南韓與台灣企業組織結構間的差異時，必須證明文化的差異足以解釋不同的組織模式。我們認為這種文化差異很難加以區分出來。

找出文化差異的第一步，是去探討文化解釋中包括那些因素和不包括那些因素（如 Gamst and Norbeck, 1976）。許多學者將文化定義為個人從社會那裡所學習的生活方式，和維持社會中模式化關係及秩序的手段。雖然秩序的概念指出了社會學裡以權威關係來瞭解社會的關聯性，實際上文化理論家傾向於關注社會生活背後象徵（symbolic）的刺激（較不重視物質方面的刺激）——規範、價值、共享的意義和認知結構（Harris, 1979，是一例外）。有些人探討基本文化理念及與那些理念相關的神話和儀式，對於整合個人、強化及神聖化共同瞭解的能力⑰。例如，最近有關公司文化的研究，便涉及到「強」、「弱」公司文化：公司文化對員工而言，有多少吸引力，多少包容力。文化可能被視為社會所共有的財產，

---

⑰從文化的觀點，組織可以從兩個方面來瞭解：一是當作文化所造成的實體，二則視為社會更大的文化表現。團體文化的最近研究反應出第一個研究取向，但是第二個研究取向卻較能瞭解一特定社會中組織安排的發展。

而且變遷很慢，文化理論趨向於祇關心當前所感興趣的文化，而忽視（特別是）長期歷史的趨勢。在組織的分析上，文化研究是研究小範圍材料的社會科學：研究某一人在相當短的期間中豐富、詳盡的民族誌，或者至多是有限個案的比較。缺乏更寬廣的視野，這種方式對於社會內企業組織的差異性之解釋力是很有限的。還好，就本文所討論的幾個面向，很有希望發展基礎更寬廣的文化解釋。

文化解釋經常被用來說明日本的團體行為（Abegglen, 1958；Benedict, 1946）。文化解釋雖有許多不同的出發點，其所共享的中心信念是日本人所持有的「和」（Wa，和協）的價值，它可以解釋日本人的組織結構。「和」表示整合的情形，把社會秩序中不同的面向調協成一體。「和」帶給組織的結果是多面的，但最重要的是個人對團體的服從及由團體所領導的行為：它使得在契約交涉的過程中必須與其同僚相互商議；它使得在工作崗位之間的人事移動成為例行的，而且是可以預計的，並且促使較廣泛的瞭解，而不受專業化所限制；整個團隊（不是個人）共同向組織的階梯升遷；它導致終身僱用制、內部任用、年資制度（nenko,「年功」）的發展，以維持團體的整合。穿制服，作團體操，唱廠歌，甚至公司與公司之間的合作也可以解釋為「和」的表現。在社會層次，彼此的互相合作則由政府指揮協調：「日本政府並非遠離社區或在社區之上；寧可說在此『和』是透過協議達成的。」（Sayle, 1985：35）

文化的研究取向對日本情況的解釋，似乎很具說服力，但它同樣面臨相當的批評。就「年功」（資歷制度）這一制度來分析，就足以指出批判的性質。「和」及其實際上的表現如「年功」，被文化理論家視為溯自前現代工業時代文化連續體的一部分。但是也有

許多不連續及不同行為表現的例子。例如，1920年以前及1930與1940之交，勞工的流動率很高（Evans, 1971；Taira, 1970）。然而，企業集團為何提供講究資歷及終身僱用的環境？經濟學提供了另一種解釋，那便是為了維持一穩定的勞動力並保障其訓練所花費的投資，從經濟學的角度而言，這是理性的作法。「有些產業特質被認為是傳統日本的，……實際上是最近才發明的，它確是受到傳統價值所支持，但是它也很明顯的是為了最大獲利的理由而設計的」（Dore, 1962：120）。Jacoby進一步認為，雖然從經濟利益來瞭解終身僱用制度是個重要的面向，而且在二次世界大戰之前已被採用，但卻無法解釋，何以只存在於一些公司，而另外的其他公司並不存在，並且在同一組織中祇適用於某些工人群體，而且出現在一特定的歷史接合點上。他提出了一個和權威關係研究取向相同的解釋：

> 對日本引進內部任用制度的背景做深入之歷史研究，我們可以看出公司規模與複雜性增加，技術性勞工組織的變遷，以及爭取工會組織化的欲求等之重要性。這幾個因素與強調內部市場的穩定與控制，和製造新壓力使員工努力工作並向公司忠誠具有因果關聯（1979：196）。

「和」替「年功」提供了社會所能接受的正當性，而且「年功」與日本文化配合得很好，這些說法是不容被否認的。然而，文化常數並不足以解釋組織行為的變遷[18]。

至於中國的管理行為也有類似的文化主張（Chen,1984；Chen

and Qiu,1984； Hou,1984;Huang,1984；Silin,1976； Zeng,1984）。
他們大部分都專注儒家信仰體系及其在企業中的表現。儒家要求個
人自我控制並對個人之上的團體，特別是對家族，表現出順從的行
為。在某些層次上，中國人的企業組織表現出這些模式。比較管理
學研究指出，中國老闆與員工的距離比日本大，中國老闆也傾向於
鼓勵下屬之間的競爭，而非合作（有些下屬可能是家族成員）
（Fukuda, 1983）。與日本不同，在日本對公司的忠誠是很重要的，
中國人的忠誠不限於是對某一特定公司，可能擴大到家族企業的網
路。因為中國商人相信，家族中的成員只要有可能，都會遵照儒家
所設之規約，並以人格信譽來對待親屬，因此企業B交由家族中的
成員來經營（Chan,1982； Huang, 1984；Chen and Qiu,1984;
Omohundro,1981;Redding 1980）。再者，儒家被描述成一個可以
在「以面對面接觸為主」的鄉土地區促進緊密的聯繫，但對處理更
廣的關係時，則是一種弱勢的社會控制形式。

　　雖然從表面上看來，儒家文化的解釋呈現團體一致的現象，其
實一受到外部的挑戰便四分五裂。儒家文化常被用來解釋大工廠裡
的行為（Silin, 1976）及小規模、前現代的商業活動（Yang, 1970）。
此處的問題是，何以今日臺灣的企業大多數是由中小規模的家族公
司所組成。只有儒家文化的解釋可能不足，因為文化是有廣大背景
為基礎的認知因素（Redding, 1980），它對社會的影響是普遍的，
卻也因此無法對特殊現象加以解釋。

⑱有一個評價「文化對日本團體行為影響」的主張，與本文立場一致且
　非常具有說服性，參見Dore（1973：375-403）；Johnson（1982：307）。

　　當我們考慮南韓與日本也深受儒家、佛教及各種中國也有的民俗宗教所影響時，對於文化解釋的批判更顯得有力。實際上，從底層的文化價值來看，日本、南韓與台灣並不是三個獨立的文化，而是同一個大傳統的三個部分。東亞社會都具有許多共同的文化特質，這可從這個地區社會的長期互動中去了解。有些文化的混合可以從政治的角度來解釋。帝制中國一向把韓國視為藩屬並長期強制它臣服。近代，日本征服並殖民韓國與台灣，而且有系統地將日本話及日本人的行為舉止強制行之於台灣與韓國社會。

　　然而，政治祇是造成文化混合的部分原因。在語言、精英文化和宗教的層次發生了許多重要的互動關係。文化採借的方向通常是從中國到日、韓。日、韓兩國採借並使用中國字體。十六世紀hangul引入之前，中文是韓國朝廷的書寫語。日本的宮廷語言是中、日語混用，在書寫方面則是透過中國文字來表達。這兩國的學者們都學習古典中文並用之於政府和藝術。除了中國的文字之外，詩、畫的風格，所有人工製品的特色，各式文藝，上層階級的穿著及表現，建築、烹調等都互相交融。所以日、韓上層階級的生活沒有不受從中國傳來的文化所影響。

　　除了政治和精英文化的相互交融外，宗教的傳播更是遍及三個社會的每個階層。有兩個宗教特別重要。儒家（教），包括一套複雜的家族主義以及一套同樣複雜的經世治國的意識型態，受到這三社會中的精英份子所支持。在帝制中國，從漢（建於西元前二二一年）到1911年帝制的終結均是如此。對於日、韓兩國，儒家的影響來得較晚，而且較缺乏連續的影響，但對這兩國最近的朝代而言非常的重要。西元二、三世紀時佛教從印度傳入中國，而後產生重要

的影響，最後在政府的層次被加以排斥。因此，佛教基本上是中國
的地方宗教，與其他的民俗行為合流。佛教從中國傳到日、韓之後，
在政府與地方兩層次都是重要的宗教。在中、日、韓三國中，佛教
與儒家的價值與象徵，一直在現代生活裡扮演重要的角色。

我們並非主張這兩個社會有相同的文化。同理，英國和法國也
不是相同的文化，中、日、韓也如此。但是英、法均屬於同一文化
複合體——西方文明；相同的，中、日、韓則是屬於東方的文明。
關鍵的是，在此我們並不是要去處理三個不同的對象，而是處理享
用同一文化源頭的三個社會。因此就像其他學者一樣（Berger, 1984;
Tu, 1984），從文化解釋角度我們可以說，這個共同的文化有助於
解釋這三個社會中的共同模式，例如家庭的重要性，對權威的順從，
高識字人口，成就的欲求以及努力工作的意願。但是，文化解釋卻
無法區分存在於這些社會之間的差異性，包括像企業的組織結構。
文化的解釋無法清楚的解釋變遷和分化，因為因果的說明主要是以
次級因素為主，特別是最初始的常數，因此這個解釋在處理歷史變
遷的底層要素時會有困難。

六、權威結構與組織行為

第三個瞭解組織的解釋取向，主要是以Max Weber（1978）
作品為基礎的政治經濟學。這個研究取向的最佳範本是Reinhard Bendix
（1974）所寫的《產業中的權威與工作》，這是一本有關英、美、
蘇三國管理理念與實施之發展的歷史研究。Bendix處理的問題有些
和Chandler在《一隻看得見的手》（ *The Visible Hand* ）（1977）

一書所處理的問題相同，但他提供了另一個解釋的架構⑲。

　　簡單的說，韋伯學說的觀點認為，有許多因素影響組織結構。軍隊，稅收，企業及官場的結構，都受到當下面臨的任務所影響。但是即使我們考慮執行任務所需的條件也有許多差異之處，而且歷史及情境性因素，如可用的技術，成為成員的條件（Weber, 1978：52-53），及團體的階級與地位成分（Weber, 1978：926-936）也都會發生影響。

　　但是不論其目的或歷史的環境如何，所有的組織都有其命令與服從的內在模式。就此所言，只有在某種可能性之下，能執行管理組織的命令，組織才有可能存在（1978：49）。這個可能性有一部分是以既有秩序的道德規範為基礎——誰應當服從以及因權力不同而造成的服從模式。韋伯將此根本的正當性稱為「支配的原則」⑳。在本文的脈絡中，支配的原則並非抽象的原則，而是當做行動的實質理性。它替行動者組織活動的日常行為提供一指導、正當化及詮釋的架構（Hamilton and Biggart, 1984,1985; Biggart and Hamilton, 1984）。

---

⑲1956年第一次出版，長時期以來Bendix的研究被視為分析現代工業管理結構的重要文獻之一。因此，對於Chandler似乎完全忽略這個重要的研究很感意外，這是在他研究中可以清楚發現的另一個假設。有關其最近的論點，參見Bendix（1984：70-90）。

⑳關於韋伯支配社會學的主要陳述，參見Weber（1978：941-1211；1958：77-128）。關於評述韋伯社會學的一般性研究，參見Bendix and Roth（1971）；及Schluchter（1981）；關於韋伯論亞洲的支配社會學，參見Hamilton（1984）。

　　韋伯式的研究取向兼顧了經濟與文化的因素，並且允許歷史的差異性。很明顯的，支配的原則與文化有關，但不可化約到文化上來解釋。**Bendix**指出以經濟性自利原則來控制工人的策略，如何表現為工業化國家經營管理的意理。這些意理都以經濟學為理論基礎，但是「經營管理的意理只能部分解釋為經濟合理化所產生的結果；這些意理也源自於每一代所留傳下來的理念與制度……」（1974：444）。

　　韋伯式觀點的最近發展可見諸於Karl Weick, John Meyer和Richard Scott及Charles Perrow等人的作品[21]。Weick（1979）討論組織中的人如何制訂以角色為基礎的組織控制策略；其規定包含類似儀式的固定程序。

　　雖然這個規定必定與模式化行為及可預測的秩序之維持有相當的關聯性，卻不必然與效率有關。Meyer及Scott（1983）指出，組織為了正當性的理由而採取管理的策略，組織制訂一些規則是為了讓組織裡的重要分子來瞭解、接受，不是為了經濟理性的理由[22]。

---

[21]在這篇文章修改發表後，在兩篇個別採取文化角度的制度性分析論文中，我們有意將其配合權威的研究取向。Swidler（1986）稱之為「文化的實踐」。他認為（1986：284）「文化目的價值」，「長期而言不會影響行動」文化對他們所持有的會有常久的影響，但不是影響他們底目的，而是從提供有特色的戲目，藉此以建立行動的界限。為制度性研究取向辯解，Wuthnow（1985）在其政府結構的「意識形態」模型批判中使用了非常相似的推理過程。

[22]當然這是真的，為了正當化現代工業中的權威，利潤與效率的概念非常的重要，在政治上的重要性與在經濟方面一樣。這個觀點參見Bendix（1974），特別是Zucker（1983）和Perrow（1986）。

Perrow（1981，1986）則認為，公司之所以賺錢不只是因為它有效率，而且是因為它是一個成功的支配工具。

市場解釋專注在直接因素上，文化解釋則強調較遠的因素。很清楚的，這兩種解釋都很重要，但都沒有直接的處理組織本身；雖然兩者都要去解釋組織，但他們使組織呈顯為經濟因素的混合體，或文化信仰的調製品。從權威關係的解釋來處理組織本身，並廣泛的將組織概念化為人與人之間模式化互動，也就是權威結構，其目的在於瞭解這些結構何以存在，如何維持，其結果如何等。因為如此，權威的解釋有意成為一種充分考慮歷史變遷的解釋，因此便與普遍的文化理論及經濟預測模型有所區分。

應用此一研究取向解釋東亞經濟發展時，必先從權威的結構證明此三社會有重大差異，並進一步證明這些差異會影響到組織的運作。有兩個因素似乎特別重要而且需要解釋。第一，在這三個社會中，政府與企業部門之間所建立的關係為何？第二，在這種關係下個別企業網絡中的權威結構又如何？

在這三個社會裡，政府都用相同的政策推動工業化。經濟學者從生產週期工業化模式的角度描述這些政策（Cumings, 1984），從這個生產週期模式裡，進口替代逐漸為積極外銷導向的政策所取代（Rains, 1979）。很明顯但未加以分析的是，這種國家政策是在三個非常不同的政治脈絡中運作。

在韓國，政府／企業的關係是所謂「大有為政府」的模式。韓國政府非常積極參與公、私經濟部門，實際上是一位企業的領導者（Sakong, 1980）。政府透過經濟計畫和積極的執行取得其重要的地位。整個政府都「朝著經濟決策和成長來配合……，經濟決策極

為中央極權化，並且以行政部門來統籌支配」（Bunge, 1982：115; Mason et al., 1980：257）。執行手段底目的在於控制整個經濟。對公營企業的控制，是直接的並且是經由官僚體制來管理的。這個經濟部門較小但擴張快速，韓國把它視為政府機構來經營，並以公務人員為經理人員。政府對私人部門的控制與其對公營機構的直接控制不同，「主要是從金融體系與貸款配額」（Westphal et al., 1984：510）以及其他的財務控制著手。政府也毫不遲疑的運用非經濟的手段來配合政策的要求。

公司的行動如果沒有配合政府所提供的特殊誘因，其稅賦的申報則會受嚴密的檢查，其向銀行信用貸款的申請會受到相當的忽視，其特殊的銀行借款也難再被接受。如果誘導的過程無法發揮效用，政府機關便毫不遲疑的訴諸於強制性的命令。一般而言，不要多少時間，韓國的公司就學會了最佳的「過活」之道，那就是「跟著走」。（Marson et al., 1980：265）。

這些手段施行於各種規模的公司，特別是對中大型企業，但事實上這種計畫和施行手段較偏袒中大型企業（Koo, 1984：1032）。特別是對企業集團—「財團」更是如此。政府的政策支持企業的集中化，從統計上確實可以看出企業集中化的快速成長（Jones and Sakong, 1980：268: Koo, 1984; Hankook Ilbo, 1985）。此外，許多中大型企業都因政府所控制的信用貸款，政府對購買初級原料與能源的管制，和政府限定物價的政策等而受到政府的牽制（Weiner, 1985：20）。

在日本，則是另外一套完全不同於韓國的政府／企業關係。政府對企業的政策是創造與推動一個強力而且相當自主性的中間勢力，能夠與政府一同扮演行動的協調者及衝突利益的仲裁者（Johnson, 1982）[23]。就企業而言，這些中間勢力中最重要的，是大公司的跨市場企業集團。財閥崛起於二次大戰前，由於他們與過去日本帝制有所關聯並且具有經濟壟斷的特質，因此美國占領當局依法將他們解散，並試圖以美國模式重建一個新的經濟體系。他們推動了工會運動並鼓勵中小規模的競爭性企業（Bisson, 1954），然而在美國占領時期結束後，日本政府透過積極的以及策略上的放任，使許多大型而且有力的跨市場企業集團重新再現。

這些企業網絡及其中的公司都不受於政府的直接控制，雖然他們也可能聽從政府的「行政指導」。而且這些行政指導並沒有法令或法律的基礎。但是「重要的是，它反映了國際貿易與工業局（Ministry of international Trade and Industry）和某些專賣產業主要公司之間的共同利益，這些大公司認為，雖然政府的指導有時可能會損及他們的利益，但長期而言將有共同的淨利可圖」（Caves and Uekusa, 1976：54）。如Johnson（1982：196）所言，這個

---

[23] 在Johnson（1982：196-197,310-311）的著作中，有政府／企業關係最好的分析。他注意到過去五十年中所發生的各種政府／企業關係的型態，「很明顯的公／私合作的關係最為重要……合作關係的關鍵在於得以接近政府或政府所保證的融資，targeted tax breaks，官方督導的投資合作，以便於保持所有的計畫都有利可圖，在逆境時刻由政府公正的分配負擔（有時私人的企業聯合難以這麼做），在商業化及產品銷售方面政府給與協助，當整個產業走下坡的時候政府給與協助。

政治體系促成了「真正的公／私合作」。

南韓的大有為政府的模式及日本的強大中間勢力模式，和台灣的政府／企業關係中強力社會的模式（Strong Society Model）形成明顯的對比。台灣的政府並不弱，它是無所不在的，而且反覆地嚴格要求服從。但是在外貿部門，台灣政府推行了Little（1979：475）所謂的「實際上自由貿易的條件」，以及Myers（1984：522）所稱的「自由經濟脈絡中的計畫經濟」。這種政策使得家族企業的模式能影響台灣工業化的路線；而後這個路線又導致分散取向的工業化模式，低度的公司集中，以及以中小企業為主的現象。

在我們進一步解釋強勢社會模式之前，關於積極的政府／企業關係有三個面向需要加以強調。第一，政府擁有並經營某些國營企業提供了進口替代的商品（如石油、鋼鐵和電力）與服務（如鐵、公路與港口的建立），這些對台灣的經濟發展非常重要（Gold, 1986；Amsden, 1985）。與韓國不同，台灣的國營企業逐漸的降低其重要性，而且沒有跡象顯示政府想要改變這個趨勢（Gold, 1986；Myers, 1984）。第二，政府對某些產品的進口實施管制措施，並運用稅收優惠計畫及加工出口區的設置等推動出口產品的工業發展（Gold, 1986；Amsden, 1986）。這些針對出口產品的獎勵措施，雖然毫無疑問的促進工業化，但不像南韓那樣有利於工業的集中化。第三，與南韓、日本相同，台灣的政府也對金融體系有相當的控制，包括銀行體系，保險和儲蓄體系等。台灣是世界上高儲蓄的國家，也發展了Wade（1985）所謂的以高利率控制通貨膨脹的「嚴密的」財政政策，偏好短期貸款，和一種不支持投機性資金市場的態度（如股票市場）。但與南韓、日本不同，這個財政體系有助於地下經濟

市場的發展,這是「一種不受限制,半合法的信用市場,在此借貸雙方可在不受限制的利率之下自由交易」(Wade, 1985:113)。因為大部分中小企業所需要的只是少量的投資,而且這種公司很難取得銀行的貸款,因此,地下經濟市場在台灣工業發展的資金供應方面扮演著很重要的角色(Yang, 1981)。

台灣與日、韓在政府角色方面的差異,主要是表現在政府的計畫上。像韓國的政府一樣,台灣政府也發展經濟計畫,但不同於南韓政府,它沒有執行的手段。政府的計畫是以「自由、非支配的方式」,「不用控制來支持」,在經濟計畫中不具確實性,在決定經濟行為方面「不具重要性」(Little,1979:487)。Little(1979:487-9)進一步認為,計畫的不重要性甚至在公營企業也是如此。再者,最重要的是,直到最近台灣工業化模式中仍然缺乏空間的計畫,包括工業區,在地方、省以及國家的層次均是如此。將這些因素一起考慮,使Little(1979:488)進一步認為「台灣的計畫無意成為指令式計畫。與指令式計畫關聯的機制(mechanism)都沒有。沒有為私人企業設置有關的常設諮詢委員會;所有的諮詢都是臨時設置的。實際上沒有什麼影響力」。

與南韓不同,台灣的國內經濟不受政府強力的干預。也與日本不一樣,台灣的大企業缺乏政府積極的支持與協助,使台灣的經濟,特別是出口部門,自由的發展出它自己的模式。使用Chandler或Williamson的模型,會期待快速的集中化和管理資本主義的發展。但實際上所發生的卻完全不同,幾乎與理論家所預測的完全相反:低度的企業集中化及分散型的工業發展模式。而且以這個模式,使台灣成為在過去30年中,維持世界最高經濟成長率的國家之一。

　　何以個個國家的政府官員會選擇某種企業關係，而不選擇其他種企業關係？很清楚的，他們的選擇並不是隨意的，也不是不可避免的，他們有相當的自由選擇空間。例如，在美國占領時期以後，日本政府可以支持並建設美國人已經建立的體系，這是一種以中小企業競爭為基礎的體系，但是從經濟與社會控制的角度來看，他們選擇了創造強大的中間勢力（Chandler, 1982：198-241）。南韓可以選擇與日本相同的路線，在日本所留下的財閥模式上繼續發展。他也可以採用台灣的模式，支持二次世界大戰之前便已發展（Juhn, 1971），甚至今天在某個範圍也還運作的中小型私人企業。然而他們選擇了強勢政府的模式。最後，台灣也能走其他的路。實際上，在前五十年，台灣很明顯地朝向強勢政府的模式：政府將以前的財閥企業合併到政府的企業中，非常積極的迫使地主階級接受全面的土地改革政策，並維持強大的軍力準備返回大陸。從另外一方面，政府也能支持有力的企業階級，就像蔣介石政權在大陸的前三十年與上海企業家的關係一樣。但是，在考慮之後國民政府卻發展並推行「藏富於民」的政策。在三個研究對象中，政府／企業關係的決定都不是不可避免的，然而，對台灣而言確實不曾想像出一條不同的途徑，因為台灣海峽對岸，也就是中國大陸形成了另一種結果。

　　因此，是甚麼因素決定他們的選擇？有許多因素都很重要，但是最重要的似乎不是經濟的因素。有關政府／企業關係的關鍵性決定，必須從更大的脈絡來審視，例如這決定可能來自於政治領袖想要正當化其統治系統。在世界大戰及外國占領撤離之後，每個政府都站在生存的關鍵點上，為其生存建立根基。在形塑這樣的根基時，每個政權最後都訴諸於在時間上可以經得起考驗，在制度上可以被

接受的方式來塑造一套政治權力體系。這三個國家，戰後的第一個
獨立政權，都企圖正當化其國家權力，它們所採用的模式乃是將工
業化之前便已存在的帝制權力加以改頭換面。這種模式以既有臣民
的行為規範為基礎，並包括一套維持統治者地位的意識型態。另外
也存在一些支持這些模式的制度。

在日本，最重要的因素是天皇的存在，天皇一直被視為政治團
結的象徵（Bendix, 1978：489）。但天皇不介入政治，是一沒有實
權的中心。美國人所設立的立法機關也是一個沒有實權的中心，一
個與團結相對立的議論之所。漸漸的，以後便容許創造出類似幕府
和明治時期地方分權的現代版本：中心（幕府的將軍，明治的天皇）
統合了強大但忠心耿耿的諸侯。獨立的諸侯對臣屬於他的人民與團
體又具有道德上的責任。過去的象徵塑造了今天實際的現象。

這種正當性策略在經濟上所帶來的結果，乃是創造出大型與自
主的企業。這些企業必須正當化他們自己的行動，於是發展出獨特
的「個性」。這種建構團體文化的努力，相當倚重原有維持忠誠行
為的制度──家庭，社區，和家長式作風──但也增添了他們自己
的神話。另外，就其已有的規模和地位，這些企業需要保護它們在
市場中的寡頭獨占地位，並透過各種我們現在所熟悉的經濟策略來
進行（Vogel, 1979; Abegglen and Stalk, 1985）。但是理論上的重
要意義，是日本的跨市場企業集團並不是由市場力量所造成的。五
十年代中期企業集團再度出現時，一開始規模便很大且聞名於世，
而且其經濟整合是受到這些事實的影響，而非造成這些事實的原因。
他們創立管理結構並將其加以制度化，從外部來看像是一個公司，
但從內部來看，其運作卻像是采邑。

在南韓，現在的政府型式出現於危機的時刻，當時殘酷的戰爭造成百萬以上的韓人喪生，五百多萬人口流離失所（Cole and Lyman, 1971：22）。社會制度分裂，鄉村社會解組，而歷來又缺乏強有力的中間機構，於是賦給受美援與占領軍所支持的政府很大的權力。戰後獨裁的李承晚政權發展了基本的制度，後來的朴正熙政權取得了控制權並改變經濟發展的方向。雖然實際上兩個政權所採用的正當性策略非常不同，但都重視儒家政府形象：中央的統治者，官僚化行政體制，無力的中間勢力，以臣民對政府無條件的忠誠為基礎的統治者／臣民的直接關係。如Henderson（1986：5）所言：「韓國政治動態的現象，就像是一強大的漩渦，將社會的所有動態因素往上向中心捲去……，垂直的壓力無法與之抗衡，因為沒有地方的或獨立的集團來阻止它的形成，或制衡那一旦形成的漩渦。」

南韓的公司從同一源頭取用其管理文化，如政府及政府所推動的管理政策；他們沒有日本公司團體文化所具有的地方色彩。相反的，韓國公司自己發展出一套行政管理的意理，這套意理賦予文官所具有的傳統儒家理念現代的意義（Jones and Sakong, 1980：231）。因此，美國企業的意理在韓國所造成的影響，比在日本和台灣來得大。1950年代晚期，南韓政府接受美國政府的補助，在南韓各大學設置了美國式管理的課程（Zo Ki-zum, 1970：13-14）。現在在南韓有一代管理人才，包括一些政府的高級人才都曾受美國管理實務的訓練。1981年南韓總理及副總理（經濟計畫部領袖）都是受過美式訓練的經濟學家（Bunge, 1982：115）。

台灣的政府／企業關係也受政府所採取的正當性策略所影響。在來台初期欲建設一軍事政府，準備打回大陸，之後，蔣介石政府

便嘗試在長期的基礎上穩固政府的正當性。由大量北方的中國人所
組成的蔣介石政府的力量,實際上征服並臣服了不同語言的台灣人。
這個過程造成許多台灣人的怨恨,並有一些人長期在推動台灣的獨
立運動。當反攻大陸成為不可能時,蔣開始開創一穩定、長期的政
府。他以晚期的帝制為模式,積極的推動一革新的儒家政府。不同
於韓國所發展的傾向法家模式的儒家政府,蔣有意使政府成為一模
範制度,領袖是一仁慈的統治者:政府是一個得道的政府,明白指
示不准貪汙,不准接受不正當的財富,及「與民休息」。政府就以
扮演這樣的角色來督導內部的道德秩序和處理外國事務。這個政策
有效的阻止了一些有力的競爭團體出現,這類團體一直是國民政府
在三〇及四〇年代的致命傷。這個政策也限制政府參與晚清時期出
現的私市,這個領域不僅包括人民的經濟生活,也包括家庭及宗教
生活。台灣政府對企業的政策,是在蔣的正當性策略所設定的範圍
之內進行的(Peng, 1984)。

　　這個政府政策使得社會在不受政府的束縛之下,得以反應世界
經濟中的經濟機會,和政府提供的獎勵措施。台灣的中國人,用傳
統經商的方法和規範,很快的便適應了現代經濟環境。這個結果不
必驚奇,因為中國人的商業活動在世界經濟中曾經相當具有競爭性。
十九世紀的中國,在缺乏法制的環境下已有一運作得非常好的繁榮
的商業體系,甚至在政治環境敗壞時亦如此(Hao, 1970, 1986;
Hamilton, 1985; Feuerwerker, 1984; Myers, 1980; Chen and Myers,
1976-8)。中國人運用相同的企業關係模式取得東亞經濟的工商控
制權(Wickberg, 1965; Omohundro, 1981; Hamilton, 1977),而
且,近年來更在香港和新加坡開創出高度工業社會(Nyam and Chan,

1982; Radding, 1980; Ward, 1972）。因此，當我們考慮在其他地方亦有相似的自由市場環境時，中國人在台灣的經濟成就或許不足為奇，但卻需要加以探討。

　　台灣的產業模式，表現出類似中國商人在晚清和東南亞從事商業活動的活力。如同許多學者（如Wong, 1985; Chan, 1982; Omohundro, 1981）所指出的，在這些地方，中國企業的發展是以小型家族公司和個人的關係網為基礎，這些關係網使得公司向後可以得到原料來源，向前可以得到顧客。有兩組因素可以解釋這些小型家族公司的普及性。第一組與中國家庭制度有關[24]。日本的家庭制度是以戶為基礎，而且是長子繼承制；較年輕的兒子必須自行另立門戶。對照之下，中國的制度卻是父系血統（Patrilineage）而且是眾子平均繼承。長子雖然年長，但是對於財產並沒有特權。因為所有的男子都傳襲，父系血統在數代之內快速的膨脹。領養小孩是不妥的，唯一可以被接受的方式是過房族人的兒子（Watson, 1975a）。具有同等權利的兒子常與親屬相交結，從而締造出一種分歧的忠義行為的情境，財富本身成為個人立足於親戚之間的憑藉。於是，諸子之間的衝突時有所聞，宗族內部的爭鬥稀鬆平常，宗族間的分裂是正常現象（Baker, 1979：26-70）。因此我們可以說，除了血緣與政府之外，中國社會中沒有更重要的整合單位。血緣本身雖帶來團結，也帶來衝突。所以，在中國很難形成大規模的凝聚集團。

　　對於中國人如何經營企業的問題，這個考慮提出了許多密切相

---

[24]討論中國親屬的材料非常多。最好的一般性處理者有Baker（1979），Freedman（1966），Hsu（1971），Watson（1982）及Cohen（1970）。

關的解釋㉕。中國人的公司與其家庭結構一樣：一家之長便是公司
的領導人，家庭成員是主要的員工，兒子們便是將來繼承公司的人
選之一㉖。如果公司發達，可能投資設立分公司，或者更有可能投
資與本行無關但有利可圖的行業（Chen, 1985）。不同的家庭成員
經營不同的企業，家長去世之後便會帶來分家，將不同的企業分給
還活著的兒子們，每個人都想要像他的父親那樣，發展他自己的公
司。在這種方式下，中國家庭的財產一向被當做是可分割的，財產
的控制也一直被視為家務事。（從規範的角度而言）所有的決定都
必須考慮家庭的長期利益。這個模式導致中國管理模式中所謂的「伏
窩體系」（譯按：小盒子外有大盒子，其外又有更大的盒子，其概
念有如費孝通所稱「差序格局」）（Omohundro, 1981; Huang, 1984;
Redding, 1980）。最內層的盒子是擁有或將繼承企業的核心家族
成員；外一層是稍遠的親友，他們因為與老闆的關係而占有重要的
職位，他們與老闆有相互影響的關係，再外一層乃是一些與家庭無
涉的職員的層序排列，他們為薪水而工作。依公司大小的不同，外

㉕對於與台灣企業發展相關的中國親屬關係之處理，參見Lin（1984）, Chen
 and Qiu（1984）, Chen（1984）, Hu（1984），及Huang（1984）。
 至於外圍血統關聯在現代商業冒險中所扮演的角色，參閱Cohen（1970），
 Watson（1975b），及Wong（1985）。
㉖討論日本大企業的文獻，經常引用家庭對公司如何經營具有重要的影
 響。但是跟中國的情形做比較，日本家庭對組織所提供的是暗喻多於
 實際。台灣家庭結構與企業組織在許多方面不易區分，因此家庭對企
 業的影響不在隱喻，而是在實際上而且也非常清楚。再者，雖然資料
 仍不足，家庭在台灣現代企業中的角色，與其在傳統農業中的角色非
 常相似（Baker, 1979）。

層的員工可能包括專業的經理人員，技術人員，督導員以及其他的技工。最外層的員工則是非技術性的工人。當企業規模小時，這種企業組織模式相當穩定。通常員工之間忠誠的程度相當低，因此私人的交情在管理策略中成為很重要的一部分（Huang, 1984）。如果資金夠的話，人們總是希望從開創自己的小企業開始幹起；就像中國人所說：「寧為雞首不為牛尾。」

因為大家都在中小企業中工作，中國很早便發展出聯繫整個產銷關係的特殊技術。這些技術包括承包制度，衛星工廠制度，和以個人交情為基礎的行銷網絡（參考Willmott, 1972; Hamilton, 1985）。實際上，這些各種技術非常複雜且應用廣泛，而且似乎很有效（Ho, 1980），企業維持相當小的規模，投資的模式朝向集團式的積累而不是垂直的整合（Chan, 1982）。

總之，如表六所示，三個社會中過去與現在環境的不同組合，導致不同政治正當性策略的選擇。而後，這些策略對政府／企業的關係以及經濟制度的形成又有直接的影響。

最後，我們應當注意的是，在這三個國家中所發展的三類企業網絡，除了某些產品（如電子）之外，他們之間通常並不彼此相競爭。各自擁有不同的經濟能力，各自在世界經濟中找到適當的市場。這個論題還需要有更多的研究，但以下的區分是清楚的：台灣小型家庭企業的體制，能夠非常彈性的從生產一種貨品改變為生產另一種貨品，能成為許多中高級消費品（衣服，小家電）的主要生產者，這些都只要極少的研究與開發，但都是現代家庭與辦公室所需的用品。日本的大型公司，專門生產某幾樣相關的產品，並努力透過研究、發展和行銷策略，來創造新的產品和新的消費者（Abeggien and

表六　公司結構與公司／政府關係

	政府／企業關係	主要的合作對象	公司內部管理策略	公司外部市場策略
日本	合作的夥伴關係	跨市場集團	有公司意識型態共識的建立同儕團體的約束	高度研究發展新產品的製造與行銷
南韓	政治資本主義	「財團」	政府中心儒教理念個人式管理強大，集中的控制	有既有市場中大資本冒險
台灣	領域的分格	家族公司	「家庭式」管理透過個人連帶的控制	小資本少研究開發消費者可以消費的產品

Stalk, 1985）。藉著發揮科技與大量生產方面的競爭優勢，日本企業積極地在開發尚未被生產的產品。南韓的企業界在政府指揮整個經濟的情形下，都想成為某些需要大量資金，但有現存市場的主要商品製造商（如鋼鐵，汽車和主要的建材）。這種商業上的投資需要龐大的資本和協調，但所需的研究與發展較小。用經濟學家的術語來說，這三種工業化的策略有很好的理由說是「成本最少」的策略。但事實並不會讓這些策略掩蓋非經濟因素的成果。再者，一個有效率的策略只能從現有的經濟社會之現勢來衡量。

七、結論

本文最根本的理論問題是，那一層次的分析最能解釋組織結構？我們認為，一方面，利潤和效率的觀點由於太過於專化而且狹隘，以至於無法解釋不同的組織形式。經濟模式只能在非常表面的層次

預測組織的結構（如成功的企業追求利潤）。另一方面，文化的觀點所掌握的是如此普遍的、無所不在的價值模式，因此也難以解釋，同一文化區之內，於不同的歷史時期與不同的社會間所具有的差異性。文化無所不在，因此什麼都無法解釋。權威的解釋提供了較佳的解釋，因為它的目標在中間層次，其解釋具有充分的歷史的及結構的考慮。我們認為，企業結構呈現出既存組織形式對特殊政治經濟條件情境的適應性。組織結構並不是不可避免的；它既非受到文化的因素也不是受到特殊的經濟任務與科技所影響。實際上，組織結構是受情境所影響，因此最適當的分析形式是考慮歷史的面向。

在這種結論下，這個分析認為，解釋經濟組織的關鍵性因素可能不是經濟，最少不是經濟學者所常用的意義。顯然的，在了解市場和經濟企業的「成長」方面，經濟與文化因素是非常重要的，但是要對企業的結構或「形式」有較佳的瞭解，則需從社會中權威關係的模式來著手。進一步的建議是，有關企業的經濟理論，事實上可能是以美國公司為基礎，而且只適合於美國公司，而這公司在美國社會的發展亦有其一定的背景。Chandler有關美國公司形成的分析重點是，處於變遷的市場條件下，公司的發展如何降低成本。但是需要注意到的是，公司的發展也可使經濟利益集中，並使市場為私人部門所掌握。（十九世紀及廿世紀）美國政府允許市場為私人利益服務；只有為了防止市場混亂及過度集中，它才插手干預。這個政府的角色並非必然為市場指導，或是源自於歷史發展過程中，所發展出對於「正確」的政府／企業關係的盼望。美國人所盼望的是一個微弱的政府和強大的私人制度（Hamilton and Sutton,1984）。十九世紀的工業家們，沒有受到運輸與交通障礙的束縛，了解自由

放任式政府，有助於這種盼望的實現。但是美國公司，與日本、韓國以及台灣的分公司一樣，並不是走在一條不可避免的發展階段之上。

參考書目

Abegglen, James C.

1958　*The Japanese Factory,* Glencoe, Ill.; Free Press.

Abegglen, James C., and George Stalk, Jr.

1985　*Kaisha; The Japanese Corporation.* New York: Basic.

Adizes, Ichak.

1971　*Industrial Democracy: Yugoslav Style* New York: Free Press.

Amsden, Alice H.

1979　"Taiwan's Economic History: A Case of *Etatisme* and a Challenge to Dependency", *Modern China* 5：*341-80.*

1985　"The State and Taiwan's Economic Development", pp. 78-106 *Bringing the State Back In,* Edited by Peter B. Evans, Dietrich Rueschemeyer, and Theda Skocpol, Cambridge: Cambridge University Press.

Baker, Hugh.

1979　*Chinese Family and Kinship* . New York: Columbia University Press.

Barrett, Richard E., and Martin King Whyte.

1982　"Dependency Theory and Taiwan: Analysis of a Deviant Case." *American Journal of Sociology* 87：1064-89.

Bendix, Reinhard.

1974　*Work and Authority in Industry.* Berkeley: University of

California Press.

1977 *Kings or People.* Berkeley: University of California Press.

1984 *Force, Fate, and Freedom.* Berkeley and Los Angeles: University of California Press.

Bendix, Reinhard, and Guenther Roth.

1971 *Scholarship and Partisanship: Essays on Max Weber.* Berkeley: University of California Press.

Benedict, Ruth.

1946 *The Chrysanthemum and the Sword: Patterns of Japanese Culture.* Boston: Houghton-Mifflin.

Berger, Peter.

1984 "An East Asian Development Model", *The Economic News,* no. 3079, September 17-23, pp.1,6-8.

Biggart, Nicole Woolsey, and Gary G. Hamilton.

1984 "The Power of Obedience", *Administrative Science Quarterly* 29: 540-49.

Bisson, T. A.

1954 *Zaibatsu Dissolution in Japan,* Berkeley: University of California Press.

Blumberg, Paul.

1973 *Industrial Democracy: The Sociology of Participation.* New York: Schocken.

Bunge, Frederica M.

1982 *South Korea: A Country Study.* Washington, D. C.: Government Printing Office.

Business Week.

1985 "The Koreans Are Coming", *Business Week,* no. 2926, December, pp. 46-52.

Caves, Richard E., and Masu Uekusa.

1976 *Industrial Organization in Japan.* Washington, D. C.: Brookings Institution.

Chan, Wellington K.K.

1982 "The Organizational Structure of the Traditional Chinese Firm and Its Modern Reform",*Business History Review* *56:218-35.*

Chandler, Alfred D., Jr.

1977 *The Visible Hand: The Managerial Revolution in American Business.* Cambridge, Mass: Harvard University Press.

1981 "Historical Determinants of Managerial Hierarchies: A Response to Perrow", pp. 391-402 in *Perspectives on Organizational Design and Behavior,* edited by A. Van de Ven and William Joyce. New Jork: Wiley.

1984 "The Emergence of Managerial Capitalism", *Business History Review* 58:473-502.

Chen, Chengzhong.

1985 "Caijia ti dajia shangle yike", (The Ts'ai Family Gives Everyone a Lesson）. *Lianhe Yuekan* 44 (March): 13-17.

Chen, Fu-mei Chang, and Ramon Myers.

1976 "Customary Law and Economic Growth of China during the Qing Period", pt. 1. *Ch'ing-shih Wen-ti* 3, no. 5 (November): 1-32.

1978 "Customary Law and Economic Growth of China during

the Qing Period", pt. 2. *Ch'ing-shih Wen-ti* 3, no. 10 (November):4-27.

Chen, Mingzhang.

1983 "Woguo xian jieduan zhongxiao qiye de fudao wenti", (The Difficulty in Assisting Taiwan's Present Day Small and Medium Businesses).*Tianxia zazhi* 29:137-41.

1984 "Jiazu wenhua yu qiye guanli", (Family Culture and Enterprise Organization). pp. 487-510 in *Zhongguo shi guanli* (Chinese-style Management). Taipei: Gongshang Shibao.

Chen, Qinan, and Shuru Qiu

1984 "Qiye zuzhi de jiben xingtai yu chuantong jiazu zhidu" (Basic Concepts of Enterprise Organization and the Traditional Family System). pp. 487-510 in *Zhongguo shi guanli* (Chinese-style Management). Taipei:Gongshang Shibao.

Clark, Rodney

1979 *The Japanese Company.* New Haven, Conn.: Yale University Press.

Coase, R. H.

1937 "The Nature of the Firm", *Economica* 4 (November): 386-405.

Cohen, Myron L.

1970 "Developmental Process in the Chinese Domestic Group", pp. 21-36 in *Family and Kinship in Chinese Society,* edited by Maurice Freedman. Stanford, Calif: Stanford University

Press.

Cole, David C., and Princeton N. Lyman
1971 *Korean Development: The Interplay of Politics and Economics.* Cambridge, Mass.:Harvard University Press.

Commons, John R.
1934 *Institutional Economics.* Madison:University of Wisconsin Press.

Crozier, Michel
1964 *The Bureaucratic Phenomenon.* Chicago: University of Chicago Press.

Cumings, Bruce
1984 " The Origins and Development of the Northeast Asian Political Economy: Industrial Sectors, Product Cycles, and Political Consequences",*International Organizations* 38：1-40.

Deal, Terrence E., and Allan A. Kennedy
1982 *Corporate Cultures.* Reading, Mass.:Addison-Wesley.

DeGlopper, Donald R.
1972 "Doing Business in Lukang", pp. 97-326 in *Economic Organization in Chinese Society,* edited by W. E. Willmott. Stanford, Calif: Stanford University Press.

Direction of Trade Statistics
1985 Yearbook. Washington, D.C.:International Monetary Fund.

Dore, Ronald.
1962 "Sociology in Japan." *British Journal of Sociology* 13: 116-23.

1973 *British Factory-Japanese Factory: The Origins of National Diversity in Industrial Relations.* Berkeley: University of California Press.

1983 "Goodwill and the Spirit of Market Capitalism." *British Journal of Sociology* 34:459-82.

Douglas, Mary, with Baron Isherwood.

1979 *The World of Goods.* New York: Basic.

Economist Intelligence Unit.

1985a. *Quarterly Economic Review of Japan.* Annual supplement.

1985b. *Quarterly Economic Review of South Korea.* Annual supplement.

Evans, Peter B., Dietrich Rueschemeyer, and Theda Skocpol, eds.

1985 *Bringing the State Back In.* Cambridge: Cambridge University Press.

Evans, Robert, Jr.

1971 *The Labor Economics of Japan and the United States.* New York: Praeger.

Fama, Eugene F., and Michael Jensen.

1983 "Agency Problems and Residual Claims" *Journal of Law and Economics* 36:327-49.

Feuerwerker, Albert

1984 "The State and the Economy in Late Imperial China", *Theory and Society* 13:297-326

Fischer, David Hackett

1970 *Historians Fallacies.* New York: Harper.

Foy, Nancy, and Herman Gadon

　　1976 "Worker Participation: Contrasts in Three Countries", *Harvard Business Review*, 54(May-June): 71-83.

Freedman, Maurice

　　1966 *Chinese Lineage and Society: Fujian and Guangdong*. London: Athlone.

Fukuda, K. John

　　1983 "Transfer of Management: Japanese Practices for the Orientals?" *Management Decision* 21:17-26.

Gamst, Frederick C., and Edward Norbeck, eds.

　　1976 *Ideas of Culture*. New York: Holt, Rinehart & Winston.

Gerschenkron, Alexander.

　　1962 *Economic Backwardness in Historical Perspective*. Cambridge, Mass.: Harvard University Press.

Gold, Thomas B.

　　1986 *State and Society in the Taiwan Miracle*. New York: Sharpe.

Granovetter, Mark.

　　1985 "Economic Action and Social Structure: The Problem of Embeddedness", *American Journal of Sociology* 91:481-510.

Haggard, Stephen, and Tun-jen Cheng.

　　1986 "State and Foreign Capital in the 'Gang of Four'", pp. 84 -135 in *The New East Asian Industrialization*, edited by Frederick Deyo. Ithaca, N. Y.: Cornell University Press.

Hamilton, Gary G.

　　1977 "Ethnicity and Regionalism: Some Factors Influencing Chinese Identities in Southeast Asia", *Ethnicity* 4:335-51.

1984 "Patriarchalism in Imperial China and Western Europe: A Revision of Weber's Sociology of Domination", *Theory and Society* 13:393-426.

1985 "Why No Capitalism in China？ Negative Questions in Historical, Comparative Research", *Journal of Asian Perspectives* 2:2.

Hamilton, Gary, and Nicole Woolsey Biggart.

1984 *Governor Reagan, Governor Brown: A Sociology of Executive Power.* New York: Columbia University Press.

1985 "Why People Obey: Theoretical Observations on Power and Obedience in Complex Organizations", *Sociological Perspectives* 28:3-28.

Hamilton, Gary G., and John Sutton.

1982 "The Common Law and Social Reform: The Rise of Administrative Justice in the U. S., 1880-1920", Presented at the annual meeting of the Law and Society Association, Toronto, June.

Hankook Ilbo.

1985 *Pal ship O nyndo hankook ui 50 dae jae bul*（The 50 Top Chaebol in Korea）. Seoul, Korea.

Hao, Yen-p'ing.

1970 *The Comprador in Nineteenth-Century China.* Cambridge, Mass.: Harvard University Press.

1986 *The Commercial Revolution in Nineteenth-Century China.* Berkeley and Los Angeles: University of California Press.

Harbison, Frederick H., and Charles A. Meyer

1959　*Management in the Industrial World: An International Analysis.* New York: McGraw-Hill.

Harris, Marvin

1979　*Cultural Materialism: The Struggle for a Science of Culture.* New York: Random House.

Henderson, Gregory

1968　*Korea: The Politics of the Vortex.* Cambridge, Mass.: Harvard University Press.

Hirschmeier, Johannes, and Tsunehiko Yui.

1981　*The Development of Japanese Business 1600-1980.* London: Allen & Unwin.

Ho, Yhi-min

1980　"The Production Structure of the Manufacturing Sector and Its Distribution Implications: The Case of Taiwan", *Economic Development and Cultural Change* 28：321-43.

Hofheinz, Roy, Jr., and Kent E. Calder

1982 *The Eastasia Edge.* New York: Basic.

Hou, Jiaju.

1984　"Xianqin rufa liangjia guanli guannian zhi bijiao yanjiu", （Comparative Research on Management Concepts in Confucian and Legalist Philosophy in Early Ch'in). pp. 59-74 in *Zhongguo shi guanli* (Chinese-style Management). Taipei: Gongshang Shibao.

Hsu, Francis L. K.

1971　*Under the Ancestors' Shadow: Kinship, Personality and Social Mobility in China.* Stanford, Calif.: Stanford

University Press.

Hu, Tai-li

1984　*My Mother-in-law's Village: Rural Industrialization and Change in Taiwan.* Taipei: Institute of Ethnology, Academia Sinica.

Huang, Guangkuo

1984　"Rujia lunli yu qiye zuzhi xingtai", (Confucian Theory and Types of Enterprise Organization). pp. 21-58 in *Zhongguo shi guanli* (Chinese-style Management). Taipei: Gongshang Shibao.

Jacoby, Sanford

1979　"The Origins of Internal Labor Markets in Japan", *Industrial Relations* 18 : 184-96.

Johnson, Chalmers

1982　*Miti and the Japanese Miracle.* Stanford, Calif: Stanford University Press.

Jones, Leroy P., and Il SaKong

1980　*Government, Business, and Entrepreneurship in Economic Development: The Korean Case.* Cambridge, Mass: Council on East Asian Studies, Harvard University.

Juhn, Daniel Sungil

1971　"Korean Industrial Entrepreneurship, 1924-40", pp. 219 -54 in *Korea's Response to the West,* edited by Yung-Hwan Jo. Kalamazoo, Mich.: Korean Research and Publications.

Kanter, Rosabeth Moss.

1983　*The Change Masters: Innovation and Productivity in the*

American Corporation. New York: Simon & Schuster.

Koo, Hagen

1984 "The Political Economy of Income Distribution in South Korea: The Impact of the State's Industrialization Policies", *World Development* 12:1029-37.

Krause, Lawrence, and Sekiguchi Sueo

1976 "Japan and the World Economy." Pp. 383-458 in *Asia's New Giant,* edited by Hugh Patrick and Henry Rosovsky. Washington, D.C.: Brookings Institution.

Kunio, Yoshihara

1982 *Sogo Shosha.* Oxford: Oxford University Press.

Kuznets, Simon

1979 "Growth and Structural Shifts", pp. 15-131 in *Economic Growth and Sturctural Change in Taiwan,* edited by Walter Galenson. Ithaca, N. Y.: Cornell University Press.

Lin, Xiezong

1984 "Riben de qiye jingying-shehui zuzhi cengmian de kaocha", （Japanese Industrial Managment: An Examination of Levels of Social Organization）. *Guolijengjrtaxue xuebao,* no. 49, April, pp. 167-99.

Linder, Staffan B.

1986 *The Pacific Century.* Stanford Calif.: Stanford University Press.

Little, Ian M. D.

1979 "An Economic Reconnaissance", pp. 448-507 in *Economic Growth and Structural Change in Taiwan,* edited by Walter

Galenson. Ithaca, N.Y.: Cornell University Press.

Maitland, Ian, John Bryson, and Andrew Van de Ven

　　1985　"Sociologists, Economists and Opportunism," *Academy of Management Review* 10 : 59-65.

Marx, Karl

　　1930　*Capital*. London: Dent.

Mason, Edward S., Mahn Ke Kim, Dwight H. Perkins, Kwang Suk Kim, and David C. Cole

　　1980　*The Economic and Social Modernization of the Republic of Korea.*Cambridge, Mass.: Council of East Asian Studies, Harvard University.

Meyer, John W., and W. Richard Scott

　　1983　*Organizational Environment: Ritual and Rationality*. Beverly Hills, Calif.: Sage.

Miles, Robert H.

　　1980　*Macro Organization Behavior*. Glenview, I11.: Scott-Foresman.

Minard, Lawrence

　　1984　"The China Reagan Can't Visit", Forbes, May 7,pp.36-42.

Mintz, Beth, and Michael Schwartz.

　　1985　*The Power Structure of American Business*. Chicago: University of Chicago Press.

Monthly Bulletin of Statistics

　　1985　March, New York: United Nations.

Myers, Ramon H.

　　1980　*The Chinese Economy, Past and Present*. Belmont, Calif.:

Wadsworth.

1984 "The Economic Transformation of the Republic of China on Taiwan", *China Quarterly* 99:500-528.

Myers, Ramon, and Mark R. Peattie, eds.

1984 *The Japanese Colonial Empire, 1895-1945*. Princeton, N. J.: Princeton University Press.

Nakamura, Takafusa

1981 *The Postwar Jopanese Economy*. Tokyo: University of Tokyo Press.

1983 *Economic Growth in Prewar Japan*. New Haven, Conn.: Yale University Press.
Structural Change in Taiwan. edited by Walter Galenson. Ithaca, N. Y.: Cornell University Press.

Redding, S. C.

1980 "Cognition as an Aspect of Culture and Its Relation to Management Processes: An Exploratory View of the Chinese Case", *Journal of Management Studies* 17：127-48.

Reynolds, Lloyd G.

1983 "The Spread of Economic Growth to the Third World: 1850-1980", *Journal of Economic Literature 21：941-80.*

SaKong, Ⅱ.

1980 *"Macroeconomic Aspects of the Public Enterprise Sector",* Pp. 99-128 in *Macroeconomic and Industrial Development in Korea.* edited by Chong Kee Park. Seoul: Korea Development Institute.

Sayle, Murray

1985 "Japan Victorious", *New York Review of Books* 33(5): 33-40.

Schluchter, Wolfgang

1981 *The Rise of Western Rationalism: Max Weber's Developmental History.* Berkeley and Los Angeles: University of California Press.

Silin, Robert H.

1976 *Leadership and Values: The Organization of Large-scale Taiwanese Enterprises.* Cambridge, Mass.: East Asian Research Center, Harvard University.

Smircich, Linda

1983 "Concepts of Culture and Organizational Analysis", *Administrative Science Quarterly* 28 : 339-58.

Swidler, Ann

1986 "Culture in Action: Symbols and Strategies",*American Sociological Review* 51 : 273-86

Taira, Koji

1970 *Economic Development and the Labor Market in Japan.* New York: Columbia University Press.

Taiwan Statistical Data Book.

1985 Council for Economic Planning and Development, Republic of China.

Nakane, Chie

1970 *Japanese Society.* Berkeley: University of California Press.

Nyaw, Mee-kou, and Chan-leong Chan

1982 "Structure and Development Strategies of the Manufacturing Industries in Singapore and Hong Kong: A Comparative

Study", *Asian Survey* 22: 449-69.

Omohundro, John T.

　1981　*Chinese Merchant Families in Iloilo.* Athens: Ohio University Press.

Orlove, Benjamin S.

　1986　"Barter and Cash Sale on Lake Titicaca: A Test of Competing Approaches", *Current Anthropology* 27: 85-106.

Ouchi, William

　1980　"Markets, Bureaucracies, and Clans", *Administrative Science Quarterly* 25: 129-42.

　1981　*Theory Z.* Reading, Mass.: Addison-Wesley.

　1984　*The M-form Society.* Reading, Mass.: Addison-Wesley.

Ozawa, Terutomo

　1979　*Multinationalism, Japanese Style.* Princeton, N. J.: Princeton University Press.

Pascale, Richard Tanner, and Anthony G. Athos

　1981　*The Art of Japanese Management.* New York: Warner.

Patrick, Hugh, and Henry Rosovsky

　1976　"Japan's Economic Performance: An Overview", pp. 1-62 in *Asia's New Giant,* edited by Hugh Patrick and Henry Rosovsky. Washington, D.C.: Brookings Institution.

Peng, Huaijen

　1984　*Taiwan jingyan de nanti*（The Difficult Problems of Taiwan's Experience）. Taipei.

Perrow, Charles

　1981　"Markets, Hierarchies and Hegemony", pp. 371-86 in

> *Perspectives on Organization Design and Behavior,* edited
> by A. Van de Ven and William Joyce. New York: Wiley.

1986 *Complex Organizations,* 3d ed. New York: Random House.

Peters, Thomas J., and Robert H. Waterman, Jr.

> 1982 *In Search of Excellence.* New York: Warner.

Portes, Alejandro, and John Walton

> 1981 *Labor, Class, and the International System.* New York:
> Academic.

Ranis, Gustav.

> 1979 "Industrial Development", pp. 206-62 in *Economic Growth
> and* Tannenbaum, Arnold S., Bogdan Kavcic, Menach-
> em Rosner, Mino Vianello, and Georg Weiser.

1974 *Hierarchy in Organizations.* San Francisco: Jossey-Bass.

Teece, David.

> 1980. "Economics of Scope and the Scope of the Enterprise",
> *Journal of Economic Behavior and Organization* 1：223-48.

Tu, Wei-ming.

> 1984 "Gongye dongya yu rujia jingshen",（Industrial East Asia
> and the Spirit of Confucianism）. *Tianxia zazhi* 41
> （October 1）：124-37.

Vogel, Ezra.

> 1979 *Japan as Number One: Lessons for America.* Cambridge,
> Mass.: Harvard University Press.

Wade, Robert.

> 1985 "East Asian Financial Systems as a Challenge to Economics:
> Lessons from Taiwan", *California Management Review*

27：106-27.

Ward, Barbara E.

1972 "A Small Factory in Hong Kong: Some Aspects of Its Internal Organization", pp. 353-86 in *Economic Organization in Chinese Society,* edited by W. E. Willmott. Stanford, Calif.: Stanford University Press.

Watson, James L.

1975a. "Agnates and Outsiders: Adoption in a Chinese Lineage", *Man* 10：293-306.

1975b. *Emigration and the Chinese Lineage.*Berkeley: University of California Press.

1982 "Chinese Kinship Reconsidered: Anthropological Perspectives on Historical Research", *China Quarterly* 92（December）：589-627.

Weber, Max.

1958 *From Max Weber.* New York: Oxford University Press.

1978 *Economy and Society.* edited by Guenther Roth and Claus Wittich. Berkeley: University of California Press.

Weick Karl.

1979. *The Social Psychology of Organizing.* Reading, Mass.: Addison -Wesley.

Weiner, Steve.

1985 "K-Mart Apparel Buyers Hopscotch the Orient to Find Quality Goods", *Wall Street Journal,* March 19, pp. 1, 20.

Westphal, Larry E., Yung W. Rhee, Lin Su Kim, and Alice H. Amsden.

1984 "Republic of Korea", *World Development* 12：505-33.

White, Harrison.

    1981 "Where Do Markets Come From?" *American Journal of Sociology* 87：517-47.

Wickberg, Edgar

    1965 *The Chinese in Philippine Life, 1850-1898.* New Haven, Conn.: Yale University Press.

Williamson, Oliver E.

    1975 *Markets and Hierarchies.* New York: Free Press.

    1981 "The Economics of Organization", *American Journal of Sociology* 87：548-77.

    1983 "Organization Form, Residual Claimants and Corporate Control", *Journal of Law and Economics* 36：351-66.

    1985 *The Economic Institution of Capitalism.* New York: Free Press.

Williamson, Oliver E., and William G. Ouchi

    1981 "The Markets and Hierarchies and Visible Hand Perspective", pp. 347-370, 387-390 in *Perspectives on Organization Design and Behavior,* edited by Andrew Van de Ven and William Joyce. New York: Wiley.

Willmott, W. E., ed.

    1972 *Economic Organization in Chinese Society.* Stanford, Calif.: Stanford University Press.

Wong, Siu-lun

    1985 "The Chinese Family Firm: A Model", *British Journal of Sociology* 36, no. 1 (March): 58-72.

Wuthnow, Robert

1985　"State Structures and Ideological Outcomes", *American Sociological Review* 50：799-821

Yang, Jinlung

1981　"Zhongxiao qiye yinhang zhedu zhi tantao", *Jiceng jinrong* 30：58-63.

Yang, Lien-sheng

1970　"Government Control of Urban Merchants in Traditional-China", *Tsing Hua Journal of Chinese Studies* 8：186-206.

Yasuba, Yasukichi

1976　"The Evolution of Dualistic Wage Structure", pp. 249-98 in *Japanese Industrialization and Its Social Consequences*, edited by Hugh Patrick. Berkeley: University of California Press.

Young, Alexander K.

1979　*The Sogo Shosha: Japan's Multinational Trading Corporations*. Boulder, Colo.: Westview.

Zeng, Shiqiang

1984　"Yi rujia wei zhuliu de chongguo shi guanli linian zhi shentao",(An In-depth Discussion of Using Confucian Philosophy as the Unifying Principle for Chinese-style Management Concepts). pp. 101-20 in *Zhongguo shi guanli* (Chinese-style Management). Taipei: Gungshang shibao.

Zhao, Jichang

1982　"Zhengfu ying ruhe fudao zhongxiao quye zhi fazhan" (How Should the Government Develop an Assistance Policy for Small and Medium Businesses？) *Qiyin jikan* 5：32-38.

Zhonghua Zhengxinso, comp.

1985 *Taiwan diqu jitua qiye yanjiu* (Business Groups in Taiwan).
Taipei: China Credit Information Service.

Zo, Ki-zun.

1970 "Development and Behavioral Patterns of Korean
Entrepreneurs", *Korea Journal* 10 : 9-14.

Zucker, Lynn G.

1983 "Organizations as Institution", *Research in the Sociology
of Organizations* 2 : 1-48.

韋伯與東亞工業化的分析*

韓格理　高承恕　著

本文旨在論定韋伯的社會學對東亞工業化（尤其是對中國）的適用性。許多學者在對現代亞洲的研究中，批評韋伯將儒家價值與資本主義發展加以關聯的見解。本文指出大部分這類的著作都誤解了韋伯關於中國的研究。筆者承認韋伯在解釋中國時犯了一些錯誤。即令如此，筆者依舊認為，在分析亞洲經濟發展時，最有價值的觀點仍然非韋伯莫屬，這是因為韋伯發展出從制度的角度來分析問題的研究取向。韋伯從制度層面來研究的取向，可以部分適用於對日本與中國工業化的比較之中。藉此，我們亦可略窺韋伯制度層面的研究取向。

　我們的主題是韋伯關於亞洲宗教的研究論文。這些論文是否真能對目前我們瞭解亞洲（不論是傳統的或是現代的），提供較佳的

＊本文以英文發表於*International Sociology* 2（3）：289-300.（1987, September）。中譯由翟本瑞、陳介玄及張維安共同完成。

解釋觀點呢？抑或，這些論文是基於對亞洲偏頗及誤解的資料，且早已過時而對當前瞭解一無所用？

這些問題的答案基於下列兩個理由而顯得非常地重要：其一為在西方研究東方的社會科學家中，韋伯著作的意義在現代思潮中，比起以往而言，顯得更為重要。其方法論與具體內容不斷地激起新的討論並支持〔爭論所在〕而絲毫無減弱的徵象。其二為對亞洲專家而言，韋伯的著作卻是流年不利而備受批評。韋伯的著作成為眾矢之的，這尤其是針對關於亞洲宗教的論文。由於批評者眾，以至於許多人似乎準備全然放棄韋伯所有的解釋。由於韋伯學在西方的意義與日俱增，以及其在東方地位的降低，都說明了有對韋伯研究現代亞洲的著作加以重估的必要。

本文旨在說明韋伯著作在分析東亞工業化時的相關所在。我們的主要論點在於：韋伯式的觀點可以提供一個最佳的起點，以便於我們分析現代亞洲〔社會〕。而韋伯在關於亞洲宗教的論文中的偏失之處，不應減損其寬廣視野以及比較方法的重要性與適切性。我們的分析策略點則是韋伯關於中國宗教的研究論文。

一

1913年，韋伯寫了《世界諸宗教的經濟倫理：儒教》的初稿。在1915年發表時，此草稿只構成了現行版本《中國的宗教：儒教與道教》① 的後半部分。在本草稿中，韋伯開始了他那對比西方與非西方世界宗教的著名〔研究〕。1919年，韋伯著手包含在《世界諸宗教的經濟倫理》論文集中的本論文時，他將目前見到的論文前半

部份增加上去。這增添上去的部分，是一尚未經琢磨而範圍寬廣，關於中國社會的制度〔層面〕的分析，其中觸及到國家結構、在地方團體中的商人及親屬關係。

即令在其最後的形式中，韋伯也不曾如同一些他同代的思想家一般②，討論到中國落後性的原因所在。雖然某些原因可能隱含在他的討論之中，但韋伯並未對他當時的中國，找尋有關歷史事件或實際情況的原因所在。相反地，他的研究只是其更廣大的巨構《經濟與社會》中的一小部分，而他對其他世界宗教的檢視亦是多方面的。〔真正〕瞭解韋伯《中國的宗教》一書，即是認清此文在韋伯著作中的分位所在。僅從中國研究的角度來看，本文只是片斷〔的分析〕而且在許多面向都是有瑕疵的。然而，將之放在韋伯的著作中來看，則本文有著較佳的際遇，這是因為在此處檢視中國只是作為一個反面的例子，用來對照他所發展出關於西方政治、經濟轉變的理論，而這個理論直到今日仍對〔實際的〕研究有所啟發。

大部分亞洲專家所感興趣的，並不在於韋伯關於歐洲所提出的理論之持續性意義所在，而只注意他們心目中韋伯的偏失之處。例如，時至今日，在東亞有許多學者將韋伯當作標的，以〔批評〕他對中國的誤解點。其中最常被批評的論點為：韋伯缺乏洞察力，未能預視到實際上儒家倫理後來發展出了東亞的工業化（例如：Berger,

---

①Schluchter（1983）對韋伯這篇文章的寫作提出了一個很好的解釋及評論。有關本文的其他評論包括，Van der Sprenkel（1963），Molloy（1980）及Hamilton（1984）。

②韋伯寫作期間，討論中國的作品中最常見的樣式之一，是傳教士對中國奇怪的風俗及落後的情況所作的評論。韋伯對這類研究引用得不多。

1984；Huang, 1984；Tu, 1984）。當然，當韋伯將其論文付梓之際，當前批評他的人，並不能如同韋伯在1919年一般，見到因戰亂及貧困而凋敝。他們所處的毋寧為二十世紀的八十年代：東亞的工業化已經成為一個事實，此時，日本的經濟已是世界生產力第二大國，南韓、台灣、香港及新加坡（在某種意義說來俱為儒家社會），相對於其面積，在世界經濟體系中，成為發展最快速的地區。資本主義的精神已然在東亞地區生根，我們甚至見到其開花結果，韋伯似乎成為一個很容易攻擊的目標。

然而，表面所見常會欺騙人。〔雖然〕批評韋伯的人多為碩學之士，但大多數的批評並不適切。在他們的批評中所呈顯出來的，是他們對韋伯社會學觀點的無知，他們對韋伯解釋西方資本主義、甚至東亞工業化的實際發展過程都不甚瞭解。

本文的目的並不在於爭辯韋伯關於中國的見解最終還是對的；他對中國的誤解亦屬事實。我們的目的毋寧在於指出，時至今日，韋伯關於中國的研究，對分析東亞的現代發展而言，仍是有用的。為了說明此點，讓我們先指出一個韋伯分析在亞洲的資本主義的核心論點。這是韋伯對獨立發展的資本主義，以及其續發性的擴展所作的區分。

二

韋伯很巧妙地設定了其間的分野。他在《中國的宗教》結論的倒數第二段的起始處，寫下了他對資本主義在東亞擴展的預測，同時他並歸結出中國缺乏自發性的資本主義的結論。

就技術上及經濟上已經在現代文化區中發展完備的資本主義而言，中國人十之八九可與之同化，甚至可能比日本人作得還要更好。於此，絕非中國人對於資本主義的需求不具備「自然天賦」。然而，如與西方相較，中國外顯出來而有利資本主義起源的那些條件，並不足以〔真正〕創發出資本主義（1951：248）。

在此段落中，韋伯清楚地將資本主義的擴展與其獨立發展予以區分。一方面，基於他對中國人的「計算性心態以及自給自足的儉省」（1951：242），他預測中國人很快地就會「同化」於資本主義，甚至可能比日本人〔還快〕，另一方面，他亦主張即令在亞洲具有如此多的因素，表面上足以支持資本主義〔的發展〕，但其他一些在歐洲資本主義發展的決定性要素，對中國而言依舊付諸闕如。

上述的學者中，有一些批評韋伯過度高估這些關鍵性的區別。例如，伯格（Peter Berger, 1984）以及杜維明（1984）、黃光國（1984）責備韋伯未能見到儒家倫理所要求的自制、節儉、勤勉等性格，正是現代東亞資本主義發展的底層特性。為了更進一步證明他們的論點，許多學者指出：在亞洲受到儒家影響的國家，其中包括日本、南韓、臺灣、香港及新加坡等，均為〔非西方地區〕最先發展的地區，而其成長的速度又居世界之冠。

前引文本身就很清楚地指出：韋伯對中國的解釋不僅可適用於上述學者所提出的結論，同時亦指向著此結論。韋伯指出（1951：240）儒家主張「持平而敬謹的自制，以期能維護（人性）尊嚴」，〔這種價值觀〕進而鼓勵了合理的計算。在〔這種世界觀〕中，含

蘊著一種對「普世心靈的功利主義」的親和性，而提供了一種「視
財富的價值為道德完備的普遍手段之信念」（1951：242）。事實
上，「從來不曾有其他文明國度（如同中國般），將物質繁榮提昇
至最高善的地位」（1951：237）。韋伯不斷的指出，儒家鼓勵系
統化地與現世調合。因而，當資本主義自十九世紀到二十世紀，由
歐洲擴展到全世界而創造了諸多經濟〔發展〕的機會時，儒家的傳
統將會很快地驅使中國人模仿資本主義。

三

　　韋伯關於資本主義擴散的評論，尤其值得商榷。因為，他似乎
已經認定了這樣的情況會產生。尤有甚者，誠如其他學者的評論，
韋伯對於傳統中國儒家本質有所誤解。就韋伯（1951： 248）而言，
面對世界的態度，儒家是傾向於「合理的順適」。反之，新教則是
傾向於「合理的宰制」。但是，墨子刻（Metzger, 1977），相信儒
家和新教一樣，對俗世仍然有著超越的緊張存在[3]。在這一點上，
墨子刻針對韋伯儒家詮釋的批評，可能是正確的。誠如最近少數學
者所表示的，將儒家判定為傾向於「世界的順適」，是值得爭議的。
在理論上來說，儒家具有「轉換的潛能」（Yu Ying-shi, 1985）。
雖然如此，但是關鍵問題不在於儒家思想本身。我們很容易可以找
到證據，以支持儒家不向現存秩序順適的論點。
　　然而，從社會學觀點來看，我們更有興趣的在於儒家與社會之

---

　　[3]一些對墨子刻的分析之評論，參考*Journal of Asian Studies*（1980）。

間實際的相互作用。如此,從這個觀點來看問題,韋伯並不全然是錯的,因為儒家無法提供一「精神動力」(ethos),以促成制度的轉變。於此,我們不局限於儒家思想的討論應是很清楚的。而是以更有益的社會制度結構之探討來取代,並由此以檢視,影響社會穩定及變遷的平衡因素所在(Kao, 1986)。在這個意義上,我們不同意韋伯對儒教的實質詮釋,但是同意他〔方法上的〕制度取向。

墨子刻的論題,以及由此引起的爭論,並不意味著已經獲得解決,然而對於傳統中國的詮釋卻是極為重要。但是,這整個爭論卻已遠離了韋伯所企圖論證的脈絡要點。儒家不是韋伯論證的核心,新教教派才是。進而可以說,韋伯論題並不局限於宗教,而是在於制度的要旨上。

為了解釋西歐資本主義獨自的起源,韋伯對制度層面進行了廣泛的論證,新教倫理只不過是其中一個面向而已④。韋伯的因果分析,除了宗教信仰之外,還包括市場因素、法律制度以及政治條件。韋伯相信,企業家的行為面向是企業的原動力,這個層面相當關鍵,但是極少為人所解釋,由此不僅導致了個人企業的建立,也賦予了其行為高度的道德意義。韋伯抽離了這個特質,轉換成一個理念類型的建構,他稱之為「資本主義精神」。這個精神之所以重要,乃在於作為「早期資本主義企業家行為的獨特規範模式」(Poggi, 1983:40)。誠如韋伯所釐清的,這個模式是制度性的基礎,關涉到經濟行動的所有領域。一旦這個企業家的行為模式確立,它們便有自我

---

④有兩個出色的研究,企圖將韋伯新教倫理的論題像納入歷史脈絡中那樣,放入其作品的更大脈絡之中,參見Poggi(1983)及Marshall(1982)。

增強的作用，對韋伯而言，因其資本主義的現實性，這一點已不需要再加以解釋。

然而，就韋伯來說，需要解釋的是，西方資本主義規範架構的特質，亦即所謂的「資本主義精神」之歷史起源〔問題〕。經由這個可能的歷史起源問題之考察，韋伯得出一個結論，若無宗教改革，或者，更正確地說，若無清教徒個人與上帝關係的詮釋，則資本主義的規範架構是不可能如實地發展的（Poggi, 1983：44-78）。

為了檢證新教對於西方資本主義發展的增進作用，韋伯從中國開始進行對世界諸大宗教之經濟倫理及制度架構加以分析。他的論題不在宗教改革促成了經濟的「精神動力」，或是資本主義的形成。韋伯認為這樣的論題是不相干的（1951：247）：

> 儒家的生活態度是合理的，但是關鍵點在於新教主義是來自內部，而儒家則是來自外部的。這個對比使我們知道，僅僅是節制和節約，以契合財富的營求與獲得，既不能表顯出「資本主義精神」，卻也不能免於它。這種情形我們可以在現代經濟中的職業人身上發現。

反之，在專制主義歐洲的制度場域，新教主義卻有其力量。新教主義是強烈的反巫術，原則上，這必須信仰者貫徹其對世界系統地除魅（1951：226-35）。所有的制度變成是世俗的，與上帝分離了，因而是可以批判和改革的。面對世界態度之正當性，變成在於「自然與神」、「宗教義務與社會政治實體」之間的緊張上（1951：235-6）。基督新教神學，因創造了極端的個人主義，而逐漸損毀

了所有的制度，不只是經濟制度而已。韋伯（1951：237）認為：「倫理宗教的最大成就，尤其是新教主義的倫理及制慾教派，乃在於粉碎了親族的束縛。這些宗教建立了優越的信仰共同體，以及共通的倫理生活態度，以資相對於血緣共同體，甚至更大範圍上相對於家族〔型態〕。」

可確定的是，韋伯也低估了傳統中國社會轉換的質素，包括儒教與佛教的角色（Buss, 1985：67-88），而且，一般而言，他也誤解了中國父權制的本質（Hamilton, 1984）。除此，因為缺乏對中國歷史適當的瞭解，韋伯對傳統中國所建立的理念類型，也是有問題的。其中最明顯的誤解是，他無法辨認儒家與新儒家之間顯著的不同。新儒家對於商人階級的經商活動及其角色，給予重要的重新詮釋，這是直接關聯到傳統中國資本主義發展與否的關鍵點（Yu Ying-shi, 1985）。

雖然如此，韋伯的一般比較論點是正確的。新教主義，特別是清教主義，已逐漸損毀了專制主義歐洲的政治、社會及經濟制度。其他的世界宗教，尤其是儒家，並不是如此。在中國，儒家及其他宗教，所有合理化的傾向，皆踏實的支持了家族與帝制原則，及其所擁護的制度⑤。相對於中國宗教一致地支持其潛在於社會的角色，新教主義恰好一致地損毀它們，不允許角色干預了人與上帝之間的關係（Bellah, 1970）。事實上，新教主義最終助成了歐洲經濟規範架構的改造，這是無庸驚訝的事實，因為這個宗教的教義也影響

---

⑤關於廣泛處理中國社會裡「正統」與「異端」因素方面，參考Liu〔劉廣京〕（forthcoming）。

了科學、哲學、政治、革命以及其他西方生活領域。

　　韋伯一般歷史理論有其適用性，因為它們關懷的是歐洲，而韋伯對歐洲歷史又極為熟稔。他分析的焦點，總是對準西方文明的獨特性，所以，當他檢視非西方社會時，總是以反面個例作為比較對象，這些個例並沒有發生工業資本主義，也不具有西方社會的獨特性質。借由反面個例，以建構一般性抽象化之社會學觀點，如此程序必然要犧牲了歷史的細緻，因為歷史研究習慣於專注在重要事件上，以進行關於正面個例因果論證的檢視。假如韋伯對於中國的結論，無法企及其歐洲視野的深度，這是因為他無法以同樣的方法來探視中國。

四

　　相對於他處理西歐這個探討對象，韋伯對中國的描述，儘管分析上有所不足，但對於初步瞭解中國的人而言，韋伯的作品仍然有其重要性。然而，這些作品最相關的部分是針對歐洲，表顯其詮釋取向上的特殊性，而不是對中國的評論。這個取向是，一般理論觀點和方法論方針的結合，我們以底下三個主要面向來表述：⑴制度的焦點，⑵類型學及發展分析的結合，以及⑶比較的論證。

　　韋伯所有實質研究，總是集中在制度層面上的分析。例如，在《經濟與社會》裡，他相當細膩的檢視了宗教、法律及政治制度。值得注意的是，對於這些制度，韋伯並沒有提出一個普遍的社會學法則，而是著重在其歷史的特殊面向上，以觀看宗教、法律及政治如何整合在一個社會秩序裡。在這個分析層次下，韋伯認為，物質

的利益與文化的信仰所產生的歷史結果,僅有在其能潛存於制度的脈絡中,始為可能。由此,一旦我們要瞭解宗教的效果,就不能單單只瞭解特殊的信仰,而必須瞭解這個信仰如何經由日常生活行動領域,組合且表顯在特殊的歷史脈絡中。

韋伯探討的第二個面向是,類型學及發展的分析。就韋伯而言,真實的社會不可能存在於分離而獨自的制度內。例如,法律及經濟的行動,無法嚴整的表顯在相互區隔行動領域內,而是常常重疊在諸多領域上,這二種行動類型乃是來自更寬廣共通的文明模式。然而,對於分析的目的而言,作此分析上的區分是有用的,透過這樣的人為區分,歷史實際的結果得以被分解,事件的複雜性得以被瞭解。韋伯保留特殊的制度領域,以作為特別的分析,而且設計類型學以幫助其探討。這些類型學,構成了韋伯所指稱的理念類型,是一般制度模型概念上系統化的型構。它們是從歷史經驗中抽象而得的。例如,為了瞭解政治制度,他概念化了一統治類型學,由三個一般類型(法律、傳統及克力斯瑪),以及一套次要的類型組成。韋伯相信,每一個類型表顯了一種,在西方(和非西方)政治制度底下的機要組織原則之獨特性。韋伯即利用這些類型學以瞭解長期的歷史變遷。從這些類型學的分析,他能夠詳加說明發展的具體結果。例如,韋伯追蹤西方法律制度的源起,一方面發現了法律與科層制之間的關係,另一方面發現了法律與民主的關係(Schluchter, 1981)。

如此,就像我們早先所提到的,理念類型的建構與使用,必須對於所要探討的現象背景之歷史與文化,有個廣闊的瞭解。否則,誤用理念類型似乎是不可避免的。於此而言,我們思考韋伯的類型

學方法仍然是有用的,但是,我們必須予以重新建構他用來分析中國社會的理念類型(Kao 1986)。

　　韋伯的第三個研究面向是比較的論證。一個信仰者是身處於歷史的複雜體中,韋伯(1949：186)並不同意穆勒(J. S. Mill)簡化的比較分析規準,因其立基於機械的因果律觀念上。就韋伯而言,同樣的原因可以造成許多不同的結果。同樣的,不同的原因也可以造成相同的結果。如此,比較的方法並不能用來證明或否決一般社會學及歷史的假設。雖然如此,比較法仍然是歷史分析的基本成分,因為只有透過比較,才能辨認特殊歷史型構體的構成元素。準此,一個制度模式的獨特性,只能借由廣泛的比較方法加以論證。如此廣泛的比較,使得在分析一個獨特的社會時,能更詳盡的敘述其特定性,藉著這個特性,韋伯得以循此檢視西方文明的起源。而為了瞭解其文明的獨特性,韋伯也轉而比較論證,何者為西方所無。

五

　　韋伯的制度性研究取向,即令無實質理論也可直接用於東南亞工業化的分析,在本文最後一節中,我們將從評價韋伯預測中國比日本更能模仿西方資本主義〔這個角度〕,簡短的說明這個研究取向的可用性。

　　表面上,就是在其寫作期間,韋伯也不應該做此預測。1905年日本已經證明了它工業化的潛力,建立了現代海軍並擊敗蘇俄的艦隊。在同一時段,中國已籠罩在軍閥氛圍之中,沒有甚麼徵兆顯示政治秩序能夠繼續維持並開始模仿資本主義。但是,韋伯此項預測

是以歷史的、制度性的分析為基礎，並非立基於對當時的系統觀察。而且，如後來所發生的，如果一個人繼續韋伯未竟的工作，這個預測有其成立的基礎。

技術與「知道如何」（know-how）的知識傳播，向來都不是一個簡單、明白的過程。如韋伯所清楚指出，這是一個制度性過程。傳播從不憑空發生。可接受的理念和實際的物品，不論它是源自該團體的內、外，都必須通過個體的承載，同時需要這些個體認為這些特別的理念和物品的複合體真正能對他自己的現況有利，或能引起他的興趣。

在重建韋伯的預測中，從它討論中國的文獻裡似乎清楚可見，他並不是預測政府指導型的工業發展。中國的政治資本主義（political capitalism）向來都是採取課徵農稅、干擾市場運作的方式（1951：84-5）。反之，在韋伯心目中資本主義的模仿，幾乎可以確定是家族中心、市場導向的發展。他相信中國〔社會〕中的這些個體很容易走向市場去謀利，因此這些人很容易模仿西方資本主義的技術和企業的理念，其生產者、行銷者大部分是農民和小商人。韋伯假定為了自己的富裕、照顧家人並在社會的階梯中爬升，這樣的人將掌握住資本主義所創造的經濟機會。因此韋伯預測，在私人部門不屬於精英分子的個體很容易模仿資本主義的理念。這將造成中產階級的資本主義，在家庭之間造成自行推動、自行維繫和市場導向運動〔的現象〕。

我們沒有理由認為韋伯對日本的瞭解〔會比對中國的瞭解〕更深入，韋伯對日本〔材料〕的閱讀一定比對中國的閱讀更為皮毛。他所用的日本文獻僅限於散列的一些評論——對德川幕府（Tokugawa）

時代政治結構的地方分權以及日本佛教和武士倫理的觀察⑥，但是即便是只有這些訊息，韋伯所知已足以預測日本對西方技術的接受將與中國有根本上的不同，因為兩個社會中的制度性背景在根本處是如此的不同。在中國相當重要的親族的忠誠，在日本一直受到對非親族的封建式忠誠所浸蝕。因此，家庭單位還不到受市場力量動員的程度，這註定了技術的傳播〔在日本〕必須依賴其他制度的命運，尤其是依賴於封建制度式微時所興起的政治制度。

韋伯無法預測現代資本主義的過程。我們今天的資本主義已經進入1920年韋伯辭世時所無法想像的技術領域。無論是否在社會主義國家，政府指導的資本主義已是今天常見的現象。不管一些政府領導者的措辭〔如何〕，現在依照供需法則的市場遠比歷史上任何時代都要少。即使過去曾經存在過自由交易，但現在已不存在，以後也將不會再發生。〔在事實上與理想上〕，政治力量和經濟逐漸增強了其間的統合。

韋伯的資本主義是十九世紀的資本主義，他對中國的預測是以這種資本主義的型式為基礎。在這個基礎上韋伯是正確的。就個體與家庭〔的角度而言〕，中國對資本主義的模仿遠快於日本，即便是中國的政治秩序瓦解時〔也是如此〕。1840年代初期，鴉片戰爭迫使中國開放，不久，大規模的中國移民開始以個人的方式追尋財富。十九世紀末，數百萬的中國人以點的方式分散在世界各處，賺取世界經濟機會〔所帶來〕的利益（Hamilton, 1977）。同時國內

---

⑥除了在《中國宗教》一書中稍微論及之外，韋伯對日本的評論主要來自《經濟與社會》一書（如1986：1074-6，1154，1161）。

經濟也發展得相當商業化，中、小規模的公司充斥通商口岸，農業經濟作物也頗為風行（Hao, 1986）。在戰前的那些年，興起了以家庭為基礎的資本主義，這是小型的、商業性的資本主義，但確實為資本主義。

在同一時段，日本人卻仍留在家鄉。日本以各種不同的方法學習西方的理念和技術。興起優秀分子的資本主義，發展出國家的制度，政府認為它有責任整合社會與經濟〔的發展〕。與中國的模式相比，日本人學習資本主義〔的過程〕比較值得探究，但這只是因為它有不同的制度性起點，和不同的組織模式。在日本，優秀分子努力模仿資本主義，也受到政府的支持。直至今日，日本與中國資本主義（尤其是中國大陸之外的中國人）之間的這些差異依然存在。

近來有許多分析者誤解了資本主義本身的制度性特質，而這是韋伯所強調的重要面向。這些分析者將世界資本主義經濟在本質上視為相同，或從世界市場運作的角度來解釋其差異性。這種處理方式，不僅忽略了不同社會間的重要制度性差異，同時也誤解了經濟行動變化多端及個別社會所具有的特色（Granovetter, 1985）。這是韋伯社會學的一個重點，他提示我們一個〔研究的〕觀點和取向，藉此我們可以瞭解東亞工業化的複雜性和差異性。但是我們必需小心使用這個觀點。

六

因此，在結論這一節，我們將對韋伯社會學如何適用於分析東亞工業化，提出下列三點說明。第一，在結論中〔我們認為〕，韋

伯對中國社會的實質詮釋和我們對東亞發展的瞭解,只有間接的關聯性。雖然我們依然認為韋伯的詮釋性研究取向(interpretive approach)非常適用,〔但是〕把我們自己限定在韋伯所問的問題中就沒甚麼意義。特別是韋伯所強調的亞洲宗教和價值,在研究最近的變遷中不應把它視為那麼的重要。亞洲和歐洲一樣,最近半世紀以來,在政治、經濟制度上,已發生相當大的變動,在這些變動之下應該問新的問題。當然,時至今日,宗教價值還是很重要,但是這些價值對發展的意義並不清楚。不論如何,我們不應像時下所流行的看法那樣,誇大社會規範價值對當前東亞社會的影響性。

第二,如果我們仍然要討論「儒家思想」(Confucianism)與東亞發展的關係,那麼最少有一個假設必須嚴謹的重新加以探討。我們是否可以簡單的假定臺灣、香港、新加坡和南韓一樣都是受儒家思想所影響的社會?〔雖然〕歷史上,儒家思想曾經傳播到這些地區,但這些價值〔與當地〕整合所造成的結果並非完全一樣,今天這些價值更以非常不同的方式與當地政治結構結合在一起。再者,當前東亞社會中的西方理念,不論是科學的或文化的理念,在形塑東亞社會中所發生的種種,都具有相當的重要性(即使不如儒家的理念來得重要)。因此,以相同的價值涵蓋整個的地區,已嚴重的誤解了韋伯的觀點,韋伯所強調的是各種價值的整合與制度化。起碼,不能只假定價值的表現和重要性,應該有經驗研究的基礎。

最後,當我們研究東亞工業化之時,不應只強調其成就,同時也應該一樣的注意工業化的限制與困難。有許多學者認為亞洲的經濟發展還不能視為成功的經濟發展,這個奇蹟仍有待解釋。他們經常忽略東亞社會發展出來的制度性模式之多樣性和限制性。這些模

式間的互動和常變的世界經濟間的辯證關係，都是不應該被忽略的。在這個背景下，〔我們可以說〕有利於某些經濟部門發展的制度，對其他經濟部門不一定有利。再者，今日的成就並不意味這個趨勢將無盡的持續〔發展下去〕。例如，家族倫理在推動臺灣和香港的經濟成長方面，確實具有重要而正面的角色（Wong, 1985; Chen, 1985）。但家族倫理也阻礙家族公司轉變成大規模垂直整合的公司。在這幾個國家中，政治對經濟事物的干預，加速了工業化，但是日漸龐大的官僚體制和因而造成的低效率，可能是進一步發展的主要障礙。

這些交互影響的所有因素，都必須透過結構的、歷史的研究詳加探討。我們可以從韋伯對西方理性化過程卓越的發展性分析中，瞭解這種研究方式（Kao, 1986）。就此而言，韋伯討論西方的洞見，依然可以當作我們瞭解東方的重要觀點。

參考書目

Bellah, R.

    1970   "Father and Son in Christianity and Confucianism", in Bellah, R. (ed.). *Beyond Belief.* New York: Harper and Row.

Berger, P.

    1984   "An East Asian Development Model", *The Economic News* (September 17-23) No. 3079:6-8.

Buss, A. E.

    1985 *Max Weber and Asia.* Munich: Weltforum Verlag.

Chen. C-N.

    1985   "Kinship Ethic and Economic Rationality: A Preliminary Study on Max Weber and His Study on Chinese Society", Unpublished paper presented at the Chinese University of Hong Kong.

Granovetter, M.

    1985   "Economic Action, Social Structure, and Embeddedness", *American Journal of Sociology 91 : 481-510.*

Hamilton, G.G.

    1977   "Ethnicity and Regionalism: Some Factors Influencing Chinese Identities in Southeast Asia", *Ethnicity* 4:337-51.

    1984   "Patriarchalism in Imperial China and Western Europe",

Theory and Society 13:393-425.

Hao, Y-P（郝延平）

    1986   *The Commercial Revolution in Nineteenth-Century China: The Rise of Sino-Western Mercantile Capitalism*. Berkeley: University of California Press.

Huang, G.（黃光國）

    1984   "Rujia Lunli yu qiye zuzhi xingtai"（儒家倫理與企業組織形態）, *in Zhongguo shi guanli.*（中國式管理）Taipei, Taiwan: Gongshang Shibao. pp.21-58.

Kao, C-S.（高承恕）

    1986   *Rationalization and the Development of Western Capitalism -Max Weber and Beyond*（in Chinese）. Taipei, Taiwan: Lien-Ching.

Liu, K-C,（劉廣京）ed.

    Forthcoming, *Heterodoxy in Late Imperial China.*

Liu, K-C.（劉廣京）ed.

    Forthcoming. *Orthodoxy in Late Imperial China*

Marshall, G.

    1982   *In Search of the Spirit of Capitalism*. New York: Columbia University Press.

Molloy, S.

    1980   Max Weber and the Religions of China: Any Way out of the Maze? *The British Journal of Sociology* 31: 377-400.

Poggi, G.

    1983   *Calvinism and the Capitalist Spirit. Max Weber's Protestant Ethic*. Amherst: The University of Massachusetts Press.

Schluchter. W.

　　1981　*The Rise of Western Rationalism: Max Weber's Developmental History*. Berkeley: University of California Press.

Schluchter. W.

　　1983　*Max Webers Studie über Konfuzianismus und Taoismus: Interpretation und Kritik*. Frankfurt: Suhrkamp.

Tu. W-M.（杜維明）

　　1984　"Gongye dongya yu rujia jingshen (Industrial East Asia and the spirit of capitalism)". *Tianxia zazhi* 41: 124-37.

Van Der Sprenkel, O.

　　1963　Max Weber on China. *History and Theory* 3: 348-70.

Weber. M.

　　1968　*Economy and Society*. New York: Bedminster Press.

　　1949　*Max Weber on the Methodology of the Social Sciences*. Glencoe. Ill.: The Free Press.

　　1951　*The Religion of China*. New York: The Free Press.

Wong, S-L.（黃紹倫）

　　1985　"The Chinese Family Firm: A Model", *British Journal of Sociology* 36: 58-72.

Yu, Y-S.（余英時）

　　1985　'Confucian Thought and Economic Development: Early Modern Chinese Religious Ethics and the Spirit of the Merchant Class' (in Chinese). *The Chinese Intellectual* 6: 3-46.

譯　跋

一

　　近年來台灣社會科學界曾經對「社會科學中國化」的問題開過大型的學術研討會，一些期刊、雜誌對此一論題也著墨不少，雖然意見、觀點未必取得一致，但在這個論題的關心與反省之下，直接引用西方社會理論解釋中國的適當性，已漸受質疑。從中國社會的研究中提煉解釋中國社會的概念與理論，已漸成為學者們重視的一個方向。在社會學界，尤其是原先關注重點在社會學理論的工作者，也從純粹的理論思維，或純粹的西方理論研究領域中跨步出來，希望從歷史的、比較的觀點重建社會學與中國社會研究的關係。近些年來已有一些這方面的作品在中文世界問世，本書自然可以說也是這方面的一個小小貢獻，雖然這些文章原先並不是為臺灣這個趨勢或潮流而作，但其所關心的正好是相同的問題，而其所呈現的又是這個趨勢中頗具啟示價值的範例。因此，我們三位譯者樂於將這些文章譯成中文，和中文讀者共享和討論。

　　本書集有十篇文章，主題包括對照於西方理論，重新探究中國

的國家形式與支配類型、從商人結社的角度探究中國社會與經濟的
特質、從「商標」與「品牌」分析資本主義之前的中國經濟現象及
其與中國社會結構的關係,最後對於太平洋盆地中南韓、日本與台
灣的經濟發展加以比較,並對「韋伯與東亞工業化」這個時下仍然
熱門的論題,提出獨特的見解。全書充滿社會學分析的色彩,就像
作者所言,有些地方理論性的引導是非常強的。關於本書我們認為
可以說是社會學理論、歷史社會學、比較社會學與中國社會研究的
一體結合。當然所提論點仍然對所有的讀者開放討論,但我們認為
這些文章在瞭解中國社會經濟特質方面,確實具有相當重要的啟示
性價值,尤其難得的是作者本身的社會學訓練,從全書的內容來看,
這本書可以說是一本社會學觀點的中國社會研究成果,也是歷史社
會學和比較社會學的一項成就,我們依文章所論述的內容,定名為
「中國社會與經濟」。

　　本書所集韓格理(Gary G. Hamilton)教授及部分文章之共同
作者,畢佳特(N. W. Biggart)教授、高承恕教授及黎志剛先生等
所寫的文章共十篇。除〈近世中國的「品牌」與「商標」〉一文由
原作者黎志剛及馮鵬江先生改寫成中文外,其餘各文分別由張維安、
翟本瑞及陳介玄譯成中文,翻譯期間黎志剛先生、林鶴玲小姐、陳
巨擘先生……曾對本書部分譯稿提出意見,謹此特誌感謝,但所有
譯稿如有翻譯不當之處仍由譯者本人負責。本書各篇文章原為不同
的目的而作,有些並發表在不同的學術期刊上,所以原稿的格式並
不一致。我們曾設想將格式加以統一,因為我們將它放在同一本書
裡頭,但這項工作牽動頗大,況且目前國內、外人文社會科學研究
領域同時接受這兩種註釋的方式,因此為了保留原有的面貌,並便

於讀者對原文的查對，我們仍維持原有的格式，這是我們希望向本書的讀者說明的。

二

　　本書方法論觀點，作者在序言中已有說明，從文章內容可見各篇相當廣泛的使用歷史社會學與比較社會學的觀點，這在研究中國社會方面是一個相當重要的策略性方法，但作者同時也指出雖然比較的觀點，對於瞭解中國社會有其重要性，但中國不是西方社會的倒影，因此即使是在比較之下，中國也必須被視為一個正面的事例來處理，分析中國的概念和理論必須從中國歷史經驗中去探求意義。如果不經反省的直接運用西方社會的理論來解釋中國，將無法精確說明甚而扭曲中國社會的特質。例如，作者認為把中西政府對商人控制的強弱做比較分析，來說明中國社會經濟特徵，便是誤解了中國政府的制度性意義，因為中國政府不僅沒有要求對商人和商業的管轄權，也沒有建立像西方政治哲學核心中那樣的司法管轄觀念。中國的秩序是以角色和義務的理念為基礎，根本不是以管轄和意志為基礎。如果忽略中、西社會在本質上的差異，而以西方「自由市場」的理念和「供需法則」的角度，將中國經濟評價為「傳統的」、「落後的」，或存在許多不自然的限制等特質。這樣的問題和解析，就像作者所言，是問「蘋果樹為何不長橘子，並用不同顏色的花來解釋兩者的差異一般」，不但問錯了問題而且還提供了錯誤的答案。

　　相同的，東方社會的構成及發展，在根本的層次上也與西方有相當的不同，如果使用從西方社會所提煉的觀念來分析中國社會，

可能會發生許多扭曲與誤解。即使慧見如韋伯,他以從西方歷史中
所創用的觀念來分析中國社會,便發生對中國文明的分析不充分,
甚至根本就是錯誤的分析結果。作者從探究「孝」的意義出發,來
觀解韋伯討論中國父權制的不當之處,進而指出韋伯從西方歸納出
來的三種支配類型,在分析中國社會時仍有其不足之處,這些類型
並未觸及型塑中國行動模態的共通理解。作者指出,在中國沒有超
越的合法性來源,其政治制度之建立在於階層化角色扮演之間和諧
的角色,個人意志僅能在個人明確界定之角色責任上得到其正當性,
權力只是角色的一個面向,權力是「非個人的」,「非意向性的」,
其目的在於保持整體的和諧。中國政治哲學家,極度關懷角色的倫
理行為,將其基本的角色組和角色關係推廣到更寬廣的社會情境範
域。這些觀念在中西之間存在著相當大的差異性,盲目的套用西方
的理論,有其危險性和不當之處。

　　本書作者在各文中對於「將原屬西方文化的假設予以普遍化的
妥當性」加以反省,並認為「使用由西方社會所導引出的概念,來
分析非西方社會可能是有害的」。我們同意這樣的看法,瞭解中國
必須以中國本身的研究為基礎,問中國本身的問題,不應把西方的
理論「強套」在中國的資料上,簡單的認為中國因為缺乏像西方那
樣的中產階級、合理的法律,或者缺乏新教倫理……所以中國無法
開展出像西方那樣的資本主義。這樣的分析所要回答的問題實際上
是西方式的問題,根本的問題是錯誤的假定了中國社會是西方社會
的倒影,對於中國社會本質的瞭解,不但不能充分掌握,反而是誤
導了分析的方向。因為從中國社會結構的分析中明顯可見,西方理
性資本主義的發展根本是在中國社會結構的可能性之外,因此對中

國人而言只有「中國社會經濟結構的特質為何？」，沒有「何以中國無資本主義？」這樣的問題。

　　當然，前述的看法並不意味著其他社會的理論與我們無關，或者有害於我們對中國社會的瞭解。相反的，我們認為其他社會的理論在中國社會的分析中具有它一定程度的重要性。這個重要性在於可以用來跟我們的社會對比，跟我們的理論對話，以發揮其啟示性的意義。而研究者對這些理論所持有的反省性、批判性態度是非常重要的。本書作者從比較的觀點在各文中引進適當的理論說明，進而提出批判性的解析，最後回到中國本身的資料上加以檢討，充分的顯示作者處理方法的成熟與週延。

　　在譯詞方面有兩處是我們覺得需要向讀者說明的，一、國內一般將Patriarchalism譯為「家戶長制」，我們則將之譯為「父權制」其理由如下：⑴本字乃由Pater及arche而來，前者無論在希臘文或拉丁文中，均指「父親」，後者則是指具有權威而合法的統治，故其本意乃指父親具有權威的合法統治；⑵韓格理教授在行文中，強調本制度乃是對應羅馬法中的Pater potesta（父權）原則而發者，故為讓中文讀者明瞭其中的關聯性，故以「父權制」譯之；⑶在父權制的應用下，權威的施行並不局限於家戶長，而可用於其他領域中；⑷韓格理教授文中強調重點在於將「父權制」與「孝」的原則相比較，以對比出前者乃由上至下的權力運作，而後者則是相互、雙向的關係，如以家戶長制譯之，則見不出作者的用意。二、國內一般將Patrimonialism譯為「家產制」，我們則將之譯為「世襲制」，其理由如下：⑴在韋伯用法中，Patrimonialism所指涉的地區與時段相當廣泛，中世紀歐洲、中國等毫不相涉的不同地區均可以

Patrimonialism來說明,其意義不只在於其中「家產」的意念;⑵在韋伯的用法中,Patrimonialism是與現代國家相對的傳統統制形態,並不必然是以家產的形態出現,只要是有其社會經濟基礎,就可構成持續而世襲的統制支配關係;⑶用在對中國社會的瞭解上,「家產」並不能說是權威構成的真正基礎,韓格理教授的論述重點亦正在此。

張維安(執筆)、翟本瑞、陳介玄
一九八八年秋季于清華大學、東海大學

中國社會與經濟

中華民國七十九年七月初版 　　　　　　　　　定價：新臺幣350元
中華民國八十六年四月初版第二刷
有著作權・翻印必究
Printed in R.O.C.

著　　者　Gary　G.　Hamilton
　　　　　張　　　維　　　安
譯　　者　陳　　　介　　　玄
　　　　　翟　　　本　　　瑞
發 行 人　劉　　　國　　　瑞

本書如有缺頁，破損，倒裝請寄回發行所更換。

出 版 者　聯 經 出 版 事 業 公 司
臺 北 市 忠 孝 東 路 四 段 555 號
電　　話： 3620308 ・ 7627429
發行所：台北縣汐止鎮大同路一段367號
發 行 電 話： 6 4 1 8 6 6 1
郵 政 劃 撥 帳 戶 第 0100559-3 號
郵 撥 電 話： 6 4 1 8 6 6 2
印 刷 者　世 和 印 製 企 業 有 限 公 司

行政院新聞局出版事業登記證局版臺業字第0130號

ISBN　957-08-0412-2(平裝)

國立中央圖書館出版品預行編目資料

中國社會與經濟 / 韓格理(Gary G. Hamilton)
著；張維安，陳介玄，翟本瑞譯 . --初版 .
--臺北市：聯經，民79
　面；　　公分 .
ISBN　957-08-0412-2(平裝)
〔民85年11月初版第二刷〕

I . 社會－中國－論文，講詞等

540.7　　　　　　　　　　　　　82005832